_____님께

감사하며 드립니다.

생각의 품격

고두현의 황금 서재

1

생각의 품격

고두현 지음

한스미디어

서문
생각의 품격을 높이는 6가지 사고의 사다리
-섬광 같은 창의력은 사유의 깊이에서 나온다

'맨홀 뚜껑은 왜 둥근가?'

'뉴욕에 있는 신호등은 모두 몇 개인가?'

아마존이나 페이스북 같은 기업의 면접시험에 나온 문제다. 국내 기업들도 비슷한 문제를 자주 낸다. 이런 질문을 받으면 누구나 머릿속이 하얘진다. 제대로 생각해 본 적도 없고, 딱히 정답이 있는 것도 아니다. 그런데 왜 물어보는 걸까. 생각하는 힘, 창의적인 사고 능력을 확인하기 위한 것이다.

이런 것을 '페르미 추정Fermi Estimate'이라고 한다. 노벨물리학상을 받은 엔리코 페르미가 시카고대학에서 강의시간마다 '시카고에 피아노 조율사는 몇 명이나 있을까' 같은 과제를 냈다고 해서 붙은 이름이다.

생각하는 힘을 키우려면 어떻게 해야 할까. 창의적인 사고력은 어디서 나오는 걸까. 새로운 차원의 사고 영역을 개척하는 방법은 무엇일까.

이런 질문의 답을 찾는 과정에서 얻은 결실이 《생각의 품격》이다. 이 책은 '고두현의 황금 서재' 시리즈 중 첫 번째 권이다. 《경영의 품격》과 《교양의 품격》으로 이어지는 시리즈의 문패를 '황금 서재'로 정한 이유는 따로 있다. 그동안 읽은 책과 그 속에 담긴 선각자들의 지혜 덕분에 황금 같은 생각의 층위를 하나씩 높일 수 있었기 때문이다.

수많은 책 가운데 가려 뽑은 명저의 핵심 메시지와 내용, 내가 읽으면서 느끼고 깨달은 점들을 녹여냈다. 엄선한 책은 각 70권 안팎, 모두 합쳐 200여 권이다.

삼성, 현대, 포스코 등의 경영진이나 중소기업 CEO들이 추천한 책도 포함돼 있다. 문학다방봄봄 공부모임, 숭례문학당 토론 멤버들과 함께한 '공감도서'까지 들어 있다.

다산 정약용의 독서법에서 큰 가르침을 얻었다. 다산은 책의 뜻을 새겨 가며 깊이 읽는 정독精讀을 중시했다. 꼼꼼하게 읽지 않으면

글의 의미와 맛을 제대로 음미하기 어렵기 때문이다.

중요한 부분을 발췌해서 옮겨 쓰는 초서抄書도 귀하게 생각했다. 그걸 항아리에 담아뒀다가 항아리가 가득 차면 하나씩 꺼내 읽곤 했다.

책을 읽다가 떠오르는 생각이나 느낀 점, 깨달은 것들을 기록하는 일도 게을리하지 않았다. 500여 권의 저서를 남길 수 있었던 비결이 여기에 있다.

한마디로 '정독하고, 초서하고, 생각을 기록하는 독서법'이 다산의 공부 스타일이었다. 그는 유배지에서 아들에게 보낸 편지에서도 "책에서 핵심을 잘 잡아내면 일관되게 꿰는 묘미가 있다"고 했다.

다산은 또 부지런히 읽기를 권했다. 제자 황상이 '둔하고, 막혀 있고, 미욱한 점'을 걱정할 때 그 약점을 장점으로 삼을 수 있다며 '부지런하고勤, 부지런하고勤, 또 부지런하라勤'고 조언했다. 이것이 다산의 '삼근계三勤戒'다.

이를 스스로 실천한 그는 책상 앞에 오래 앉아 있느라 발목 복사뼈踝骨에 구멍이 세 번이나 났다. '과골삼천踝骨三穿'의 일화다. 앉을 수가 없자 선 채로 독서를 할 만큼 그는 잠시도 책을 놓지 않았다. 공자가 책의 가죽끈이 세 번이나 끊어질 정도로 독서에 매진했다는 위편삼절韋編三絶의 고사보다 더하다.

나는 이를 '다산의 3·3·3 독서법'이라고 부른다. 그 경지에는 도달하기 어렵지만 책 읽고 글 쓰는 공부의 등불로 삼고 있다. 그래서 책을 읽을 때마다 천천히 뜻을 새기고, 내용을 뽑아 옮기며, 생각을 메모하는 습관을 길렀다. 부지런함이야 '삼근계'를 따르지 못하고 진득하기야 '과골삼천'에 이르지 못하지만, 미욱함을 넘어서는 데에는 큰 도움이 되었다.

그 덕분에 공부에 더욱 재미를 느끼고 사고의 폭과 깊이도 더할 수 있었다. 나아가 '생각의 품격을 높이는 6가지 사고의 사다리'까지 발견할 수 있었다.

생각의 품격을 높이는 방법은 무엇인가. 진실로 높아지기 위해서는 아래로 내려가야 한다. 생각의 근원은 깊은 사유에서 나온다. 뿌리가 깊어야 줄기가 튼실하고 잎도 무성하다. 밑동이 단단하면 흔들리지 않는다.

사고의 지층이 단단해지면 생각의 품도 넓어진다. 세상을 보는 시각 또한 달라진다. 가려져 있던 현상과 사물의 본질이 보이기 시작한다.

그 출발점에 첫 번째 사다리가 있다. 품격 있는 생각을 하려면 질문부터 바꿔보는 게 중요하다. 질문의 각도가 달라지면 생각의 각도가 달라진다. 무조건 답을 찾는 것보다 질문의 방법을 찾는 것이 우선이다. 맞춰진 결론에 앞서 질문의 거울로 자신을 먼저 비춰보는 것이다. 이른바 '거울 사고법'이다. 이 거울은 남에겐 보이지 않는 이면의 가치를 찾게 해 준다.

두 번째 사다리는 대상을 꿰뚫어보는 통찰력이다. 전체를 생각하는 프레임워크 사고력, 복잡한 구조를 하나로 압축하는 추상화 사고력, 결론을 예견하는 가설적 사고력도 여기에서 나온다.

세 번째 사다리는 섬세함과 단순함이다. 디테일하면서도 심플한 사고가 생각의 결을 명징하게 해 준다. 네 번째는 남다르게 생각하는 역발상의 지혜다. 세상을 바꾼 혁신적 아이디어는 대부분 '거꾸로 생각하기'에서 나왔다.

다섯 번째 사다리는 긍정적인 에너지다. 성공하는 사람과 실패하는 사람, 부자와 빈자의 운명을 가르는 것은 종이 한 장 차이다. 플러스 발상법과 마이너스 발상법은 생각의 각도, 삶의 각도를 결정적으로 바꾼다.

마지막 사다리는 '생각의 근육'을 키우는 것이다. 이 과정에서는 나의 생각을 넘어 남의 생각에도 관심을 갖고 뇌의 영역을 넓히는 게 중요하다. 자기 생각에만 빠지면 길을 잃기 쉽다. 남의 생각에 귀를 기울이는 '듣기 근육'까지 키우면 금상첨화다.

나를 높은 경지로 끌어올려 주는 생각의 품격! 이는 특정 지식에 의존하지 않고 수많은 정보를 자유자재로 활용하면서 문제를 해결하는 능력이자 불꽃 같은 섬광 예지력의 발화점이기도 하다.

차례

서문 · 4

1장 나는 왜 그 생각을 못했을까?

최고 아이디어 원한다면 '질문'을 바꿔라 《브레인스티어링》 · 17
창의력의 차이는 '뇌훈련'의 차이 《우리는 어떻게 창의적이 되는가》 · 22
경험과 기억… 당신은 어느 쪽이 더 행복합니까? 《생각에 관한 생각》 · 27
탁월한 선택은 '트레이드 오프'에 있다 《의사결정의 순간》 · 32
강자를 이기는 약자의 기술 《다윗과 골리앗》 · 38
남다른 가치… 당신에겐 있나요? 《적의 칼로 싸워라》 · 44
아이의 시선으로 호기심을 켜라 《창의력에 미쳐라》 · 50
잠자는 두뇌, 상창력으로 샤워하라 《상창력》 · 56
새로운 성장시장 'MIKT'를 주목하라 《짐 오닐의 그로스맵》 · 62
비용 삼키는 '그리드락'… 그 속에 혁신 기회 있다 《소유의 역습, 그리드락》 · 67
당신의 생각은 왜 갇혀 있나요? 《생각지도 못한 생각지도》 · 73
상식의 틀을 깨라 《아이코노클라스트》 · 79
생각을 3차원에서 놀게 하라 《3차원 창의력 개발법》 · 84
할까? 말까?… 당신의 결정은 현명한가 《자신 있게 결정하라》 · 90
현명한 결정 원한다면 '직관, 위험판단력' 길러라 《지금 생각이 답이다》 · 95
당신의 선택은 미풍일까 태풍일까 《미시동기와 거시행동》 · 100
존경받는 상사가 되고 싶다면 《부하직원들이 당신에게 알려주지 않는 진실》 · 105
무에서 유를 창조한 '기업가정신' 《경영의 신에게 배우는 1등기업의 비밀》 · 111

2장 미래를 꿰뚫는 사람은 무엇이 다른가?

번쩍 떠오른 생각이 미래를 바꾼다 《섬광 예지력》 · 119
정보와 자본의 이동… 미래 권력을 잡아라 《권력의 종말》 · 125
트렌드, 뜨기 전에 찾아라 《트렌드 전쟁》 · 131

신 수요창출 6대 DNA를 찾아라 《디맨드》 • 137

구글처럼 생각하고 행동하라 《구글노믹스—미래 경제는 구글 방식이 지배한다》 • 143

신흥국들이 세계 자본시장 주무른다 《새로운 부의 탄생》 • 149

100세 시대… '앙코르 커리어'를 만들자 《빅 시프트》 • 154

잠재적 위험 예측 경영으로 '퀀텀 점프'하자 《초복잡성 세계의 생존전략》 • 159

3장 풍부한 디테일을 품은 단순함

최고 인재들의 성공 열쇠 "기본에 충실하라" 《세계 최고의 인재들은 왜 기본에 집중할까》 • 167

똑같이 주어진 시간… 성과는 왜 다를까? 《그는 어떻게 그 모든 일을 해내는가》 • 173

뇌 속에 잠든 '승리 스위치'를 켜라 《승자의 뇌》 • 180

회사가 탐내는 인재들의 업무방식 100가지 《전략적 사고를 키우는 업무의 기술》 • 186

전략에 강한 이공계가 성공 확률 높다 《T자형 인재》 • 190

1%의 '하찮은 일'이 99%의 '큰일'을 좌우한다 《디테일의 힘 1, 2》 • 195

단순함으로 승부하라 《미친 듯이 심플》 • 202

더 이상 '뺄 것'이 없을 때가 가장 완벽 《단》 • 209

특정 지식에 의존 말고 창조적 사고력 길러라 《지두력》 • 215

좋은 습관이 행복을 만든다 《습관의 힘》 • 221

데이터를 '정보'로 바꿔라 《분석의 힘》 • 227

유쾌한 창조력… '에디톨로지' 시대 《에디톨로지》 • 233

지식경영 핵심은 '분류-정리-정보화' 《다산선생 지식경영법》 • 238

역사 속 전쟁에서 경영 전술·전략을 배운다 《한국사 전쟁의 기술》 • 244

독서, 몰입으로 가는 첫 관문 《네트로피》 • 250

무엇이 우리의 지갑을 열게 하는가 《소비 본능》 • 256

당신을 최고로 만들어줄 빛나는 가르침 《이 한 줄이 나를 세일즈 왕으로 이끌었다》 • 262

4장 남과 다르게 생각할 수 있는 용기

같은 생각, 그 위험한 끌림 《우리는 왜 극단에 끌리는가》 •269
사람들을 움직이는 '공유지식'의 힘 《사람들은 어떻게 광장에 모이는 것일까?》 •274
법은 왜 우리의 도덕과 상식에 역행하는가 《법은 왜 부조리한가》 •280
우리가 몰랐던 의지력에 얽힌 비밀 《의지력의 재발견》 •286
우리는 지금 무엇을 모방하고 있나 《모방의 법칙》 •291
자연, 인간, 사회를 꿰뚫는 유쾌한 통찰 《통찰》 •297
일반화의 오류… 문화를 알면 소통이 보인다 《세계 문화의 겉과 속》 •303
잊혀진 사람은 누구인가? 《잊혀진 사람》 •309
모든 철학자는 혁명가다 《철학 콘서트》 •315
철학을 따라가며 그림을 보다 《서양미술사 철학으로 읽기》 •320
철학의 교실 그리스… 인류는 무엇을 배웠나 《그리스 인생학교》 •326
그대 마음은 어디에 있나요 《철학이 필요한 시간》 •332
그대는 마음에 향기가 있는가? 《전습록》 •338
세계사 흐름 바꾼 정치사상 읽기 《인류의 역사를 뒤바꾼 위대한 생각들》 •344

5장 부자의 사고방식은 이렇게 다르다

'유대인의 부자교육…' '열 살부터 가르쳐라' 《유대인이 대물림하는 부자의 공리》 • 351

가족, 신체, 자유가 충족돼야 진정한 부자다 《부의 추월차선》 • 356

부자 아빠와 가난한 아빠, 10년 안에 결정된다 《앞으로 10년, 돈의 배반이 시작된다》 • 362

워런 버핏, 자녀를 보통 사람으로 키우다 《워런 버핏의 위대한 유산》 • 368

돈의 이력서… 화폐를 알면 미래 경제가 보인다 《화폐 이야기》 • 374

쩐의 전쟁, 강대국의 트라우마를 읽어라 《화폐 트라우마》 • 380

눈앞의 '작은 손해' 부담… 미래 '큰 이익' 포기 《가난한 사람이 더 합리적이다》 • 386

6장 생각의 근육을 키우자

'뇌의 회춘'… 게임하듯 즐기며 훈련하라 《당신의 뇌 나이》 • 395

기상천외한 질문, 과학으로 풀다 《위험한 과학책》 • 401

창의적 소통은 인문학에서 나온다 《인문학으로 광고하다》 • 407

듣기를 잃는 순간 지혜도 사라진다 《잃어버린 지혜, 듣기》 • 412

1장
나는 왜 그 생각을 못했을까?

최고 아이디어 원한다면 '질문'을 바꿔라
《브레인스티어링》

케빈 P. 코인·숀 T. 코인 지음, 김고명 옮김, 북@북스 펴냄

혁신은 '질문'을 던지는 것에서 시작되었다

　1981년 어느 날 점심시간, 미국 휴스턴의 한 식당에서 세 사람이 만났다. 텍사스인스트루먼트 임원인 로드 캐니언, 빌 머토, 짐 해리스. 이들의 대화는 한참 뒤 한 가지 질문으로 좁혀졌다. '어떻게 하면 기내 짐칸에 쏙 들어가는 IBM 호환 컴퓨터를 설계할 수 있을까?'

　초창기 시절 'PC 클론'이라고 불린 IBM 컴퓨터는 높이 53cm의 '큰 기계'였다. 디스크 드라이브와 프로세서를 합친 일체형 본체에 키보드는 따로 떨어져 있고 모니터도 소형 텔레비전만 한 크기의 분리형이었다. 식사를 마칠 때까지 이들 세 사람은 모두가 동의하는 주요 설계 요건을 이끌어냈다. 그 결과 이듬해 2월 컴팩컴퓨터가 탄생했고, 이 회사는 4년도 채 안 되는 기간에 연매출 10억 달러를 웃

도는 기업으로 성장했다. 모두 그 한 가지 상품의 위력 덕분이었다.

세계적인 온라인 장터 이베이의 성공도 '지리적으로 떨어져 있는 판매자와 구매자를 효율적으로 이어주는 방법은 무엇인가' 하는 질문에서 비롯됐다.

이들의 성공이 순전히 요행이었을까. 아니다. 이런 일은 생각보다 자주 일어난다. 이들 기업의 획기적인 아이디어는 대부분 시작 단계에서 한 개의 특정한 질문을 던지고 답하는 과정에서 나왔다. 이것이 바로 맥킨지 그룹 최고 컨설턴트인 코인 형제가 《브레인스티어링》에서 '올바른 질문'이라고 부르는 아이디어 혁신방법이다.

맥킨지의 핵심 프로젝트에 참가한 기업 중에는 맨땅에서 시작해 합병을 한 번도 하지 않고 창업 후 4년 이내에 연수입 10억 달러 이상을 달성한 곳이 많았다. 코인 형제는 이들 기업을 무^{zero}에서 10억 달러$_{1 billion}$까지 걸린 기간이 4년 이하라는 뜻으로 'Z-1-4 기업'이라고 불렀다. 이들 기업에는 누구나 이름만 대면 아는 아마존, 리복, 구글 등이 있다. 당연히 컴팩도 여기에 포함된다. 이와 비슷한 '근 Z-1-4 기업'에는 이베이, 애플, 프라이스닷컴 등이 들어간다.

브레인스토밍을 넘는 아이디어 창출법 '브레인스티어링'

이들은 이렇게 잘나가는 기업들의 사례를 제시하면서 '세상을 바꾼 최고의 아이디어는 어떻게 만들어졌을까'라는 의문을 던지고 '브레인스티어링$_{brainsteering}$'이라는 신선한 해답을 찾아냈다.

브레인스티어링이란 무엇인가. 검증된 원리와 쉽게 이해할 수 있는 기술을 잘 활용하면 온갖 분야에서 더 좋은 아이디어를 더 많이 낼 수 있다는 원리다('steer'는 '원하는 방향으로 이끌다'라는 뜻이다).

이들은 브레인스티어링의 비밀을 크게 2가지로 얘기한다. 첫째, '올바른 질문'을 던지면 곧 좋은 답과 아이디어가 따라온다는 것이다. 둘째, 끊임없이 획기적인 아이디어를 창출하려면 '올바른 절차'를 따라야 하는데 문제는 이것이 일반적으로 사람들이 아는 것과는 매우 다르다는 점이다.

물론 이 2가지 비밀 아래에 다양한 세부 사항이 층층이 깔려 있다. 그 충돌이 바로 이 책에서 다루는 내용이다. 이들은 여러 가지 사례를 들어가며 이를 네 부분으로 나눠 설명한다.

1부는 과거에 전혀 생각해보지 못했을 아이디어들을 찾을 수 있게 하면서 올바른 질문을 해야 하는 이유와 그 방법을 알려준다. 2부는 체계적으로 문제의 면면을 파헤쳐 새로운 아이디어를 찾고 평가하고 개선하면서 개인의 아이디어 창출 능력을 극대화하는 방안을 제시한다. 3부에서는 아이디어 창출효과를 극대화하는 환경을 조성해 다른 사람들이 새로운 아이디어를 낼 수 있게 이끄는 법을 알아보고, 4부에서는 차기 'Z-1-4 기업'의 싹이 될 만한 아이디어를 실행할 준비가 됐을 때 지금까지 배운 것을 총동원해 '10억 달러짜리 아이디어'를 개발하는 노하우를 살펴본다.

브레인스티어링 기법에 대해 고개를 갸우뚱하는 사람도 있겠지만, 이들의 얘기를 찬찬히 듣다 보면 새로운 아이디어 발상법을 하나씩 배울 수 있다. 참신한 아이디어를 고민하는 사람들에게 '창의적으로 생각하는 방법'을 가르쳐주는 이들의 노하우는 그 자체로 하나의 브레인스티어링이라 할 수 있다.

이들이 제시한 '10억 달러짜리 아이디어를 만들기 위한 4가지 원칙'을 요약하면 이렇다.

① 진중하게, 생각보다 훨씬 진중하게 전념한다. 필요한 자원 규모와 비용, 충분한 탐색시간, 타당성과 세부 활용법 등을 확실히 알고 덤벼야 한다는 얘기다.
② 아주 큰 시장을 겨냥한다. 전혀 새로운 시장이 아니라면 최소한 수십억 달러 규모의 시장 중 일부를 변혁하는 방법을 강구하라고 권한다.
③ 질문의 강도를 높인다. 소녀 취향 기타, 남성 화장품, 중국의 고구마 세척기 등 긍정적인 예외 시장을 개척하는 데 도움이 될 아이디어를 찾는 게 중요하다고 강조한다.
④ 실제로 실행할 한 가지 아이디어에 집중하기 전 아이디어 창출 과정에서 나오는 많은 아이디어를 냉철하게 평가한다. 객관적이고 엄정한 기준을 마련한 다음 모든 사람이 그 기준을 토대로 아이디어를 평가하는 게 필요하다는 것이다.

이 원칙을 적용해보면 그동안 몰랐던 부분이나 새로운 아이디어에 대한 눈이 열린다. 앞부분에 예를 든 컴팩의 경우도 마찬가지다.

컴팩은 개인용 컴퓨터를 구입하는 얼리어답터 중 많은 사람이 영업사원, 컨설턴트, 회계사 등 출장이 잦은 직장인이라는 점을 간파했다. 당시 개인용 컴퓨터 잡지들이 신제품을 비교할 때 주로 속도, 메모리, 가격을 기준으로 삼았기에 대부분의 제조사가 이런 속성에 주목했다. 하지만 컴팩을 설립한 기술자 3인은 휴대성을 중시하는 고객군, 즉 출장이 잦은 직장인이 많다는 사실을 중시했던 것이다.

이베이도 그렇다. 이 회사는 더 나은 온라인 장터가 되려고 하거나 기존 시장을 온라인화하려고 한 게 아니었다. 완전히 새로운 시장을 만들어 그동안 달리 만날 방법이 없던 각지의 구매자와 판매자들에게 작고 저렴한 상품을 팔 수 있도록 해준 것이다.

책을 읽다 보면, 최고의 아이디어는 단순한 브레인스토밍이 아니라 올바른 질문과 올바른 절차로 잘 익힌 브레인스티어링에서 나온다는 것을 알게 된다. 뒷부분의 부록 '획기적인 아이디어를 부르는 올바른 질문 101가지'를 잘 활용하는 것도 좋다. 이를 통해 좋은 아이디어를 산출하고 획기적인 상품을 기획할 수도 있다.

그러니 최고의 아이디어를 원한다면 질문부터 바꿔보자.

함께 읽으면 좋은 책

- 《아이디어맨》 폴 앨런 지음 | 안진환 옮김 | 자음과모음(이룸)
- 《아이디어 사용설명서》 폴 슬로언 지음 | 이진선 엮음 | 에이도스

창의력의 차이는 '뇌훈련'의 차이
《우리는 어떻게 창의적이 되는가》

셸리 카슨 지음, 이영아 옮김, 알에이치코리아 펴냄

창의성 연구분야의 석학 셸리 카슨 하버드대학 교수. 그의 강의 '창의성-광인과 천재와 하버드생'은 학생들 사이에서 최고의 명강의로 손꼽힌다. 그의 '창의성 강의'가 인기를 끄는 이유는 무엇일까. 그는 《우리는 어떻게 창의적이 되는가》에서 뇌과학 연구를 바탕으로 창의적이 되는 '특정 상태'를 7가지로 정리하고 이를 일상에서 활용하는 방법을 가르쳐준다.

당신은 생각보다 더 창의적인 사람이다

그가 예시한 풍경을 보자. 카페가 하나 있다. 그 안에 꽤 많은 사람이 있다. 구석진 자리에서 문제집 같은 걸 펴놓고 무언가를 열심히 풀고 있는 사람이 보인다. 그 옆으로 한 사람이 넘칠 듯한 커피잔에서 눈을 떼지 못한 채 위태롭게 쟁반을 들고 지나간다. 저러다 꽈당 하는 모습을 상상이라도 한 듯 자리에서 기다리던 사람들은 지레 웃고 있다. 금방이라도 울 것 같은 얼굴로 냅킨 위에 뜻 모를 낙서를 끼적이는 옆 사람과는 대조적인 분위기다.

뒤편에서는 깐깐해 보이는 사람이 메뉴판을 가리키며 오타를 지적하고 있다. 옆에서는 그러거나 말거나 영수증을 가지고 이리저리 접어가며 무언가를 만드는 데 열중하는 사람도 있다. "야, 너 내 말 듣고 있어?" 갑자기 들리는 소리에 화들짝 정신을 차리고 보니 앞에 앉은 친구가 인상을 쓰고 있다.

한가한 날의 어느 카페 풍경인데, 이 가운데 창의적인 아이디어를 가장 잘 낼 사람은 누구일까.

셸리 카슨의 답은 "모두 다"다. 친구의 이야기를 듣다 말고 이 사람들을 둘러보는 마지막 인물까지 포함해서 7명 모두. 창의성을 완전체의 '능력' 대신 창의적인 뇌가 활성화되는 '특정 상태'라고 정의할 때, 이 상태는 누구나 위와 같은 일상의 순간을 통해 만들 수 있다는 것을 보여주는 장면이다.

그래서 그는 "누구나 '창의적인 뇌'를 갖고 태어났기 때문에 우리 모두는 창의적인 사람"이라고 말한다. 하지만 "모든 사람이 창의적으로 생각하는 것은 아니며 유독 창의성이 뛰어난 사람들이 따로 있다"고 지적한다. 누구나 갖고 있는 '창의적인 뇌'를 모두가 잘 활용하는 것은 아니라는 얘기다.

그렇다면 어떻게 해야 하는가. 그는 창의적인 뇌를 잘 활성화하느냐 않느냐에 따라 창의적인 사람이냐 아니냐가 결정된다고 설명한다. 창의적인 뇌를 깨우는 특정 상태, 즉 창의성을 발휘하도록 뇌를 세팅하는 상태를 '브레인세트Brainset'라고 부르면서 일상에서 쉽게 활용할 수 있는 7가지 브레인세트도 알려준다. 그것은 연결Connect, 이성Reason, 상상Envision, 흡수Absorb, 변형Transform, 평가Evaluate, 흐름Stream의 7가지 단어로 이뤄져 있다. 이른바 'CREATES 전략'이다. 하나씩 살펴보자.

창의력을 깨우는 7가지 브레인세트

첫 번째 '연결 브레인세트'는 무한한 아이디어의 세계로 들어가는 문이다. 주변에 정신이 팔린 사람이 여기에 해당한다. 어느 하나에 집중하기보다는 다소 산만한 상태로 폭넓게 주의를 기울이며 확산적인 사고를 하는 이 브레인세트를 통해 수많은 가능성의 세계로 들어갈 수 있다고 한다.

두 번째 '이성 브레인세트'는 많이 생각할수록 많이 건진다는 원리다. 카페 구석에서 문제를 풀던 사람을 떠올려보라. 끙끙대며 생각하고 또 생각해 문제를 풀어나가는 게 창의적인 아이디어를 건질 확률을 높이는 훌륭한 방법이라는 얘기다.

세 번째 '상상 브레인세트'는 마음의 눈으로 모든 것을 보는 힘을 의미한다. 아직 넘어지지 않았지만 그 사람이 넘어지는 모습을 미리 생각하고 웃는 경우다. 마음의 눈으로 무언가를 앞서 그려보는 것은 창의적인 사고를 위한 든든한 자산이라고 그는 여러 번 강조한다.

네 번째 '흡수 브레인세트'는 짜릿한 통찰의 순간을 위한 안테나라 할 수 있다. 컵에 가득 담겨 흔들리면서도 넘치지 않는 커피를 신기해하던 사람은 이 브레인세트에 들어 있다. 흡수 브레인세트라는 안테나를 세우고 일상의 사소한 자극에 민감한 사람이 번뜩이는 통찰의 순간을 만나게 된다고 한다.

다섯 번째 '변형 브레인세트'는 고통을 창의적으로 승화하는 용기다. 고통과 슬픔 속에서 뛰어난 창작이 이루어진 사례는 많다. 퉁퉁 부은 얼굴로 낙서를 하던 사람이 이 브레인세트를 잘 발휘한다면 그가 낙서한 냅킨이 창의적인 예술로 거듭날 수도 있다.

여섯 번째 '평가 브레인세트'는 폭주하는 생각에 거는 생산적 브레이크다. 메뉴판의 오타를 지적하는 것과 창의성은 대체 무슨 관계가 있을까. 창의성과 관련해 간과하기 쉬운 이 브레인세트는 두서없는 생각들 속에서 비판과 감시의 눈으로 생산적인 아이디어를 골라내 발전시키는 중요한 역할을 해준다.

마지막 '흐름 브레인세트'는 창의적인 뇌에 최고의 즐거움을 주는 몰입을 말한다. 주변과 전혀 상관없이 종이접기를 하는 것처럼 무엇이든 자신만의 창조활동에 몰두하는 힘은 흐름 브레인세트에서 나온다고 한다. 몰입은 창의적인 뇌가 이를 수 있는 최고의 즐거움이자 보람이며 그 상태에서 창의성이 마음껏 발휘된다는 것이다.

평범한 카페 안 풍경에서도 브레인세트에 들어간 사람들을 볼 수 있는 것처럼, 7가지 브레인세트를 통해 우리가 매일 조금씩 창의적이 될 수 있다고 그는 강조한다.

"인간의 뇌 상태를 파악하기 위해 신경 촬영법 연구와 뇌 손상 사례, 신경심리학 연구, 하버드대학에서 수백 명을 대상으로 실시한 검사 등에서 얻은 정보들을 결합한 결과가 바로 'CREATES 브레인세트' 모델, 즉 창의적인 과정과 관련된 7가지 뇌 활성화 상태다. '브레인세트'라는 이름을 붙인 것은 이들 뇌 활성화 패턴이 '마인드세트(마음가짐)'의 생물학적 버전이기 때문이다. 마인드세트가 사건들에 대한 정신적 자세와 해석을 결정하듯이 브레인세트는 우리가 생각하고 문제에 접근하고 세상을 인식하는 방법에 영향을 미친다."

스스로 창의적이지 않다고 생각하는 사람, 창의적인 생각들을 감지하면서도 그것을 적용하는 것이 두려운 사람, 창의적인 생각이 넘쳐나지만 이것저것 집적대다가 아무 열매도 맺지 못하는 사람은 이 책의 조언대로 세 단계의 '창의력 사다리'를 타고 올라가보자. 그 사다리는 '자신의 창의적인 뇌와 만나고, 창의적인 뇌를 훈련하며, CREATES 전략을 실천하는 것'이다.

"가장 중요한 건 역시 실행이다. 역사적으로 유명한 인물처럼 7만 단어와 씨름하며 소설을 쓰고, 3년 동안 비틀거리는 사다리 위에 서서 예배당 천장에 그림을 그리고, 자전거 부품과 낡은 파이프를 조립하여 달리는 유모차를 결국 만들어야 한다."

경험과 기억… 당신은 어느 쪽이 더 행복합니까?
《생각에 관한 생각》

대니얼 카너먼 지음, 이진원 옮김, 김영사 펴냄

행동경제학으로 분석한 인간 심리

폴은 A회사의 주식을 보유하고 있다. 지난 1년 동안 그는 A회사 주식을 팔고 B회사 주식으로 갈아탈까 고민했지만 그냥 그대로 있기로 했다. 이제 그는 만일 B회사 주식으로 갈아탔다면 1200달러를 더 벌 수 있었다는 걸 알게 됐다.

조지는 A회사의 주식을 보유하고 있다. 지난 1년 동안 그는 B회사 주식을 팔고 A회사 주식으로 갈아탔다. 그는 만일 B회사 주식을 그대로 보유했다면 1200달러를 더 벌 수 있었다는 걸 알게 됐다.

이럴 경우 누가 더 후회가 클까. 답은 명확하다. 응답자의 8%는 폴, 92%는 조지를 꼽았다. 그런데 이 결과는 이상하다. 객관적으로 봤을 때 두 사람이 처한 상황은 동일하기 때문이다. 둘 다 현재 A회사 주식을 보유하고 있으며, B회사 주식을 보유했다면 똑같은 액수의 돈을 더 벌었을 것이다. 유일한 차이점이라면 조지는 거래라는 행동을 통해 지금 위치에 와 있지만 폴은 거래하지 않았기에 똑같은 위치에 있다는 것이다.

이 단편적인 사례는 많은 의미를 갖고 있다. 사람들은 결과가 똑같더라도 아무 행동을 하지 않았을 때 얻는 결과보다는 어떤 행동 때문에 생긴 결과에 후회를 포함한 더 강력한 감정을 느낀다는 것이다. 도박에서도 그렇다. 도박을 하지 않아서 손해를 보지 않았을 때보다 도박을 해서 손해 보지 않았을 때 더 행복하다. 이런 불균형은 손해의 경우에 두드러지며, 후회뿐 아니라 비난할 때도 마찬가지다.

'직관'은 우리의 선택을 은밀히 조종한다

심리학자로서 노벨경제학상을 처음 받은 대니얼 카너먼이 《생각에 관한 생각》에서 들려주는 얘기다. 행동경제학의 창시자인 그는 이 책에서 '빠른 직관'과 '느린 이성'의 충돌·융합을 독창으로 분석한다. 그는 인간의 모든 행동과 생활의 근원인 생각을 크게 2가지로 구분해 설명한다. 직관을 뜻하는 '빠르게 생각하기fast thinking'와 이성을 뜻하는 '느리게 생각하기slow thinking'가 그것이다.

달려드는 자동차를 피하는 순발력이나 2+2의 정답 등 자동적인 개념과 정신활동이 '빠르게 생각하기'다. 반면 전문가의 해결책이나

354×687의 정답처럼 머릿속에 즉시 떠오르지 않는 문제의 답을 심사숙고하는 사고방식이 '느리게 생각하기'다. 그에 따르면 직관적인 시스템은 경험이 제공하는 것보다 더 큰 영향력을 발휘하며, 우리가 내리는 수많은 선택과 판단을 은밀하게 조종한다.

행동경제학과 관련한 연구 중에서 자주 인용되는 뉴욕의 택시 운전사 얘기도 마찬가지다. 택시 운전사들에게는 '바쁜 날'과 '한가한 날'이 있다. 바쁜 날은 날씨가 궂거나 단거리 손님이 많은 날이다. 당연히 돈을 많이 벌 수 있는 날이다. 한가한 날은 날씨가 화창해서 사람들이 택시를 잘 타지 않는 날이다. 시간당 벌이가 적을 수밖에 없다.

전통 경제학에 따라 이성적으로 판단할 때 바쁜 날엔 벌이가 좋으니 일하는 시간을 늘리고, 한가한 날엔 시간당 벌이가 적으니 일찍 집에 들어가면 된다. 그러나 예상과 달리 뉴욕의 택시 운전사들은 이렇게 행동하지 않았다. 오히려 '바쁜 날'에는 목표만큼 빨리 벌 수 있어 일찍 퇴근하고 일을 덜 했다. '한가한 날'에는 목표를 달성하기 어려우니 그만큼 더 오래 일을 했다.

이와 반대로만 하면 벌이가 10% 이상 늘어나는데도 말이다. 이것 또한 경제학적 통념과 다른 행동양식이다. 그는 이 같은 행동 원리를 모두 5부로 나눠 설명한다.

1부에서는 판단과 선택의 방법, '연상기억' 등이 우리에게 끼치는 영향을 점검한다. 2~3부에서는 판단 휴리스틱의 최신 연구 결과를 소개하면서 인간이 통계적으로 사고하기 어려운 이유를 살펴본다.

우리는 쉽게 연상하면서 생각하고, 은유적으로 생각하고, 인과론적으로 생각하지만 통계는 한 번에 많은 것을 생각하게 만들기 때문에 힘들어한다는 것이다.

이 가운데 '닻 내림 효과anchoring effect'에 관한 내용이 눈길을 끈다. 닻을 내린 곳에 배가 머물듯 처음 입력된 정보가 정신적인 닻으로 작용해 이후 판단에 영향을 미치는 현상이다. 가령 "간디가 세상을 떠났을 때 나이가 114세 이상이었는가?"라는 질문을 받으면 간디가 세상을 떠났을 때 나이가 35세였는지를 묻는 질문을 받았을 때보다 간디의 사망 나이를 더 높게 추정한다. 집값으로 얼마를 지불해야 할지 고민할 때도 매도 호가의 영향을 받는다. 매도자가 부르는 값이 높다면 낮을 때보다 그 집이 더 가치 있어 보인다. 숫자로부터 영향을 받지 않겠다고 결심하더라도 마찬가지라는 얘기다.

경험할 것인가, 기억할 것인가

4부에서는 인간이 내린 선택이 합리성 규칙과 어긋나는 이유, 문제를 별도로 분리해 다루려는 경향, 선택 문제들의 비논리적 특징에 영향받는 프레이밍 효과를 짚어본다. 5부에 나오는 '경험 자아'와 '기억 자아'의 차이점도 재미있다. 우리는 '경험 자아'를 만족시키기 위해 떠난 여행에서 정작 재미있는 어떤 것도 하지 않고 오직 사진만 열심히 찍어댐으로써 '기억 자아'만 만족시키는 경우가 많다. 왜 그럴까. 훗날 어떤 에피소드를 되새길지 선택할 때 자연스레

기억 자아의 지도를 받기 때문이다.

"특히 여행사진은 마치 휴가와 여행의 목적이 그것인 양 중요하기도 하다. 결혼사진이나 여행사진을 들춰보는 일은 드물고 심지어 전혀 안 볼 때도 있지만, 사진은 기억 자아에게는 매우 유용하다. 경험 자아에게 최선은 아닐 수 있지만 말이다. 우리는 저장될 거라 기대하는 이야기와 기억 모음으로 여행과 휴가를 자주 평가한다. '잊지 못할'이라는 단어는 멋진 휴가를 설명할 때 자주 사용된다. 휴가 경험의 목표가 무엇인지 분명히 보여주는 단어이기도 하다. 지금 이 순간을 결코 잊지 못할 거라는 얘기는 그 순간의 성격을 바꿔놓는다. 자의적으로 기억할 만한 경험은 다른 경우에는 얻을 수 없었던 무게와 중요성을 주기 때문이다."

이런 두 자아는 우리의 '행복'을 측정하는 데도 적용된다. 한 몸에 있는 서로 다른 자아가 행복을 추구하는 방법은 대중의 행복을 정책 목표로 삼는 우리 사회에도 심오한 질문을 제기한다.

그런 점에서 보면 《생각에 관한 생각》은 결국 인간의 행복을 증진시키기 위한 생각이며, 우리 인생을 더욱 풍요롭게 하기 위한 생각의 열쇠이기도 하다. 《블랙 스완》의 저자 나심 니콜라스 탈레브가 "애덤 스미스의 《국부론》, 프로이트의 《꿈의 해석》과 동급 수준"이라고 극찬한 책이다.

탁월한 선택은 '트레이드 오프'에 있다
《의사결정의 순간》

피터 드러커 지음, 심영우 옮김, 21세기북스 펴냄

200여 년 전의 일이다. 미국 정치인이자 발명·저술가 벤저민 프랭클린이 유명한 과학자 조지프 프리스틀리에게 편지 한 통을 보냈다. 2가지 대안을 놓고 골머리를 앓던 프리스틀리의 고민을 덜어주기 위한 것이었다.

"무엇을 선택하라고 직접 말할 수 없어서 안타깝군. 하지만 선택 방법은 조언할 수 있을 것 같네. 복잡한 문제를 해결해야 할 때 나는 종이 한 장을 가져다 가운데 줄을 그어 반으로 나눈 다음 한쪽 칸에는 찬성, 다른 한쪽 칸에는 반대를 적은 뒤에 며칠 고민하면서 떠오르는 생각을 각각의 칸에 기록한다네. 이런 식으로 찬성과 반대의 이유를 한곳에 적어놓고 각각의 이유에 대한 중요성을 평가해본다네. 그리고 찬반 양쪽에 메모돼 있는 생각이 동일하다고 판단되면 2가지 생각을 제외시켜 버리지. 이 같은 과정을 반복하면 결국 생각이 어느 쪽으로 기우는지 분명히 드러나게 된다네."

복잡한 문제를 단순화하라

그가 제안한 것은 복잡한 문제를 단순화하는 방법이었다. 반대와 찬성 란에서 항목들을 제외해가면서 결국 합리적 선택에 이르는 길을 알려준 것이다. 이른바 '트레이드오프'의 원리가 이것이다. 이는 '균형을 이룬 찬성과 반대에 등가가 존재한다'는 가정 아래 활용할 수 있다. 의사결정의 오류를 극복하는 데 가장 유리하다.

《의사결정의 순간》은 이처럼 탁월한 선택을 위한 의사결정 요건들을 체계적으로 알려주는 책이다. 〈하버드비즈니스리뷰〉에 실린 피터 드러커, 존 하몬드, 랄프 키니 등 경영학 대가들의 조언을 한데 엮었다.

주요 내용은 •성공적인 의사결정은 6단계 과정을 거친다(피터 드러커) •탁월한 선택을 위한 트레이드오프(존 하몬드, 랄프 키니, 하워드 래이퍼) •체계적으로 문제를 분석하라, 명세표를 이용해 분석하라(페린 스트리커) •부분적인 정보만으로도 의사결정을 할 수 있다(아미타이 이치오니) •인간관계는 의사결정을 방해하기도 한다(크리스 아지리스) •인간적 감성과 느낌에 귀를 기울여라(알덴 하야시) 등으로 요약된다.

그중 '트레이드오프'에 관한 설명을 좀 더 들어보자.

"가장 싼 가격으로 뉴욕에서 샌프란시스코까지 가고 싶다면 최저 요금인지 아닌지만 살펴보면 된다. 그러나 의사결정자가 한 가지 목표만 갖는 경우는 거의 없다. 최저 요금을 원하면서도 직항 여부, 출발시간, 안전까지 고려한다. 그래서 의사결정이 상당히 복잡해지고, 교환을 해야 할 필요성도 생긴다. 그렇다고 해서 트레이드오프 자체가 복잡한 의사결정을 쉽게 만들지는 않는다. 트레이드오프는 거래 결정에 필요한 신뢰할 만한 메커니즘과 일관된 구조를 제공한다는 데 의의가 있다."

낡은 문제를 새로운 해결방법으로 접근할 때처럼 트레이드오프에 익숙해지기까지는 시간이 걸린다. 경험도 많이 필요하다. 중요한 것과 그렇지 않은 것을 정확히 파악하는 능력도 갖춰야 한다. 그러나 트레이드오프는 모든 교환가치를 합리적·체계적인 방법으로 생각하도록 유도해준다. 이 점에서 탁월한 의사결정 방식의 지렛대 역할을 해주는 것이다.

피터 드러커의 '6단계 의사결정 과정'도 눈길을 끈다.

① 문제가 일반적인 것이라면 규칙과 원칙에 따라 해결하고 예외적인 것이라면 상황에 맞게 처리하라.
② 문제에 대한 정의를 내려라.
③ 최소한의 목표에서 만족시켜야 할 조건까지 모든 해결방안을 열거하라.
④ 차선책을 택하기보다 옳은 길을 선택하라.
⑤ 누가 무엇을 실행할지를 생각하라.

⑥ 의사결정이 현실적인지 계속 피드백하라.

사람인 이상 잘못을 저지를 가능성은 있지만, 이 6단계를 잘 활용한다면 빠르게 의사결정을 내리고 실수도 줄일 수 있다고 그는 말한다.

〈포춘〉 전 편집장 페린 스트리커는 자동차 앞부분을 덮는 쿼터패널 제조공장의 10% 불량률 사례를 들며 "문제를 체계적으로 분석하라"고 충고한다. 조직 책임자들이 종종 잘못된 의사결정을 하는 것은 처음부터 방법이 체계적이지 못하기 때문이라는 얘기다. 그는 또한 "자세한 명세표와 신중한 분석이 없다면 추측만 난무하고 시간까지 낭비하면서 문제의 원인을 찾아낼 수 없을 것"이라고 덧붙인다.

경영학 대가들의 조언 묶어

존 하몬드 전 하버드 경영대학원 교수와 랄프 키니 서던캘리포니아대학 교수 등은 '의사결정을 방해하는 심리적 함정'을 경계한다. 의사결정의 오류는 의사결정 과정에 있는 경우도 있지만 간혹 의사결정자의 심리상태 때문에 일어나기도 한다는 것이다. 그래서 고정관념의 함정, 현상유지의 함정, 매몰비용의 함정, 증거 찾기의 함정, 구성의 함정, 지나친 자신감의 함정, 신중함의 함정, 회상 능력의 함정 등을 조심하라고 권한다.

아미타이 이치오니 조지워싱턴대학 교수는 부분적인 정보만으로도 의사결정을 할 수 있는 방법을 제시한다. 정보의 홍수 속에서는 습득한 정보를 흡수할 시간이 부족한데, 오랫동안 의사와 수많은 경영자들이 사용해왔던 '혼합 스캐닝' 또는 '적응적 의사결정법'을 활용하면 그 한계를 뛰어넘을 수 있다는 얘기다.

그러나 인간관계가 의사결정을 방해하기도 한다는 것 또한 잊지 말아야 한다. 크리스 아지리스 하버드대학 명예교수는 "경영자들이 회사 중역들의 능력 극대화와 혁신, 위험부담, 융통성, 신뢰를 최고로 여기는 경영 시스템을 지지하지만 정작 중역들의 행동은 의사결정 과정에 방해될 때가 많다"며 "이런 장애는 지적 훈련을 통해 극복할 수 있는 것이 아니라 자기 행동에 대한 피드백과 자기 인식의 기회를 가져야만 해결할 수 있다"고 강조한다. 때로는 스스로에게 질문하거나 회의 과정을 녹음한 테이프를 분석해보는 것도 도움이 된다고 그는 일러준다.

또 다른 의사결정의 기술은 '오감'이다. 〈하버드비즈니스리뷰〉의 선임 편집자 알덴 하야시는 "인간적 감성과 느낌에 귀를 기울이라"고 말한다. 고위급 임원들 중 중요한 결정을 내릴 때 논리적인 분석보다 '직감', '배짱', '육감' 혹은 '내면의 소리'를 믿는다는 사람이 의외로 많다.

동물적 본능이라 할 수 있는 '육감'은 무엇을 의미하는 걸까? 그는 AOL과 존슨앤드존슨 같은 기업의 임원이 의사결정을 내리는 과정을 인터뷰에 담아 소개하면서 이렇게 강조한다.

"기업가적 본능에 의존하라. 육감을 믿되 끊임없이 자기 점검과 피드백을 잊지 말라. 감성적 균형을 유지하라. 육감도 패턴과 규칙에 의존한다. 육감을 다스리기 위해서는 다양한 경험이 필요하다."

이 같은 방식으로 합리적 의사결정을 내릴 수만 있다면 조직 구성원들의 변화도 훨씬 자발적이고 성공적으로 이뤄진다. 이를 뒤집어보면, 스트레스의 원인도 마찬가지다. 모두들 조직의 변화 때문에 스트레스를 받는 것이 아니다. 변화의 진행방식이 그들을 괴롭히는 것이다.

저자의 다른 책

- 《피터 드러커의 위대한 혁신》
  피터 드러커 지음 | 권영설, 전미옥 옮김 | 한국경제신문
- 《프로페셔널의 조건》
  피터 드러커 지음 | 이재규 옮김 | 청림출판
- 《피터 드러커의 최고의 질문》
  피터 드러커 외 지음 | 유정식 옮김 | 다산북스

강자를 이기는 약자의 기술
《다윗과 골리앗》

말콤 글래드웰 지음, 선대인 옮김, 21세기북스 펴냄

약 3000년 전인 기원전 11세기. 이스라엘과 블레셋 군대가 엘라 계곡 양쪽에 진을 쳤다. 대치 상황이 길어지자 양측은 결국 1 대 1 대결로 승부를 가리기로 했다. 블레셋 장수는 전신 갑옷에 청동 투구를 쓴 골리앗. 백전 용사이자 키 210cm의 거인이었다. 이스라엘 쪽에서 나선 것은 아직 솜털이 보송보송한 양치기 소년 다윗. 전장의 형들에게 음식을 가져다주러 온 베들레헴의 목동이었다.

이 여린 소년은 물맷돌로 거인의 이마를 명중시켰고 쓰러진 그의 칼을 빼 목을 베어버렸다. 순식간에 일어난 일이었다. 이후 '다윗과 골리앗'이란 말은 기적과도 같은 승리를 일컫는 상징어가 됐다.

베스트셀러 작가이자 경영사상가인 말콤 글래드웰은 이 이야기를 통해 "왜 언더독들은 승리하는가?", "어떻게 약자가 강자를 이기는가?"라는 질문을 던지고, 약자만이 움켜쥘 수 있는 위대한 승리의 기술을 알려준다. 전작 《블링크》, 《티핑 포인트》, 《아웃라이어》 등으로 센세이션을 일으킨 그가 《다윗과 골리앗》에서 들려주는 것은 '신화'나 '전설'이 아니라 현실 속 '실화'다. 전쟁뿐만 아니라 가난과 장애, 불운 등 피할 수 없는 '거인' 앞에 선 사람들에게 승리를 안겨주는 인생 전략서다.

우리 시대 다윗이 전하는 약자의 승리전법

그는 역사와 문화를 통해 거인을 이겨낸 우리 시대 다윗들의 이야기를 들려주면서 "세상은 거대한 골리앗이 아니라 상처받은 다윗에 의해 발전한다"고 강조한다. 기존 법칙을 거부하고 완전히 다른 창조적 시각으로 바라보면 새로운 룰이 보인다는 것이다.

모두 거인과의 싸움에서는 당연히 거인이 이길 것이라고 생각하지만 그는 이것이 잘못된 통념이라고 말한다. 역사학자 아레귄-토프트의 연구에 따르면 강대국과의 전투에서 약소국이 이길 확률은 28.5%이지만, 베트남의 게릴라전처럼 강대국의 룰을 따르지 않고 다르게 접근한 전투에서는 약소국의 승률이 63.6%까지 올라간다. 작고 약하다고 무조건 불리한 것은 아니라는 얘기다. 기득권의 룰을 깨고 역사의 수레바퀴를 돌리는 사람은 불리한 조건에 놓인 약자들일 수 있다.

'뒤집힌 U자 곡선' 얘기를 보자. 이는 '모든 긍정적인 특징이 한동안 긍정적인 효과를 불러오지만(뒤집힌 U자의 왼쪽), 어느 시점이 되면 효과가 오르지 않고(뒤집힌 U자의 중앙), 그 이후로는 오히려 부정적인 효과가 강해진다(뒤집힌 U자의 오른쪽)'는 것이다.

보통 우리는 학급의 학생 수가 적을수록 학업성취도가 높고 좋다고 생각하지만, 학생 수가 너무 적어지면 동료로부터 배울 수 있는 경우의 수가 줄어 학업성취도도 떨어지게 된다. 학생 수만 그런 게 아니다. 부모의 재산이 많을수록 자녀 양육이 수월할 것 같지만 어느 수준 이상에서는 오히려 더 어려워진다.

결국 거인들이 가지고 있는 장점이 언제나 좋은 것은 아니라는 것이다. 적당량의 와인이 심장을 튼튼하게 하지만, 지나친 음주는 건강을 해치는 것과 같은 원리다. 그러므로 우리는 상대가 우리보다 유리한 점을 많이 가지고 있다고 무조건 포기할 필요도 없고, 자신이 가진 유리한 점들을 지나치게 과신해서도 안 된다.

그가 "골리앗은 너무 컸기에 그가 원하는 것을 얻지 못했고, 할리우드의 거물은 너무 부유했기에 그가 되고 싶었던 부모가 될 수 없었다"고 말한 이유도 여기에 있다.

'큰 물고기-작은 연못' 이야기는 어떤가. 무조건 더 좋은 대학에 가야 한다고들 생각하지만 실제로 명문대가 모든 사람에게 다 좋은 것은 아니라는 뜻이다. 조금 낮은 대학에서 우두머리로 활약하며 성장하는 게 더 나은 경우도 많다. 큰 연못으로 뛰어든 똑똑한 학생이 자기보다 더 큰 물고기에게 기가 꺾일 수도 있다는 얘기다.

그는 이를 뒷받침하는 것으로 상대적 박탈감의 예를 든다. 국민이 행복한 나라로 알려진 국가에서 자살률이 더 높은 것이 대표적인 케이스다. 우리가 한 번도 의심해보지 않고 얻으려 했던 좋은 조건, 속하려 했던 더 높은 집단이 진정으로 우리를 행복하게 하고 승리로 이끌지 생각해봐야 한다는 것이다.

역경을 기회로 삼는 위대한 다윗들

'바람직한 역경'도 시사하는 바가 크다. 패스와 드리블, 슛 능력이 빵점인 농구 선수들을 보면 한심하다. 하지만 이 책에 소개된 비벡 라나디베의 농구팀에는 그것이 약점으로 작용하지 않았다. 오히려 그것이 승리의 전략을 가능하게 만들었다. 그들의 플레이는 상식을 벗어난 필사적인 것이었고 그것이 기존 승리의 법칙을 전복했다. 이른바 상대의 예상을 뒤엎는 언더독의 전술이었다.

난독증에 걸려 글을 읽을 수도 없고 쓸 수도 없던 소년 데이비드 보이스의 경우도 그렇다. 그는 청각을 발달시켜 들은 내용을 적지 않고 암기하는 능력을 키웠다. 그 덕분에 미국 정부를 대변해 MS 반독점 소송을 담당한 유명 변호사가 될 수 있었다. 이뿐만이 아니다. 런던시립대학 연구 결과에 따르면 이케아 대표와 골드만삭스 회장 등 성공한 기업가 중 3분의 1이 난독증을 겪고 있다.

난독증은 개인에게 커다란 시련이지만 그 단련 과정의 장점을 활용해 승리한 사람들이 의외로 많다. 부모를 일찍 여의는 것과 인종차별 등 피할 수 없는 역경 속에서 내면의 강점을 찾아내 승리한 다윗들의 활약을 곳곳에서 볼 수 있다.

"난독증 환자들은 때때로 자신이 큰 장점을 가지고 있다는 것을 입증할 수 있는 다른 기술을 개발함으로써 장애를 보충한다. 폭격을 당하거나 고아가 되는 것은 위기일발의 경험이 될 수 있고, 당신에게 엄청난 충격을 주게 된다. 또는 그것이 먼 위기일 수도 있고 당신을 더 강하게 할 수도 있다. 여기에 다윗의 기회가 있다. 즉 고난이 역설적으로 바람직한 효과를 낳는 상황이 존재하는 것이다."

거인에게도 약점은 있다

역경과 약점에 강함과 위대함이 숨겨져 있듯이 모든 긍정적이고 유리해 보이는 거인의 이면에도 치명적인 약점과 나약함이 숨겨져 있다는 것이다. "엘라 계곡에서 거인과 양치기를 본다면 당신의 눈은 칼과 방패 그리고 번쩍이는 갑옷을 입은 남자에게 끌릴 것이다. 그러나 세상의 아름다움과 가치 중 수많은 것들은 우리가 상상한 것보다 더 많은 힘과 목적의식을 가진 양치기로부터 나온다."

그는 "언제나 강하게만 보이는 권력과 힘도 한계를 갖고 있다. 권력을 과도하게 사용하면 정당성의 문제를 낳고, 정당성이 없는 힘은 항복이 아닌 반항을 낳는다"고 지적한다. 권력이 다른 사람의 동의를 필요로 하지 않는다고 생각하는 함정에 빠지면 그것이 오히려 권력 유지의 발목을 잡게 된다는 것이다. 그런 점에서 약자인 다윗뿐 아니라 강자인 골리앗도 꼭 읽어야 할 책이다.

골리앗을 이기는 다윗의 전략

① 자신의 약점을 인정하고 창조적 전략을 써라.
② 강자가 만든 규칙, 그 틀을 깨고 허점을 노려라.
③ 터무니없어 보이는 행동도 과감히 행하고 도전해라.
④ 작은 연못에 가서 큰 물고기가 되어라.
⑤ 시련의 장점을 활용하면 바람직한 역경이 된다.

함께 읽으면 좋은 책

- 《오자서병법》 공원국 지음 | 위즈덤하우스
- 《이카루스 이야기》
  세스 고딘 지음 | 박세연 옮김 | 한국경제신문

남다른 가치… 당신에겐 있나요?
《적의 칼로 싸워라》

이명우 지음, 문학동네 펴냄

"바늘 떨어지는 소리마저 들릴 정도로 정적이 흐르는 초원. 두 명의 무사가 대립하고 있다. 상대를 단숨에 제압할 기회를 엿보는 그들 사이에 팽팽한 긴장감이 맴돈다. 순간 한 명이 허리춤에 찬 칼에 손을 댄다. 그가 칼을 빼내려는 찰나, 상대편 무사가 순식간에 달려들어 그의 칼을 낚아챈다. 그렇게 싸움은 상대의 칼을 빼앗은 무사의 승리로 끝이 난다. 무협지에 등장하는 싸움의 고수들은 절대 자신의 칼에 피를 묻히지 않는다. 그들은 능숙한 솜씨로 적의 칼을 빼앗아 그것으로 적의 목을 친다. 자신의 칼을 지키면서 상대를 제압하는 것, 이것은 싸움에 있어 궁극의 경지다."

이명우 전 한양대학교 경영대 특임교수는 《적의 칼로 싸워라》에서 이 같은 얘기를 들려주며 "진정한 고수는 적의 칼로 싸운다"고 강조한다.

그는 삼성전자 글로벌 마케팅팀장부터 미국 가전부문 대표, 소니코리아 사장, 한국코카콜라보틀링 회장, 레인콤 대표 등을 거치며 비즈니스 현장에서 경험을 쌓은 경영전략가다. 서울대학교 문리대를 졸업하고 미국 와튼스쿨 경영대학원에서 MBA(경영학석사), 한양대학교에서 경영학박사학위도 취득했다. 그는 이 책에서 오랜 현장 비즈니스 경험과 이론을 아우르며 '아웃사이드인 마인드', '업의 개념', '마켓센싱', '풀·푸시전략' 등 남다른 가치를 만드는 차별화 경영의 24가지 전략을 재미있게 가르쳐준다.

《적의 칼로 싸워라》의 바탕은 신문에 연재한 칼럼 '이명우 교수의 경영수필'이다. 경영수필이란 수필처럼 친근하고 쉬운 글로 딱딱한 경영의 원칙과 이론을 설명하는 새로운 장르다. 그의 글이 '살아 펄떡이는 체험적 경영지식으로 강력한 인사이트를 준다'는 호평을 받은 것도 글로벌 경쟁환경에서 산전수전 다 겪은 백전노장으로서, 경험과 이론을 절묘하게 조화시킨 덕분이었다.

가장 큰 경쟁력은 '다르다는 것'

책머리에 나오는 '업의 개념' 얘기부터 눈길을 끈다. 1990년, 삼성전자 영국법인에서 가전제품 위주로 영업하던 그가 독일로 발령받아 컴퓨터·정보통신 제품의 유럽 판매를 책임지고 있을 때 이건희 회장이 방문했다. 그런데 "가전 잘하는 사람을 왜 컴퓨터에 데려다가 바보 만들려고 하느냐"며 "당장 원래 자리로 돌려보내라"고 하지 않는가. 바로 직전에 방문한 미주 지역에서도 이미 책임자 교체를 지시하고 온 참이었다.

회의에서 이렇게 '사형선고'를 내린 이 회장이 다음 안건으로 넘어가려던 순간 그와 눈이 마주쳤다. "자네 생각은 어떤가?" 하기에 그는 "회장님 말씀대로 세상에는 훌륭한 컴퓨터 전문가들이 많고 그들을 얼마든지 영입할 수 있겠지만, 제가 한 6개월 정도 일하다 보니 이전에 하던 가전제품 영업이 건어물 장사라면 새로 시작한 컴퓨터 영업은 생선 장사쯤 된다는 감을 익힌 것 같습니다. 제게 기회를 주신다면 생선 장사를 제대로 한번 해보고 싶습니다"고 답했다.

가전제품은 유통기간이 길어서 가격이 낮을 때는 보관하고 있다가 명절 전이나 성수기에 높은 가격으로 팔아도 되지만 컴퓨터는 하루가 다르게 성능이 변하는 제품이어서 싱싱할 때 팔지 않으면 안 된다는 것이었다.

사실 "무엇을 하는지도 모른 채 그냥 하는 사람이 많다. 업의 개념을 명확히 해야 앞으로 해야 할 일이 보인다"고 강조하던 이 회장으로서는 미래 성장동력인 컴퓨터 사업을 기존 가전제품 방식으로 추진하는 게 못마땅하던 차에 '건어물과 생선' 비유가 와 닿았는지 "잘해봐라. 전문가는 데려와서 밑에다가 쓰고"라고 했다.

이 일화와 함께 그는 "업의 개념에 따라 노는 물이 달라진다"며 '시장을 넓게 재정의하라', '사업의 기존 정의에 도전하라', '비고객 입장에서 생각하라' 등의 방법론도 알려준다.

그의 지적처럼 창조와 창의, 차별화, 혁신 등 비즈니스맨과 기업에 요구되는 경쟁력은 많고 다양하다. 그 모든 경쟁력을 완비하기는 어렵지만 그것들을 갖추지 못하면 살아남기 어려운 것도 현실이다. 어떻게 이 무한경쟁의 세계에서 살아남을 것인가. 그는 "우리에게 요구되는 무수한 요건을 꿰뚫는 하나의 본질을 파악한다면 그것들을 충족시키는 일이 가능하다"고 말한다.

그 하나의 본질이란 바로 '다름'이다. 창조와 창의란 '기존'과는 다른 것을 의미하며, 차별화란 '남'과 다른 것, 혁신은 '지금까지'와 다른 것을 뜻한다. '무엇'과 '누구', '언제'가 다르냐에 따라 용어가 달라질 뿐이지 결국 가장 중요한 것은 '달라야 한다'는 사실인 것이다.

고객은 진정 무엇을 원할까

IBM은 왜 경쟁사 제품까지 끼워 팔았을까? '얼마나 이익을 냈느냐'가 아니라 '얼마나 고객이 만족했느냐'로 성과를 평가하는 고객중심경영 때문이었다. 고객이 진정으로 무엇을 원하는지를 아는 '아웃사이드인 마인드'의 중요성을 일깨워준 사례다. 직원의 실수로 잘못 들어간 부품 덕분에 중동 시장에서 삼성 TV가 날개 돋친 듯 팔린 사례는 혁신의 열쇠가 '예외'에 숨어 있다는 시사점을 전달한다. 특이점을 간과하지 않을 때 새로움이 탄생한다는 사실도 깨닫게 한다.

"비즈니스에서 '적의 칼'이란 시장과 경쟁사의 전략을 뜻한다. 기존 전략을 그대로 차용해 쓴다는 의미가 아니다. 비즈니스에서 적의 칼로 싸운다는 것은 '기존 시장의' '과거의' '경쟁사의' 전략과 전술, 상품과 서비스를 '자신의 방식'대로 해석해 새롭게 활용한다는 뜻이다."

무슨 말일까. 그는 애플과 소니의 경우를 예로 든다. "아이팟은 애플이 창조해낸 완전히 새로운 제품이 아니다. 1999년 말 세상에 디지털뮤직플레이어를 선보인 주인공은 소니였다. 애플은 아이팟이라는 기기에 더해 음악을 다운받을 수 있는 마켓 플레이스까지 구축함으로써, 즉 자신의 방식으로 새로운 생태계를 조성함으로써 성공을 거둘 수 있었다."

기존 것을 새롭게 활용하라

기업과 기업을 연결해 수익을 창출하는 기업 액티브인터내쇼날 역시 '적의 칼'을 사용해 성공한 좋은 사례다. 이들은 전자회사의 TV 재고를 리노베이션하는 호텔과 연결해주는 식으로 이윤을 만들어내는 '촉매기업'이다. 있던 것과 있던 것을 '연결'해줌으로써 새로운 비즈니스 모델을 구축해낸 것이다.

이처럼 시장은 늘 새로운 제품과 새로운 서비스, 새로운 승자를 갈구하고, 이에 많은 비즈니스맨과 기업은 '새로움'을 추구한다. 하지만 새로움이란 '세상에 없던 것'이라기보다 '세상에 있던 것을 새롭게 활용하는 것'에 가깝다.

어느 비즈니스맨이나 높은 연봉을 받기 바란다. 어느 기업이나 높은 매출을 원한다. 최대한 많은 이익을 얻으려는 것은 개인이든, 조직이든 비즈니스의 1차 목표다. 하지만 그것이 연봉이든, 제품의 판매가격이든, 기업의 브랜드 가치든 무언가를 얻고자 한다면 그에 합당하는 '가치'를 만들어내는 것이 우선이라고 그는 강조한다.

"당신의 가치는 얼마인가? 제품이든, 사람이든, 기업이든 가격을 올리는 유일한 길은 남다른 가치를 창출하는 것이다. '다름'을 경영하라."

함께 읽으면 좋은 책

- 《특허 전략이 미래를 바꾼다》 한규남, 이성수 지음 | 북랩
- 《카오스 멍키》
  안토니오 가르시아 마르티네즈 지음 | 문수민 옮김 | 비즈페이퍼

아이의 시선으로 호기심을 켜라
《창의력에 미쳐라》

김광희 지음, 넥서스BIZ 펴냄

2009년 영국 런던에서 열린 G20(주요 20개국) 정상회의 만찬장에 한 여성이 나타났다. 그녀는 참석자들로부터 영국 여왕 못지않은 환대를 받았다. 오바마 미국 대통령은 악수를 청하며 열광적인 팬이라고 고백했고, 메드베데프 러시아 대통령 부부는 사인까지 받았다. 그녀는 64개 언어로 번역돼 4억 권 이상 팔린 판타지 소설 《해리포터》의 작가 조앤 롤링이었다.

또 한 사람, 얼마 전 런던에서 영화 〈타이타닉 3D〉 프리미어 행사를 가진 제임스 캐머런 감독. 15년 전 〈타이타닉〉 실사영화를 만들었고 2009년 〈아바타〉로 흥행 신화를 쓴 그는 "지금의 나를 만든 8할 이상은 호기심"이라고 말했다. 2012년, 1인승 잠수정을 타고 깊이가 1만 990m나 되는 바닷속으로 내려가 서태평양 마리아나 해구의 챌린저 해연을 탐사한 것도 호기심 때문이라고 했다. 그는 "3D

다큐멘터리를 만들기 위해 잠수정에 장착된 3D 카메라로 심해를 촬영했는데 마치 달에 착륙한 기분이었다"며 즐거워했다.

창의력과 상상력이 핵심자원이다

조앤 롤링과 제임스 캐머런, 이들의 공통점은 무엇일까. 《창의력에 미쳐라》의 저자 김광희 협성대학교 경영정보학과 교수는 "창의력과 상상력을 통한 스토리텔링의 힘"이라고 요약한다. 하루에도 몇 번씩 "나는 꿈을 실현할 만큼의 능력과 시간, 에너지, 지혜 그리고 돈을 가지고 있다"고 되뇌곤 한다는 그는 이 책에서 '창조산업'의 중요성을 거듭 강조한다.

"그런 산업의 핵심자원은 우리 인간의 두뇌다. 창의력과 상상력이 핵심자원이고 그 우열이 창조산업의 성패를 좌우하게 될 것이다. 창조산업에서는 한 사람의 천재와 일부 한정된 개인과 조직을 통해 부가가치가 창출되는 것이 아니다. 5000만 한국인의 창의력이 필요하다. 대한민국 모두가 그 주인공으로 거듭나는 날까지 창의력 계발과 교육은 계속돼야 한다. 명심하라. 창의력은 스킬이다."

이 얘기에 책의 주제가 함축돼 있다. 그러나 많은 사람이 창의적인 발상에 부담감을 갖고 노력하기도 전에 겁을 먹어 뒷걸음질을 치는 것이 현실이다. 그는 이런 사람들에게 "'평범'한 사람의 '사소'한 생각에서 '기발'한 아이디어가 탄생한다"며 "세상의 모든 고정관념에 맞서라"고 권한다.

뒤집어 생각하면 미래가 달라진다

"창의력은 누구에게나 잠재돼 있다. 하지만 모두가 그것을 이끌어낼 수 있는 것은 아니다. 잠재된 창의력을 끌어내기 위해서는 끊임없는 노력과 훈련 그리고 적절한 환경이 요구된다. 창의력 계발에 늦음이란 없다. 창의력을 키워보겠다는 일념을 스스로 버리지 않는 한 말이다."

'난 이미 머리가 굳어서 창의적인 발상을 하지 못해'라고 생각하는 사람도 이제부터 두뇌를 의식적으로 해방시키는 훈련을 하면 달라진다는 것이다.

"남보다 기발하고, 남보다 빠르며, 남보다 재미있는 생각을 하라. 남들과 다른 생각을 한다는 것을 부끄러워하지 말라. 기죽을 필요도 없다. 당신이 가진 독특한 생각이야말로 차별요인, 나아가 경쟁력으로까지 평가받을 수 있다. 이제 창의적 사고와 혁신은 선택이 아닌 생존의 문제다. 생각의 차이가 결과의 차이를 만든다는 것을 잊지 말라."

그는 창의적인 상상력을 북돋워줄 국내외 사례를 소개하면서 창의력을 죽이는 요인을 분석하고 이를 통해 창의력을 살리는 노하우를 알려준다.

우선 "즐기는 사람은 창의력을 가진 사람만 못하다"라는 말을 상기시킨다. 타고난 엘리트를 이기는 사람은 노력하는 사람이고, 노력하는 사람을 이기는 사람은 즐기는 사람이며, 즐기는 사람을 뛰어넘는 사람은 '창의력'을 가진 사람이라는 것이다. 창의력은 우리의 노력에 따라 언제 어디서건 수위를 조절할 수 있는데, 인간이 전적으로 통제할 수 있는 유일한 것이 있다면 그것은 바로 자신의 생각이기 때문이다. 따라서 출중한 업적을 남기면서 강한 생존력을 갖춘 사람은 맡은 일과 창의력을 구별 짓지 않는 '무경계 인간'이라고 그는 설명한다.

그가 "난파 직전에 몰려야 굼뜬 몸을 움직이려 하고, 벼랑 끝에 서야 비상飛上을 꿈꾸는 것이 인간의 본성"이라며 "절체절명의 상황 속에서 각설탕 하나만으로도 호수를 달콤하게 만들 정도의 독창적이고 탁월한 아이디어가 분출된다"고 말하는 이유도 여기에 있다.

이는 기업들이 스펙만 보고 직원을 채용하지 않는 것과 맥을 같이한다. 21세기 인재의 필수조건이 창의력이기 때문이다. 기업의 미래도 그런 인재를 얼마나 보유하고 있느냐에 따라 달라지므로 저마다 창의력과 의욕이 넘치는 직원을 선발하기 위해 다양한 방법을 동원하는 것이다.

"미래를 예측하기 위해서는 돈과 시간 그리고 에너지를 투자하는 것이 중요하다. 하지만 그에 앞서 조직 및 기업에서는 창의력을 겸비한 유능한 인재를 우선적으로 육성하고 발굴해야 한다. 그런 다음 인재들이 기술과 환경의 빠른 변화에 기민하게 적응할 수 있도록 다양한 프로그램을 개발하고 훈련시켜야 한다. 덧붙여 인재들이 미래의 방향성을 스스로 창조할 수 있도록 적절한 환경과 시스템을 만들어주어야 한다. 창의력은 미래의 생존 자산이다."

내면에 잠든 코흘리개 아이를 깨워라

창의적인 사고는 어떻게 키울 수 있을까. 그는 "코흘리개 아이처럼 주변에 널브러진 사물들을 자신만의 독특한 시각으로 파고들어 보라"고 조언한다. "창의적으로 사고하고 응용하는 능력을 키우기 위해서는 무엇보다 호기심이 중요하다. 고학년으로 올라갈수록 천연덕스럽던 아이들의 호기심이 원천봉쇄되어 교육현장에서 차츰 왜Why와 만약If이 사라지는 일이 있어서는 안 된다."

제임스 캐머런 감독의 "나를 만든 8할 이상은 호기심"이라는 말도 같은 맥락이다. 그는 "평소 무심코 내뱉는 말과 함께 상상력은 우리들의 잠재의식에 크나큰 영향을 미친다"며 "특히 상상력은 우리를 미지의 세계로 안내한다"고 역설한다.

"무지개가 왜 아름다운지 아는가? 다양성 때문이다. 언제든지 생각의 무지개를 활짝 펼쳐라. 다양성은 창의력이란 씨앗의 텃밭이고 그 육성에 절대 필요한 우리 사고의 견제와 균형이다."

하지만 우리는 창의력과 상상력의 중요성을 알면서도 끊임없이 익숙한 방식과 고정관념의 유혹에 시달린다. 그의 말처럼 '경험이 쌓이는 만큼 열정과 패기는 슬며시 꼬리를 내리는 현실'이 날마다 우리를 괴롭힌다. 그래서 그는 "머리로 알고 있는 것과 이를 확신하고 행동으로 옮기는 것 사이에는 하늘과 땅만큼의 차이가 있다"며 우리를 일으켜 세운다.

"현실지향적으로 선회하는 만큼 창의력의 빛은 조금씩 바래가고 결국에는 '그냥 다른 사람만큼만 하자'는 달콤한 유혹을 거부하지 못한다. 이로 인해 그동안 애써 일궈온 창의력이란 싹이 시들기 시작한다. 이는 다름 아닌 창의력 살인자의 등장을 뜻한다. 하지만 깨달아야 한다. 엉덩이를 땅바닥에 찰싹 붙이고 있으면 당장은 위험하지 않다. 그러나 그 순간부터 엉덩이에는 종기가 하나둘 돋아나기 시작한다."

이렇게 그는 우리를 다그치는 한편 어루만지면서 '창의력 계발을 위한 마음가짐'을 제시하고 이것을 날마다 실천해보라고 권한다.

창의력 개발을 위한 마음가짐

① 다양성은 창의력이라는 씨앗의 텃밭입니다.

② 물과 바람을 거스르는 삐딱이가 되세요.

③ 내면에 잠든 코흘리개 아이를 깨우세요.

④ 생각할 수 없는 것조차 생각하려고 애써야 합니다.

⑤ 미래에서 현재를 보세요.

⑥ 달리 생각하는 사람을 높이 평가하세요.

⑦ 네모난 구멍에 둥근 막대를 가져다 꽂으세요.

⑧ 광고와 자주 어울려 노세요.

잠자는 두뇌, 상창력으로 샤워하라
《상창력》

조관일 지음, 흐름출판 펴냄

조관일 창의경영연구소장은 강원대학교에서 농학을 전공했다. 고등학교 시절인 10대에 '담수어(민물고기)의 습성'에 관한 연구로 과학전람회에 출전했고 20대에는 스스로 음악의 원리를 터득해 악보를 넣으면 음악이 나오는 음악교습구를 만드는 등 몇 건의 특허를 출원했다.

30대 직장 초년 시절, 서비스에 관한 연구를 책으로 펴내 베스트셀러 저자가 됐으며 40대에는 '친절체조'를 창안하는 등 기발한 발상으로 직장에서 최고 아이디어맨으로 평가받았다. 50대에는 그런 능력이 밑바탕이 돼 최고경영자 자리에 올랐다.

농협 지역본부장과 상무를 거쳐 강원대학교 겸임교수, 강원도 정무부지사, 대한석탄공사 사장을 지낸 그의 이력은 이처럼 독특하다. 직장생활을 할 때부터 특별한 아이디어로 사람들을 놀라게 한 그 힘의 바탕은 무엇이었을까. 그의 책 제목이기도 한 '상창력' 덕분이다.

'친절체조'는 그가 농협 중앙연수원 부교수 시절 창안한 것으로 기존 국민보건체조 기능에 '고객맞이 훈련용 체조' 개념을 접목한 것이다. 무표정한 얼굴로 고개를 좌우로 돌리는 목운동은 양쪽 사람들에게 웃는 얼굴을 보여주라는 의미에서 미소운동으로 바꾸고, 무릎운동은 고객을 맞을 때 자리에서 벌떡 일어나 응대하는 기립운동으로 바꾸는 식이다.

등을 구부리는 등배운동은 인사운동으로, 몸을 좌우로 흔드는 몸통운동은 손님에게 방향이나 좌석을 안내하는 안내운동으로 바꿨다. 여기에 '미소', '안녕하십니까', '어서 오십시오', '감사합니다', '친절', '봉사' 같은 서비스 용어를 결합시켜서 구호를 외치게 했다.

이 친절체조는 전국으로 확산됐고 홍콩에 본사를 둔 한 TV방송에 의해 동남아시아까지 전파됐다. 그는 고객에게 제공할 기념품인 윷을 만들 때도 특별한 아이디어를 적용했다.

그런데 윷의 등에 새겨진 X표시가 부정적인 의미인 것 같아 마음이 쓰였다. 고민 끝에 그는 X표 대신 그 자리에 농협의 심벌마크를 새기기로 했다. 고객들이 윷놀이를 할 때마다 농협 마크가 나오기를 간절히 소망하는 상황을 떠올려보라. 그는 이 윷을 '농협윷'이라고 이름 붙였다. 단순한 것에서부터 중요한 분야까지 기업의 이미지를 긍정적으로 바꾼 그의 경험 속에 '상창력'의 원리가 이미 다 들어 있었던 것이다.

'상상-창조-실행'을 하나로 연결하라

그가 말하는 상창력想創力은 상상想像과 창의創意를 결합한 용어다. 영어로는 'crimaction(크리맥션)'. 이는 creative(창조적인) 또는 creativity(창의력)+imagination(상상력)+action(실천)의 합성어다.

그는 "찌들어버린 당신의 두뇌를 상창력으로 샤워하라"며 "잠자던 상창력을 깨우면 1등 조직, 1등 인재로 우뚝 선다"고 강조한다. 지금은 '정보 격차' 대신 '아이디어 격차'가 경쟁력을 좌우하는 시대인데, 그 주도권은 '비즈니스 창의성' 확보에 달려 있다는 것이다.

"구성원들이 '비즈니스 창의성'을 얼마나 확보하고 있는지에 따라 경쟁력 순위가 결정되기 때문에 세계적인 기업들은 비즈니스 창의성을 계발하기 위해 심혈을 기울이고 있다. 또 최근에는 비즈니스 창의성에 머물지 않고 누가 먼저 성공적으로 실행하느냐도 중요해지고 있다. 그러다 보니 상상과 창조, 실행을 하나의 시스템으로 실천하는 사람이 새로운 인재 모델로 떠오르고 있다. 이것이 바로 상창력이 뛰어난 인재다."

상창력이 뛰어나다는 것은 남들이 생각하지 못한 것을 상상하고, 남들이 상상만 하고 있을 때 먼저 실행해 확실히 눈에 띄는 결과를 만들어내는 것이라고 그는 말한다. 이런 상창력은 머리로 궁리해 새로운 세계를 펼쳐내는 능력이라는 점에서 더 의미 있다. 그가 들려주는 사례가 재미있다. 새로운 상품을 개발하는 것부터 프로세스 개선, 상품판매 아이디어, 고객관리, 일 처리, 화력話力, 글쓰기, 보고

서나 기안문 작성, 비즈니스 편지 쓰기, 행사 기획, 스피치 등 거의 모든 분야에 활용할 수 있는 얘기들이다.

반포대교의 낙하분수 대목이 눈길을 끈다. 대교 위에서 약 20m 아래 한강으로 분수가 떨어지도록 설계한 대형 교량분수다. 이 아이디어를 낸 사람은 서울시 공무원이었다. 낙하분수의 발상 자체는 별것 아닐 수 있으나 '세계 최초'의 낙하분수로 기네스 기록에 오를 정도의 가치를 갖기 때문에 그는 특별 승진했다.

"수많은 사람이 낙하분수를 생각했을 테지만 그것을 현실로 이끌어내기 위해 실행한 사람은 한 사람뿐이다. 나도 같은 상상을 했지만 한발 더 내딛지 못하고 지나치고 말았다. 만약 비슷한 생각을 한 사람이 1000명이었다면 실제로 상창력을 발휘하여 실행에 옮긴 사람은 1000분의 1로 확 줄어든다. 그래서 상상보다 중요한 것이 창의적 실천이다."

인터넷 쇼핑몰의 인기상품인 '엽기볼펜꽂이'도 마찬가지다. 모두가 다 아는 장난인 '똥침'에서 아이디어를 얻어 비즈니스에 적용한 것으로 그 기발한 상창력 덕분에 빅히트를 쳤다.

이처럼 비즈니스 상창력은 세상을 놀라게 할 거창한 발명이나 어마어마한 발상의 전환을 요구하지 않고, 오히려 엽기볼펜꽂이나 낙하분수처럼 '작지만 가치 있는 것'이 더 많다고 그는 말한다. 새로운 비즈니스 모델을 만들어내야 하는 미래의 기업도 한 가지 일을 100% 고치려는 인재보다 100가지 일을 1%씩 개선할 수 있는 인재를 필요로 한다는 것이다.

궁리하라! 그리하면 얻을 것이니

"이때 무엇보다 중요한 것이 '궁리'다. 특히 생각은 있지만 결과가 없는 사람들은 궁리하는 법을 터득하게 되면 일과 인생의 품질이 달라진다. '성공하는 사람은 방법을 찾고 실패하는 사람은 핑계만 찾는다'는 말이 있다. '저것은 왜 저렇지?', '다르게 하는 방법은 없을까?', '더 나은 방식은?' 하는 식으로 꼬리에 꼬리를 물고 생각하고 따지고 궁리하면 상상의 세계가 점점 더 커지고 실행할 수 있는 탁월한 해결책을 얻게 된다."

한마디로 유연한 사고와 아이디어를 지닌 사람이 필요하다는 얘기다. 그리고 보니 '모든 유행의 원조'이자 '전설의 장난감'으로 불리는 훌라후프도 호주 원주민 아이들의 대나무 고리 장난감을 보고 고안한 것이다. 수천 년 전부터 그리스나 이집트 등에서 사용돼왔다는 이유로 특허권도 인정받지 못했지만 '훌라후프'라는 이름만을 상표권으로 등록해서 대박을 터뜨렸다.

1991년 가을, 일본 아오모리 현에 태풍이 몰아닥쳐 수확을 앞둔 사과가 90% 가까이 떨어졌을 때 "아직 떨어지지 않은 10%의 사과를 수험생에게 '합격사과'로 팔자"고 역발상 아이디어를 낸 농부를 떠올려보자. '태풍에도 떨어지지 않은 사과', '여러분의 합격을 보장합니다'라는 홍보 문구와 함께 10배나 비싼 가격에 팔아 그해 최고의 수익을 올린 비결도 상창력이었다.

직장이나 삶터에서 상창력을 키우려면 어떻게 해야 할까. 그가 정리한 7가지 '상창력을 발동시키는 법'에 핵심 내용이 요약돼 있다.

① 그냥 지나치지 마라. "왜 저럴까"라는 질문을 스스로에게 던져라.
② 문제점에 민감하라. 불편과 필요야말로 상창력을 발휘할 절호의 대상이다.
③ 더 나은 방법을 찾아라. 당연하다고 생각하면 상창력은 작동하지 않는다.
④ 끊임없이 생각하라. 해결책이 나올 때까지 줄기차게 생각하라.
⑤ 메모하라. 스쳐 지나가는 생각 중에 기막힌 것이 숨어 있다.
⑥ 엮어라. 기존의 '유'에서 새로운 '유'를 엮어내라.
⑦ 시도하라. 생각에만 그치지 말고 행동으로 옮겨라.

> **함께 읽으면 좋은 책**
>
> - 《생각의 기술》 오이시 데츠유키 지음 | 이명희 옮김 | 이아소
> - 《너는 왜 삽질을 시킬까?》
>   데이비드 디살보 지음 | 김현정 옮김 | 청림출판
> - 《생각의 도구》 송종영 지음 | 나비의활주로

새로운 성장시장 'MIKT'를 주목하라
《짐 오닐의 그로스맵》

짐 오닐 지음, 고영태 옮김, 알에이치코리아 펴냄

영국 프리미어리그 축구팀 맨체스터 유나이티드의 열렬한 팬이자 투자자. 맨유의 러시아 원정경기를 보기 위해 전용기를 타고 날아가는 열정파. 결혼기념일을 자축하기 위해 에베레스트 산맥을 등정하고 세계 각국을 방문하느라 눈코 뜰 새 없이 바쁜 기업인. '브릭스BRICs'라는 용어를 만든 '스타 이코노미스트'….

이쯤 되면 그가 누구인지 짐작할 것이다. 골드만삭스자산운용 글로벌 회장을 지낸 짐 오닐. 그는 2010년 9월 골드만삭스자산운용 회장 취임 이전부터 15년간 골드만삭스에서 수석 이코노미스트로 활동해온 베테랑으로 하루 1조 달러를 주무르는 큰손이다. 〈비즈니스위크〉가 '골드만삭스의 록스타'라고 극찬한 주인공이기도 하다.

그는 2001년 〈골드만삭스이코노믹리뷰〉에 실린 보고서에서 인구가 많고 경제규모가 큰 브라질, 러시아, 인도, 중국이 세계 경제를 이끌 것이라고 전망했다. 발표 당시에는 큰 주목을 받지 못했지만 이후 브릭스 국가들은 폭발적으로 성장했다. 2010년 12월 투자보고서에서는 가까운 미래에 경제 강대국이 될 성장시장으로 멕시코, 인도네시아, 한국, 터키를 꼽으면서 이들 국가의 머리글자를 따 '믹트MIKT'라는 용어도 만들었다.

그는 2012년 한국경제신문과 가진 인터뷰에서 "지금 중국에는 80여 일마다 그리스만 한 경제가 생겨나고 있다"며 "급성장하는 중국에서 투자 기회를 찾는 데 집중하라"고 말했다. 또 중국 경착륙 우려는 중국의 성장을 싫어하는 사람들이 실증적 증거를 무시하고 만든 말이며 중국을 직접 방문해보면 실상을 알 수 있을 것이라고 했다.

그는 "한국은 1인당 국민소득이 3만 달러에 가까운 선진국으로 한국 기업들이 브릭스 등 중산층이 증가하는 국가에 진출해 성공할 만한 경쟁력을 갖췄다"면서 "골드만삭스 성장환경지수를 기준으로 보면 캐나다를 제외한 어떤 주요 7개국G7보다 좋은 데다 자동차, 전자, 철강 등 글로벌 산업을 이끌고 있다"고 평가했다.

아직 끝나지 않은 브릭스의 경제성장

그는 《짐 오닐의 그로스 맵》에서 10년 동안 브릭스의 움직임에 관한 데이터와 사례를 점검하고 "선진국을 제외한 세계 GDP 1%를 차지하는 8개국이 바로 성장시장"이라고 거듭 강조한다. 2005년 '넥스트일레븐(Next 11: 한국, 방글라데시, 이집트, 인도네시아, 이란, 멕시코, 나이지리아, 파키스탄, 필리핀, 터키, 베트남)'이라는 신흥시장의 가능성을 알린 그가 새로운 핵심 성장축인 '성장시장'을 제시한 것이다.

이들 국가는 '이제 막 떠오르고 있는' 신흥시장Emerging Market과는 달리 '이미 성장 가속도가 붙어 성장 중'인 시장이라는 의미의 '성장시장Growth Market'이다. 그의 표현에 따르면 "서구 중심형 세계 경제의 팽창이 한계에 다다른 지금 역사상 전례를 찾아보기 힘든 21세기형 골드러시"인 것이다.

그는 "세계 경제는 지난 30년간 발전해왔던 것보다 훨씬 빠르게 성장할 것"이라며 "기존 사고방식의 틀을 깨라"는 주문을 반복한다. 민주주의가 발전한다고 해서 무조건 경제가 부흥할 것이라는 단순한 사고방식은 아무런 도움이 되지 않는다는 것이다.

그 근거로 공산주의 체제 하에서도 인구수와 경제규모라는 조건만으로 경제대국이 된 중국을 예로 든다. 서양 강대국들이 자본주의 발달의 기본 토양으로 강조하던 '민주주의'와 한 나라 경제의 성장 가능성 간 관계는 생각보다 밀접하지 않다는 것이다. 오히려 국가의 힘이 국민의 힘보다 강한 나라가 성장을 감행하기에는 더 유리할 수 있다면서 일반론과 다른 방식으로 번성하고 있는 나라의 가능성을 무시해서는 투자자로서 기회를 놓칠 수 있다고 지적한다.

그는 중국인 1400명 가운데 1명이 미국 달러 기준으로 백만장자이며 베이징에만 약 20만 명의 백만장자가 살고 있다는 얘기와 15년 안에 전 세계의 고가 사치품 구매자 5억 명 중 2억 명이 중국인이고 인도와 브라질, 러시아가 뒤를 이을 것으로 전망했다.

브릭스의 약진, 서구 경제에도 활력 불어넣을 것

그렇다고 서구 경제가 피해를 보는 것도 아니라고 진단한다. "앞으로는 브릭스 국가들의 새로운 사치품 구매자들을 유인하기 위한 브랜드 관리가 서구 기업들의 중요한 마케팅 전략이 될 것이다. 이는 단지 브릭스의 주요 도시에 있는 매장들에 더 많이 투자해야 함을 의미하지 않는다. 사실 브릭스의 도시들보다는 파리, 마이애미, 뉴욕, 런던 같은 도시들이 혜택을 볼 것이다. 브라질의 사치품 구매 55%가 마이애미 같은 해외에서 이뤄진다. 마이애미와 브라질의 관계는 홍콩과 중국의 관계와 비슷하다. 세계의 경제성장 패턴이 변화하면서 브릭스에 밀려 좋은 기회를 놓칠 것이라고 걱정하는 서구인들은 보다 개방적일 필요가 있다. 앞으로 서구의 기업들, 특히 유명 브랜드 기업들에게는 더 많은 기회가 찾아올 것이다."

왜 이런 얘기가 가능한가. 그는 "선진국들이 겪어야만 하는 생각의 변화에서 가장 중요한 것은 부$_{wealth}$와 규모$_{size}$의 차이를 이해하는 것인데 브릭스 국가들이 빠르게 성장하더라도 1인당 국민소득을 기준으로 하면 유럽과 미국의 국민은 브릭스 국민보다 훨씬 더 부유하게 살 것"이라고 분석했다. 한마디로 브릭스의 이익이 선진국의 손실을 뜻하는 것은 아니라는 것이다.

"스위스는 프랑스, 독일, 이탈리아의 성장을 두려워하지 않는다. 사실 스위스는 이웃 국가들이 성장하기를 바란다. 그래야 수출을 더 많이 할 수 있고 더 많은 소득을 올릴 수 있기 때문이다. 스위스는 이웃 국가들이 부유해지면서 1인당 국민소득도 증가하고 있다. 다른 유럽 국가들도 브릭스 국가들의 성장을 그들의 수출시장이 성장하는 것으로 바라보고, 자국 경제에도 이득이 되는 것으로 이해해야 한다."

그가 한국어판 서문에서 "그동안 성장가도를 달려온 한국은 급변하는 시장의 성장 맵 속에서 어떻게 자신의 역할을 민첩하게 관리하느냐에 성패가 달려 있다"고 말한 이유도 여기에 있다. 한계점에 다다른 세계 경제의 탈출구는 성장시장에 달려 있고 그 시장을 개척하는 것은 우리의 몫이라는 것이다. 이와 함께 그는 서구 세력이 타 국가들에 강제적으로 주입해온 정치적 입김이나 경제적 불평등 구조를 걷어내고 서로가 균형적인 발전 환경을 만들어야 우리 모두가 경제적 침체에서 벗어나 새로운 번영의 길로 나아갈 수 있다는 사실을 강조한다.

책의 뒷부분에 브릭스와 올림픽을 연결하는 장면이 나온다. 그의 말을 듣고 보니 정말 그렇다. 2014년 월드컵은 브라질에서 열렸고 2018년 월드컵 개최국은 러시아다. 올림픽도 2008년 베이징에 이어 2016년 브라질의 리우데자네이루에서 개최됐다. 동계올림픽 장소도 2014년 러시아의 소치, 2018년 한국의 평창이다. 우연한 일인지도 모르지만, 이것이 미래의 경제 지형도를 보여주는 '성장지도'일 수도 있지 않은가.

비용 삼키는 '그리드락'…
그 속에 혁신 기회 있다
《소유의 역습, 그리드락》

마이클 헬러 지음, 윤미나 옮김, 웅진지식하우스 펴냄

오도 가도 못하는 교착 상태

'그리드락GRIDLOCK'이란 무엇인가. 도로에서는 교차점의 교통정체를 뜻하고, 정치에서는 의견 차이 때문에 생기는 교착 상태를 의미한다. 이른바 '오도 가도 못 하는 상황'이다. 경제학에서는 지나치게 많은 소유권이 경제활동을 방해하고 새로운 부의 창출을 가로막는 현상, 자원이 활용되지도 않고 새로운 것이 만들어지지도 않는 정체 상황을 가리킨다.

이 개념을 들고 나온 사람은 경제학자가 아니라 법학자였다. 《소유의 역습, 그리드락》의 저자 마이클 헬러는 법학 교수이자 재산권과 부동산법 분야의 전문가다. 그가 경제학의 핵심 개념인 '소유권'

을 중심으로 그리드락을 풀이했다는 점이 놀랍다.

그는 뉴욕의 황당한 토지 몰수 사건에서부터 모스크바의 텅텅 빈 상가들까지 전 세계에서 벌어지고 있는 현상을 소개하면서 '그리드락 때문에 잃어버린 기회'들을 하나씩 일깨워준다.

첫머리에 인용된 '원조 도둑, 라인 강의 귀족들' 얘기부터 보자. 중세시대에 라인 강은 유럽의 큰 무역항로였다. 상선들은 안전하게 통행하기 위해 적당한 통행료를 지불했다. 그러나 13세기에 제국이 약화되면서 독일 봉건 귀족들은 멋대로 성을 짓고 불법 통행료를 거둬들이기 시작했다.

이들의 횡포가 심해지자 선박이 자취를 감췄다. '라인 강은 계속 흘렀지만 사공들은 더 이상 강을 건너려 하지 않았던' 이 비극이 바로 그리드락의 그늘을 입증해준다. 이는 현대사회에서도 자주 발견된다. 미국에서 제대로 활용되지 못하는 천연자원 가운데 대표적인 것은 방송 전파다. 90% 이상이 사용되지 않고 있다. 방송 스펙트럼의 소유권이 심각하게 쪼개져 있기 때문이다.

결과적으로 미국의 정보경제는 막대한 손실을 입고 있다. 미국의 휴대전화 서비스는 한국이나 일본보다 한참 뒤처져 있다. 그런데도 이런 어처구니없는 일이 일어나고 그 비용은 수조 달러에 이른다. 뿐만이 아니다. 집을 소유한 사람이 많아져도 부동산시장은 얼어붙는다.

음원 저작권자는 늘어나는데 음반시장은 줄어든다. 모스크바의 상점들은 텅텅 비어 있지만 가판은 넘쳐난다. 기술은 발전하는데 획기적인 발명품은 상품화되지 못한다. 의학 연구 성과는 진보하는데 더 효과적인 암 치료제는 개발되지 않는다.

그리드락의 거울에 비친 시장의 비밀

가진 자가 많아졌으나 사회 전체의 부는 정체돼 있는 상태. 이것이 '그리드락'의 거울에 비친 시장의 비밀이다.

'집 한 채를 물려받은 형제자매가 있다. 그중에는 집을 임대하고 싶은 사람도 있을 것이고, 팔아서 자기 몫을 챙기고 싶은 사람도 있을 것이다. 그들이 합의하지 못하면 결국 집은 텅 빈 채 덩그러니 남아 있을 것이다. 그것이 바로 그리드락이다. 이제 소유자가 20명, 아니 200명쯤 된다고 상상해 보자. 각각의 소유자가 다른 사람을 방해한다면 아무도 그 자원을 이용할 수 없다. 잘 드러나지 않는 반공유재의 비극은 바로 이런 것이다.'

이처럼 자유주의 시장경제의 위기를 생산구조가 아닌 소유구조에서 찾는 그의 관점은 신선하고 충격적이다. '생명공학과 특허 괴물' 대목을 들여다보자.

'그리드락은 치명적인 새로운 질병이 출현할 때마다 뜨거운 관심을 모을 것이다. 예를 들어 사스SARS는 2002년 말 중국 남부에서 발생해 6개월 동안 700명이 넘는 사람들의 목숨을 앗아갔다. 전문가들은 이 질병이 전 세계적으로 유행할까 봐 근심했다. 전 세계 연구소들은 서로 협력해가면서 병원균을 찾기 위한 선의의 경쟁을 벌였다. 그러나 얼마 지나지 않아 공공보건 분야의 위대한 업적은 특허 논쟁으로 말미암아 망가지고 말았다.' 이 같은 구조가 수백만 명의 목숨을 구할 수 있는 신약 개발까지 포기하게 만든다는 것을 알고 나면 씁쓸해진다.

시장경제 모순 '소유권' 중심 풀어

부동산 문제는 어떤가. '바나나BANANA: Build Absolutely Nothing Anywhere Near Anyone'는 새로운 개발이 불가능할 정도로 규제가 중첩돼 있는 환경을 뜻한다. 말 그대로 '어디서든 아무것도 지을 수 없는' 상황이다.

'예를 들어 모든 사람은 시 당국이 노숙자 쉼터를 짓는 데 찬성한다. 그러나 내 집 주변에는 싫다. 우리에게 저가 주택이 필요하다는 데도 모두 동의한다. 그러나 지을 때 짓더라도 우리 동네에는 안 된다. 주택 소유자들은 교회, 재활 및 갱생 시설, 쓰레기 처리장 등 집값을 떨어뜨릴 수 있는 것은 무엇이나 자기 집 근처에 없기를 바란다. 모든 주택 소유자가 자신의 이런 권리를 법으로 보장받을 수 있다면 우리는 집단적으로 바나나 공화국을 갖게 된다.'

그리드락은 기술과학, 생명공학, 음악, 영화, 부동산 등 모든 분야에서 벌어지고 있다. 대기근을 초래했던 아일랜드의 '감자 농부'들, 모스크바의 공용 아파트를 둘러싸고 벌어지는 폭력과 부패. 뉴욕 시의 황당한 토지 몰수, 체사피크 만의 굴 해적, 오늘날의 유전자 특허와 매시업을 일삼는 음악계의 무법자….

이를 통해 저자는 '부를 창출하는 방식이 바뀌고 있다'는 사실까지 일깨워준다. 영리한 기업들은 '그리드락'의 숨은 비용을 눈치채고 차세대 혁신의 기회를 찾고 있다. IBM은 소프트웨어 코드 특허 500개를 대중에게 무료로 사용할 수 있도록 공개했다. 생명공학 회사 셀레제노믹스는 인간의 유전자 정보가 담긴 염색체 집합을 해독하기 위해 수억 달러를 투자하고 나서 그 막대한 DNA 데이터베이스를 대중에게 공개했다.

이들의 행동은 무엇을 의미하는가. 거머리 같은 '특허 귀신'과 싸우는 것보다 다른 곳으로 사업 영역을 옮기는 게 더 유리하다는 것. 그래서 '다보스포럼Davos Forum' 같은 자리에서 세계 경제의 불확실성을 '협력적 혁신의 힘-소유의 공존'으로 해결하자는 얘기가 나왔다. "보호주의의 함정에 빠지지 않으면서 자유무역의 이념적 변형을 찾아내야 한다"는 파스칼 라미 세계무역기구 사무총장의 말도 의미심장하다.

이 책의 뒷부분에 나오는 '자원 보존의 퍼즐'이 하나의 해답을 제시한다. 미국 체사피크 만의 엄청난 굴은 '완전 공유제'여서 누구나 따갈 수 있었다. 그러나 대규모 준설 방식을 동원한 사람들의 탐욕은 이 지역의 굴을 멸종 위기로 몰아갔다. '오늘 따면 높은 가격을 보장받을 수 있는데 굴이 번식하도록 남겨두는 건 바보짓'인 것처럼 보였다.

희소 자원으로 사라질 뻔했던 굴을 되살린 과정에서 우리는 공유자원을 제어하는 정복, 거래, 사유화, 관습, 규제, 독점 등 6가지 방법을 배울 수 있다. 굴의 채취 시기와 굴의 최소 크기를 제한하고 번식기를 보호해주는 것의 의미도 발견하게 된다.

마지막 장에 오면 새로운 혁신의 기회를 '발견과 명명'에서 찾는 이유까지 이해하게 된다. 어떤 현상을 해결하는 데 최우선 단계는 '발견'이며, 그 상태를 새롭게 비추는 프레임이 곧 '그리드락'이라는 것이다. 그 의미를 제대로 알고 '명명'하는 단계를 넘어 행동 지침들을 실행에 옮기는 것은 이제 우리 모두의 몫이다.

함께 읽으면 좋은 책

- 《축출 자본주의》
  사스키아 사센 지음 | 박슬라 옮김 | 글항아리
- 《땅과 집값의 경제학》
  조시 라이언-콜린스 외 지음 | 김아영 옮김 | 사이

당신의 생각은 왜 갇혀 있나요?
《생각지도 못한 생각지도》

유영만 지음, 위너스북 펴냄

지식생태학자 유영만 교수가 알려주는 고정관념 타파법

낙하산 공장 사장이 있었다. 그의 고민은 불량률을 낮추는 것이었다. 그런데 도무지 성과가 없었다. GE에서 큰 성과를 거두었다는 '6시그마' 기법을 도입했지만 그대로였다. 불량률 제로에 도전하는 경영혁신 기법도 소용이 없었다. 6시그마 도입 이후 직원들은 여섯 시가 되기만 기다렸다가 '여섯 시구먼'이라며 퇴근해버렸다.

골머리를 앓던 사장은 기발한 아이디어를 냈다. 내일부터 자신이 만든 낙하산을 직접 메고 뛰어내리는 불량률 테스트를 하겠다고 선언한 것이다. 그랬더니 불량률이 제로로 떨어졌다. 생각하기에 따라, 마음먹기에 따라 사람이 얼마나 달라질 수 있는지를 일깨워주는 일화다.

유영만 한양대학교 교육공학과 교수는《생각지도 못한 생각지도》에서 이 같은 사례를 통해 틀에 박힌 생각에서 벗어나 새로운 마음과 눈으로 세상을 바라보는 방법을 알려준다.

그는 책 제목처럼 '생각지도 못한 생각지도'를 스스로 만들며 인생을 개척했다. 충청도 산골에서 태어나 농사를 지으면서 초등학교를 다녔고 그 때문에 남보다 늦게 중학교에 들어갔다.

가정형편이 어려워 고등학교도 전액 장학금과 기숙사가 보장된 공고를 선택했다. 책상보다 용접 공장에서 지내는 시간이 더 많던 공고 시절을 보내고 직장에 들어갔지만 희망이 없어 술과 방황의 나날을 보냈다.

어느 날 서점에서 책 한 권을 만난 그는 '미래'를 생각했고 주경야독 끝에 대학에 진학했다. 졸업 후에는 무일푼으로 유학을 떠나 식당에서 접시를 닦으며 박사학위를 받았다. 귀국해서는 대기업에서 현장 경험을 쌓았고, 마침내 모교의 교수가 됐다.

얼핏 보면 딱딱한 교육공학자일 것 같지만 그는 '지식생태학자', '지식산부인과 의사'라는 별칭을 더 좋아한다. 학교에서 학생들을 가르칠 때에는 자유로운 '방목 학습'으로 개개인의 창의력을 길러주고, 기업이나 사회 현장에서는 말랑말랑한 상상력의 맛을 일깨우며, 일상생활에서는 시와 예술과 막걸리로 인문학적 통섭의 즐거움을 함께 누린다. 술자리에서 톡톡 튀는 언어의 유희로 삼행시를 읊는 모습에서는 감성과 이성을 자유자재로 넘나드는 선비의 풍모도 보인다.

9가지 생각 여행을 통해 발상의 사각지대를 벗어나보자

이 책에서 얘기하듯이 그는 "당연하다고 생각하는 '일상'에 의문을 던져야 '비상'이 싹튼다"는 것을 온몸으로 체득한 사람이다. 그 깨달음을 바탕으로 발상의 '사각지대'에서 벗어나 놀라운 '생각지대'로 독자들을 안내한다. 새로운 생각을 품고 행동을 바꾸기 위해 그가 꼽은 주제는 앞서 언급했듯 감수성, 상상력, 역발상, 창조성, 체인지, 전문성, 학습력, 혁신력, 생태계 등 9가지다.

"배가 고프면 설렁탕을 먹지만 뇌가 고프면 뇌진탕을 먹어야 합니다."

무슨 말인가. 여기서 '뇌진탕'은 고정관념에서 벗어난 별난 생각, 색다른 생각, 기절초풍할 생각을 뜻한다. 뇌에 색다른 경험을 주어야 한다는 의미다. 그는 또 "속옷만 갈아입지 말고 생각도 갈아입어라"고 말한다. 옷이 더러우면 빨래를 하듯이, 생각도 타성에 젖다 보면 얼룩이 생기기 때문에 주기적으로 세탁을 해주어야 한다는 것이다.

"생각을 자주 쓰지 않고 방치하면 각질이 생기고 생각 근육이 둔해집니다. 타성에 굳어진 생각의 근육을 풀어주려면 생각 마사지가 필요합니다. 유연성을 잃으면 틀에 박힌 생각만 일삼고, 고정관념에 사로잡힙니다. '고정관념'이 '고정본능'으로 바뀌어 치유 불가능에 가까운 '고장관념(고장난 관념의 파편)'이 생각을 지배하지요. '고장관념'을 없애는 데에는 생각 경락 마사지 또는 생각 세탁이 유효합니다. 지금 여러분의 생각에 켜켜이 쌓인 생각의 때와 비듬을 씻겨내고 싶다면 머리만 감을 것이 아니라 생각도 하루에 한 번씩 생각 샴푸로 감아주어야 합니다."

언어 유희로 풀어낸 유쾌한 문장들도 매력적

그는 단어의 앞뒤를 바꾸거나 관념어와 사실어를 적절하게 접목하기만 해도 이렇게 유머러스한 '생각의 점프'가 가능하다며 이를 통해 '물론 그래', '당연하지', '원래 그런 거야'라는 고정관념을 세탁하자고 말한다.

"시어머니가 아프면 머리가 아프고 친정엄마가 아프면 마음이 아프다"는 얘기도 재미있다. 시어머니의 아픔은 머리로 받아들이지만, 친정엄마의 아픔은 가슴으로 절절하게 느낀다는 것이다.

그는 '논문 쓰기'와 논문 뒤에 붙는 '감사의 글쓰기' 역시 머리가 아픈 것과 가슴이 아픈 것의 차이를 잘 보여준다고 말한다. 논문을 읽으면서 감동을 느끼기는 쉽지 않지만 '감사의 글'을 읽다 보면 눈물이 나기도 한다는 것이다.

"논문은 주로 논리적 설명으로 이루어져 있지만, '감사의 글'은 논문을 쓰면서 겪은 사연과 어려움을 극복하고 마침내 논문을 완성한 스토리를 담고 있기 때문입니다. 논문에는 주관적인 느낌이 들어가서는 안 된다고 훈련을 받습니다. 느낌은 변덕스럽고 주관적이기에 논문의 객관성을 떨어뜨린다고 생각하지요. 논문論文은 논리論理라고 말합니다."

이 대목에서 그는 논문에 동원되는 논리적 설명의 대상이 곧 현실이고 현장이라는 사실을 상기시킨다. 현실 속 현장에는 수많은 사물과 사람, 사람과 사물, 사람과 사람, 사물과 사물의 관계가 숨 쉬고 있다는 얘기다.

"관계에는 논리적 관계도 있지만 논리 이전의 교감과 공감의 감성적 관계도 있습니다. 한마디로 감정의 연대망을 기반으로 이루어지는 돈독한 정서적 관계가 형성되지 않으면 논리적 관계를 기반으로 아무리 설명해도 이해는 되지만 뭔가 뒤끝이 찝찝합니다. 가슴으로 와닿지 않기 때문입니다. 체험의 공감대가 형성되지 않은 상태에서 논리적 이성에 호소하면 '골 때린다'고 합니다. 머리가 아픕니다. 마음이 움직이지 않고 머리만 아플 경우 후속적 실천으로 연결되지도 않습니다."

그는 〈뱀장수는 뱀 대신 신념을 판다〉는 글에서 '설득'과 '설명'의 차이점을 설명하며 역발상의 힘을 활용하라고 권한다. 뱀장수는 뱀의 약효를 논리적으로 설명하려 하지 않고 자신의 신념과 철학을 담아 감성적으로 설득하는데 마치 직접 먹어본 것처럼 표현하며 고객의 마음을 훔친다는 것이다.

"우선 고객의 마음을 휘저은 후 서서히 뱀의 약효에 대해 논리적인 설명을 덧붙입니다. 설득이 먼저이고 설명이 나중입니다. 이성적 또는 논리적 설명과 감성적 설득은 새의 양 날개처럼 언제나 조화와 균형을 맞추어야 합니다. 문제는 논리 이전에 감성이, 설명 이전에 설득이 이루어져야 한다는 사실입니다. 설득당한 사람에게 논리적 근거를 제시하면 곧바로 빠져듭니다. 감성적 설득 없이 논리적으로 설명하면 지루하고 재미없습니다. 사람은 머리로 판단하기 이전에 가슴으로 먼저 느낍니다. 느낌이 오지 않으면 이해하려는 노력을 멈추고 상대방을 곱지 않은 시선으로 바라보기 시작합니다. 당연히 소통疏通은 단절되고 불통不通되며, 심지어는 분통憤痛이 터집니다."

이 밖에 "역경을 뒤집으면 경력이 된다", "몸體을 움직이는 진통이 깨달음認을 가져오고, 깨달음이 와야 지식知이 탄생한다" 등 기발한 아이디어 주머니를 풍성하게 풀어놓는다. 부드러운 생각의 지도를 이어주는 삽화와 발칙한 사진들도 읽는 재미를 더한다.

함께 읽으면 좋은 책

- 《브레인 샤워》 노경원 지음 | 위너스북
- 《생각의 빅뱅》
  에릭 헤즐타인 지음 | 유영만, 이상원 옮김 | 갈매나무

상식의 틀을 깨라
《아이코노클라스트》

그레고리 번스 지음, 김정미 옮김, 비즈니스맵 펴냄

자동차왕 헨리 포드는 어린 시절 농장 사람들이 너무도 힘들게 노동하는 모습을 보면서 자랐다. 어른이 된 그는 농부들의 힘든 일을 덜어줘야겠다고 마음먹고 증기 엔진을 만들기 시작했다. 얼마 후 그는 가스 엔진을 알게 됐다. 영국에서 만들어진 초기의 가스 엔진은 증기 엔진보다 약했다. 그래서 엔진의 힘을 키울 공학적 방법을 찾는 데 주력했다.

초기 엔진의 싱글 실린더들은 비효율적이어서 한 번의 동력을 끌어내려면 4번이나 회전해야 했다. 포드가 더블 실린더 엔진에 진지하게 관심을 둔 것은 1890년에 이르러서였다. 당시 그는 에디슨사에서 일하고 있었는데, 그곳에서는 가솔린이 아니라 전기가 미래의 동력이 될 것이라는 의견이 우세했다.

하지만 포드는 이 대세를 거슬렀고 자동차 업계에 뛰어들면서

'상식 파괴자'가 됐다. 그 후 3년 동안 '말 없는 마차'를 움직일 더블 실린더 엔진을 개발했고 그 유명한 '모델A'를 선보였으며 이를 통해 포드자동차 설립의 밑받침이 된 '모델T'를 만들어냈다.

포드의 성공 이끈 '상식 파괴'

포드가 '모델T'를 발명한 것은 프랑스에서 제련된 새로운 종류의 철 덕분이었다. 프랑스 철강회사들은 보통의 철보다 3배나 강한 바나듐이라는 비밀스러운 원료를 가지고 있었다.

바나듐은 포드의 모든 것을 바꿔났다. 무게가 3분의 1이나 덜 나가는 자동차 제조법을 알게 되자 포드의 생각은 금방 바뀌었다. 이제 무기력하고 작은 엔진이 무거운 자동차를 움직이기 위해 기를 쓰는 일은 없게 됐다. 포드는 모델T를 1908년에 출시했고 첫해에만 무려 1만 607대를 판매했다.

'신경경제학'을 창시한 그레고리 번스 미국 에모리대학 교수가 《아이코노클라스트》에서 특별히 인용한 포드의 사례다. 뇌과학자이기도 한 그는 지난 15년간의 연구를 통해 '생각의 틀을 깨고 최초가 된 사람들'의 비밀을 추출했다. 창조적 사고의 원리를 뇌과학의 관점에서 분석한 것이다.

"월트 디즈니는 그의 만화가 영화관 스크린 위에 떠오르는 것을 보고 만화영화의 가능성을 생각해냈다. 역발상 투자의 대가인 데이비드 드레먼은 실패에 대한 공포를 극복하고 시장의 심리를 이해해 남들이 무시하던 주식의 엄청난 가치를 포착해낼 수 있었다. 피카소와 고흐는 비슷한 실력을 갖췄지만 생전에 성공을 거둔 사람은 피카소였다."

'혁신' 가로막는 3가지 장애

이처럼 상식을 뛰어넘는 아이디어를 실현시킨 사람들의 사고방식은 보통 사람들과 어떻게 다른가. 그들의 두뇌 작용을 이해하고 그 해법을 활용하면 어떤 분야에서든 창조적인 아이디어로 성공할 수 있다고 그는 강조한다.

그에 따르면 우리 두뇌에는 혁신적 사고를 가로막는 3가지 장애가 있다. 첫 번째 장애는 무언가를 보았을 때 자신에게 익숙한 방식대로 생각해 버리는 '지각'이고, 두 번째 장애는 실패에 대한 '공포'이며, 세 번째 장애는 성공적인 아이디어가 있어도 남을 설득하지 못하는 '사회지능의 부족'이다.

인간의 뇌는 익숙한 걸 좋아하고 낯선 것을 싫어한다. 실제로 똑같은 것을 반복해서 보면 두뇌가 에너지를 점점 덜 쓰게 된다. 익숙한 것을 다시 보게 되면 두뇌가 이를 공들여 처리하지 않기 때문이다. 이때 일부러 다르게 바라보려는 사람만이 창조적 발상을 할 수 있다. 이것이 바로 아이코노클라스트의 지각방식이다.

그런 다음에는 '공포감'을 극복해야 한다. 공포에는 '불확실성에 대한 공포'와 '실패에 대한 공포', '사람들에게 거부당할지 모른다는 공포'의 세 종류가 있다. 자신의 아이디어가 조롱거리로 전락할지도 모른다는 공포심은 의외로 크다. 이 같은 공포를 느낄 때 우리 뇌에서는 특정 영역이 활성화된다. 그것을 인식하면 극복하는 것도 가능하다는 것이다.

지각과 공포를 극복하고 아이디어를 현실화하려면 이를 널리 알리고 사람들을 설득해야 한다. 성공적인 아이디어를 갖고 있어도 이를 활용하지 못하면 무용지물이기 때문이다. 이때 중요한 개념이 바로 '사회지능'이다. 우리가 전화기 발명가로 벨만 기억하고 라이스는 떠올리지 못하는 까닭이 바로 여기에 있다.

이 3가지 장애를 모두 극복하고 놀라운 성공을 거둔 사람들이 바로 이 책의 주인공인 '아이코노클라스트(상식 파괴자)'들이다. 이들의 교훈을 한마디로 요약하면 이렇다.

'현실을 다르게 보라. 두려움과 공포를 떨쳐내라. 사회지능을 키워라. 그러면 창조적이고 혁신적인 사고를 할 수 있고 신선한 아이디어를 현실로 옮길 수 있다.'

이 가운데 '지각'과 '사회지능'은 어느 정도 훈련하면 넘어설 수 있다. 사람들이 가장 힘들어하는 문제가 바로 '공포'다. 이에 대해 저자는 헨리 포드의 '공포 대응법'을 눈여겨보라고 말한다.

포드는 실패를 두려워하지 말고 미래에 대한 불확실성에 정면으로 대응해야 한다는 믿음을 갖고 있었다.

"미래를 두려워하고 실패를 두려워하는 사람은 행동에 제한을 받게 된다. 실패는 더욱 현명하게 다시 시작할 기회일 뿐이다. 솔직한 실패에는 수치라는 것이 없다. 실패를 두려워하는 것이 수치스러운 것이다."

포드는 시간이 흐르면서 두려움의 뿌리에는 돈이 있다는 것도 알게 됐다.

돈부터 생각하면 공포심 불러

"일 대신 돈을 먼저 생각하는 것은 실패에 대한 공포를 불러오고, 이 공포는 모든 사업의 실행을 막는다. 사람들은 돈 때문에 경쟁을 기피하고 자신의 방식을 바꾸길 두려워하며, 자신의 현상태를 바꿀 수 있는 그 어떤 일도 시도하지 못한다."

포드의 업적은 성공적인 상식 파괴자가 어떻게 공포에 대처하는가를 보여주는 좋은 사례다. 가장 중요한 단계는 어떤 사업에도 공포가 스며들어 있음을 인식하는 것이다. 공포를 인식하고 나면 해체하거나 재평가할 수 있다. 상식 파괴자는 실패에 대한 공포를 극복한다.

포드는 '실수를 재구성하면 교훈을 얻을 수 있듯이 실패에 대한 공포도 재구성하면 긍정적인 힘으로 이용할 수 있다'는 것을 분명하게 보여줬다. 그는 비즈니스에 대한 시각부터 자동차 조립라인 개발까지 여러 면에서 상식 파괴자였지만, 그중에서도 공포의 영향이 사업에 어떤 결과를 초래하는가와 이에 어떻게 대처할 것인가를 가장 잘 알고 있었던 아이코노클라스트였던 것이다.

생각을 3차원에서 놀게 하라
《3차원 창의력 개발법》

이광형 지음, 비즈니스맵 펴냄

"물 위에서 배를 타는 경기 중에 카누와 래프팅이 있습니다. 카누는 잔잔한 호수에서 정해진 코스를 빨리 노 저어 주행하는 경기입니다. 이에 반해 래프팅은 계곡에서 강물을 따라 내려오면서 노를 젓습니다. 언제 바위가 나타날지, 소용돌이를 만날지 모릅니다. 계속해서 새로운 상황이 전개됩니다. 정해진 매뉴얼도 없습니다. 모든 사람이 정신을 바짝 차리고 연달아 새로이 나타나는 문제를 해결해야 합니다."

한국 최고의 뇌공학자로 꼽히는 이광형 KAIST 바이오및뇌공학과 교수는《3차원 창의력 개발법》에서 "현대사회는 래프팅을 하는 것과 같다"고 설명한다. 강물을 따라 내려오면서 연달아 나타나는 새로운 상황을 해결해야 하는 래프팅처럼 창의력이 더욱 절실하다는 것이다. 그는 세계 인구의 0.22%에 불과한 유대인이 노벨과학상

수상자의 30%를 배출한 것도 어려서부터 토론과 질문을 많이 하며 창의력을 키운 덕분이라고 말한다.

'시간-공간-분야'의 축을 활용한 창의력 개발법

바이오뇌정보와 퍼지기술을 연구해온 그는 20년 넘게 창의 인성 교육에 관심을 갖고 강의하면서 시간, 공간, 분야를 통합하는 '3차원 창의력 개발법'을 창안했다. 평소에도 남다른 생각과 행동으로 '괴짜 교수' 소리를 듣는 그는 연구실에 TV를 거꾸로 걸어놓고 보기도 한다. TV를 거꾸로 보면 다른 사람들이 TV에서 얻는 것과는 다른 정보를 받기 때문에 자극이 되고 새로운 생각도 할 수 있기 때문이라는 것이다.

"창의력은 새로운 생각을 해내는 능력입니다. 반복적으로 노력하다 보면 습관을 만들 수 있다는 사실은 뇌과학 이론으로 충분히 설명할 수 있습니다. 인간의 생각과 기억은 뇌세포 회로에 의해 만들어집니다. 뇌세포 사이의 시냅스가 연결되어 뇌세포 회로를 만듭니다. 어떤 일을 반복하면 뇌세포 회로가 만들어지고, 거의 자동으로 그런 생각이나 행동을 하게 됩니다. 외국어를 익히는 것도, 악기를 연주하는 연습도 뇌세포를 만드는 일입니다."

그가 제안하는 창의력 개발법은 다음과 같은 논리로 구성돼 있다.

• 창의력은 남과 다른 생각을 하는 것이다.

- 새로운 생각은 질문하는 가운데 나온다.
- 습관은 뇌세포 회로를 만들면 된다.
- 반복하면 뇌세포 회로가 만들어진다(이때 칭찬이 필요하다).
- 질문하는 습관을 만들면 창의력이 늘어난다.
- 혼자 있을 때 스스로 질문하는 습관을 만든다.
- 시간Time, 공간Space, 분야Discipline를 바꾸어 질문해본다.
- T-S-D 3차원 세계 속에서 질문하는 습관을 들인다.
- 3차원 질문 습관을 익히면 창의적인 사람이 된다.

그는 강의가 마무리되어갈 즈음에 수강생들에게 왼손을 들어보라고 한다. 그리고 손가락 3개를 서로 직각이 되게 세우라 한다. 모두들 첫 번째인 엄지손가락, 둘째인 집게손가락, 셋째 가운뎃손가락을 길게 뻗었다. 가운뎃손가락은 시간 축, 집게손가락은 공간 축, 엄지손가락은 분야 축으로 생각하라고 한다. 그러면 3차원이 만들어진다. 이 3차원 손가락을 보면서 마음속으로 3차원의 질문을 해보면 새로운 생각이 나올 수 있다고 그는 덧붙인다.

자, 이제 1차원 창의력의 세계를 보자. 주어진 문제를 내비게이션 따라가듯 시간, 공간, 분야의 축으로 이동시켜가면서 질문을 해보는 것이다. 이 질문에 답을 하다 보면 새로운 아이디어가 떠오른다. 이때 질문은 새로운 생각을 만드는 자극제다.

2차원 창의력은 무엇인가. 주어진 문제를 2차원 평면 위에서 이동하며 생각해보면 어느덧 문제해결의 실마리가 떠오를 것이다. 시간-공간, 시간-분야, 공간-분야 2개의 축을 연결해 자유롭게 생각해보라. 현재 처한 상황에서 벗어나면 생각이 자유로워지고 새로운 아이디어가 떠오를 것이다.

문제가 안 풀려 답답하다면 3차원 질문을 시도해보라

3차원 창의력은 현실의 구속에서 벗어나 주어진 문제를 시간-공간-분야 3차원 속에서 입체적으로 생각해보는 것이다. 그러면 조감도처럼 전체가 보이고 문제해결 방법도 보인다. 시간-공간-분야가 이루는 3차원 세계를 유영하듯 여행하면 새로운 질문을 만나고 그에 따른 아이디어가 잇달아 나온다.

이처럼 그는 "새로운 생각을 하려면 끊임없이 질문하는 습관을 체득하고 이를 반복하면 뇌세포 회로가 강화돼 창의력이 늘어난다"고 강조한다. 질문할 때는 현재 시점에서 단순하게 묻지 말고 시간, 공간, 분야를 확장하고 통합하는 시각으로 질문해야 한다고 귀띔한다.

또 1등의 함정에 빠진 기업들, 통합 전략으로 성공한 K팝과 현대카드, 중세 이후 왜 동양은 서양에 뒤처졌는지, 조선보다 일본이 빨리 선진화에 성공한 이유 등 풍부한 예를 들어가며 3차원적으로 접근해 성공한 경우와 그렇게 하지 못해 실패한 원인을 설명한다.

"현대카드의 성공 비밀은 다른 '분야'에서 배우는 자세에 있습니다. 누구나 익숙한 것에서는 새로운 것이 잘 안 보입니다. 뭔가 바꿔면 그에 따라 새로운 것이 보이고, 새로운 생각을 하기 쉽습니다. 현대카드 임원들도 전혀 다른 회사를 보면서 배운 것입니다. 이 세상에 완전히 새로운 것은 없습니다. 기존의 것을 다양한 방식으로 융합하면 새로운 창조가 됩니다. 그러기 위해서는 다른 것을 자주 봐야 합니다. 나의 업무, 나의 전공, 나의 회사를 떠나서 다른 분야를 들여다봐야 합니다."

이순신 장군에 대해서는 이렇게 설명한다. 이순신 장군은 7년의 임진왜란 동안 총 23회 전투에서 전승한 명장이다. 그 비결은 승리할 수 있을 때만 전투를 했기 때문이다. 전투만 생각하지 않고 바닷속의 지형이나 썰물, 밀물의 흐름 등 모든 '분야'를 종합해 통합적으로 판단했다. 이것이 3차원적 창의력의 성공 비결이었던 것이다.

K팝 한류를 이끌고 있는 SM엔터테인먼트도 마찬가지다. "이 회사는 기획 단계에서부터 남다릅니다. 세계의 음악 트렌드를 분석하고 이를 바탕으로 기획합니다. 디지털 시대의 공연은 귀만 즐겁게 하는 것이 아니라 눈과 귀를 포함한 전체를 즐겁게 해주는 퍼포먼스라고 정의했습니다. 아름다운 선율뿐만 아니라 춤과 무대를 통해 시각적 율동을 극대화했습니다. 기존 음악의 장르를 넘어 안무, 비주얼 무대, 연기 등을 통합해 시스템 무대 예술로 만들었습니다."

'1등의 함정'에 빠진 기업들은 어떤가. 1등은 현재 상태를 즐긴다. 그러니 본능적으로 새로운 기술이 나와서 판도를 바꾸는 것을 싫어한다. "하지만 1등이 아닌 회사들은 항상 깨어 있습니다. 어떻게 하면 1등을 할까 생각합니다. 기회가 나타나면 그것을 이용하여 판세를 바꾸려고 합니다. 코닥, 모토로라, 소니, 노키아 등이 자만이라는 '1등의 함정'에 빠진 예라고 할 수 있습니다. 이런 회사들은 '시간' 흐름에 따른 다른 '분야'의 변화를 간과한 것입니다."

그가 KAIST에 세계 최초로 바이오및뇌공학과를 신설한 과정도 이 같은 창의력 덕분에 가능했다. 어느 날 정문술 미래산업 회장과 한국의 미래에 대해 토론하다가 IT와 바이오기술을 접목하면 새로운 성장동력을 만들 수 있겠다는 생각을 했고, 이후 학과를 새로 만들었다.

그는 전산학과 인공지능연구실도 절반은 논문 연구하는 연구실, 절반은 벤처기업을 준비하는 창업연구실로 나눠 운영했다. 그의 연구실에서 공부하던 제자 중에 벤처산업 인재가 많은 이유도 여기에 있다. '바람의 나라', '메이플 스토리', '카트라이더' 등으로 유명한 인터넷 게임회사 넥슨NEXON의 창업자 김정주 회장, 세계 3대 디지털 비디오리코딩DVR 회사인 아이디스IDIS 김영달 대표 등이 그들이다.

그의 지침대로 주어진 문제를 현재 상태에서 어떻게 해결할지 고민할 게 아니라 10~20년 후의 시점에서(시간 축), 공간·장벽·거리를 허물어 중국·미국·아프리카에서는 어떻게 될까(공간 축)를, 다른 생각과 시각을 적용하면 어떨까(분야 축) 등으로 생각의 폭과 의미를 확장해보자. 그러면 지금 우리가 사용하는 스마트폰의 미래와 20~30년 후의 트렌드도 볼 수 있을지 모른다.

할까? 말까?… 당신의 결정은 현명한가
《자신 있게 결정하라》

칩 히스·댄 히스 지음, 안진환 옮김, 웅진지식하우스 펴냄

조직행동론 분야 최고 전문가인 히스 형제의 명저 《자신 있게 결정하라Decisive》는 2013년 아마존 선정 경영도서 5위에 오른 책이다. 칩 히스(스탠퍼드대학 경영대학원 교수)와 댄 히스(듀크대 CASE센터 선임연구원)는 전작 《스틱》과 《스위치》로 전 세계적인 이름을 떨친 데 이어 이 책에서도 놀라운 통찰력을 보여준다. 우선 이들이 들려주는 4가지 일화를 통해 '결정을 방해하는 4대 악당'을 살펴보자.

결정을 방해하는 4대 악당

10대 청소년은 대부분 '남자친구랑 계속 사귈까 헤어질까', '이 옷을 살까 말까' 하는 양자택일의 질문에서 빠져나오지 못한다. 대학을 고를 때도 내 성적으로 확실히 합격할 수 있는 최고 대학은 어

디인지에만 골몰한다. 이렇게 똑같은 고민만 되풀이하며 다양한 선택안을 보지 못하도록 우리의 눈을 가리는 범위한정성향을 저자들은 '편협한 악당'이라고 부른다.

두 번째는 우리를 확증편향에 빠뜨리는 '고집스러운 악당'이다. 다양한 선택안을 만들어놓고도 이를 분석할 때는 자신의 의견을 뒷받침하는 정보에만 눈길을 주는 게 이런 경우다. 1960년대 흡연의 해악에 대한 의학연구 결과가 지금보다 불명료했을 때, 확증편향에 빠진 흡연자들은 '담배는 폐암을 유발한다'는 제목보다 '담배는 폐암과 상관없다'는 제목의 기사에 더 많은 관심을 보였다. 누구나 '내 의견을 뒷받침하는 자료'와 '내 의견에 반하는 자료'가 놓여 있다면 입맛에 맞는 자료를 더 편애한다는 분석이다.

세 번째는 단기감정이라는 '감정적인 악당'이다. 모든 준비가 완벽해졌다 해도 마지막 선택의 순간에 발목을 잡는 우리의 감정을 일컫는 것이다. 감정을 사로잡는 악당은 결정적인 순간에 부끄러워서 사랑 고백을 미루게 하고 끈질긴 회의 끝에 피곤해져서 아무렇게나 결론을 내버리게 한다. 이런 단기감정은 장기적인 관점에서 봤을 때 어리석은 결정을 내리거나 고민에 고민만 거듭하다 결정해야 할 순간을 놓쳐버리게 만든다.

네 번째는 자기과신과 같은 '확신에 찬 악당'이다. 최고의 로큰롤 그룹인 비틀스와의 계약을 놓쳤던 데카 레코즈의 신인 발굴 매니저가 대표적인 사례다. 1962년 메이저 음반사인 데카 레코즈 오디션에 참여해 1시간 동안 15곡을 연주한 젊은 비틀스에게 그는 "당신네 사운드가 마음에 들지 않는다. 그룹은 유행이 지났고 기타 중심의 4인조 그룹은 끝났다고 봐야 한다"며 퇴짜를 놓아버렸다. 경쟁사인 영국 EMI에서 나온 비틀스의 음반이 불티나게 팔리는 것을 보고서야 엄청난 실수를 저질렀다는 것을 깨달았지만 엎질러진 물이었다.

결국 4대 악당, 즉 편협한 악당(범위한정성향)과 고집스러운 악당(확증편향), 감정적인 악당(단기감정), 확신에 찬 악당(자기과신)을 물리쳐야 올바른 결정을 내릴 수 있다는 것이다.

의사결정의 성공률을 높이는 4단계 생각 프로세스

그런 다음 저자들은 WRAP로 요약되는 생각의 4단계 프로세스를 제안한다. '선택안은 정말 충분한가 Widen your options', '검증 과정을 거쳤는가 Reality-Test your assumptions', '충분한 심리적 거리를 확보했는가 Attain distance before deciding', '실패비용은 준비했는가 Prepare to be wrong'가 그것이다.

이 단계의 머리글자를 딴 WRAP 프로세스는 '하룻밤 자면서 생각해보라', '친한 친구의 일이라면 뭐라고 조언했을까' 같은 간단한 조언에서부터 관점을 전환해 선택안을 늘리고, 짐작 대신에 시험해보고, 감정적인 판단을 억제하며, 사후의 성공과 실패에 대비하는 등 다양한 결정 과정을 알려준다. 이는 '생각의 사다리'와 '심리적 시뮬레이션', '플레이리스트', '북엔드 기법' 등 현명한 선택을 이끌어주는 전략과 실제적인 도구로 이어진다.

저자들은 "간단한 프로세스를 따르기만 해도 의사결정의 성공

확률을 높일 수 있다"며 "프로세스는 직관보다 훨씬 효과적이며 분석보다 6배나 강력한 의사결정의 도구"라고 강조한다. 인간의 본능은 자주 원칙들을 무시하려 하는데, 원칙을 상기시키는 프로세스를 따르기만 해도 얼마든지 나은 의사결정을 할 수 있다는 것이다. 외과의사들이 체크리스트 덕분에 수술할 때 오류를 줄이는 것처럼 의사결정에도 올바른 원칙을 지키도록 도와줄 프로세스가 필요하다는 얘기다.

WRAP 모델의 핵심은 스포트라이트를 자동에서 수동으로 바꾸는 것이다. 이들은 뇌가 작동하는 방식을 스포트라이트에 비유한다. 의사결정 시 우리 뇌가 무의식적으로 어떤 종류의 정보를 떠올리는 게 자동 스포트라이트인데, 우리는 대체로 여기에만 집중하게 된다. 그러나 현명한 사람은 스포트라이트를 수동으로 전환한다고 한다. 자동적으로 쉽게 얻어지는 정보와 직감에만 의존하지 않고 직감과 반대되는 정보 등을 의식적으로 수집한다는 것이다.

WRAP 프로세스의 원칙 중에서 실패의 함정에서 벗어나는 방법은 의외로 간단하다. 이 대목에 14.99달러짜리 비디오 구매실험 얘기가 나온다. 소비자에게 'A. 비디오를 구매한다'와 'B. 비디오를 구매하지 않는다' 중 하나만 선택하게 했을 때에는 75%가 A를 선택했다. 그러나 B를 '비디오를 구매하지 않는다. 다른 물건을 구매하기 위해 14.99달러를 아껴둔다'로 바꾸었을 때에는 55%만이 A를 선택했다. 대안이 있다는 사실을 암시하기만 해도 더욱 현명한 구매 결정을 내릴 수 있다는 것이다.

확증편향의 함정에서 빠져나오는 방법

CEO들이 확증편향의 함정에 빠졌을 때 이를 해결하기 위해 반대 의견을 펼치라는 조언도 들어 있다. 그러나 윗사람의 확신을 뒤집기란 쉽지 않다. 이럴 때는 2가지 전략을 활용하라고 권한다. '실험 제안'과 '인계철선 설치'가 그것이다. 소규모 실험 결과를 통해 윗분이 자신의 아이디어가 틀렸다는 사실을 깨닫게 하는 방법과 '만약 응답률이 0.5% 미만이라면 마케팅 아이디어를 재고하는 게 어떨까요' 등의 방법을 써보라는 말이다.

CEO들이 하는 결정의 70%는 '할까 말까'의 가부 결정이었으며, 대부분은 10대의 호르몬에 사로잡혀 내린 결정과 다름이 없었다는 지적도 의미심장하다. 루스벨트 미국 대통령이 하루 평균 8000통의 편지 요약본을 읽으며 정보 통로를 다양하게 만들어 판단의 오류를 줄였다는 일화 또한 귀담아들을 만하다.

이 책은 바람직한 결정 프로세스뿐만 아니라 중대 결정의 고민에서 벗어나는 법, 이해관계자들의 정치 게임을 피해 집단 결정을 내리는 법, 인생의 방향을 바꿔줄 값진 기회를 놓치지 않는 법까지 알려준다. 그렇다. 우리 인생도 적절한 시기의 적절한 선택으로 얼마든지 달라질 수 있는 결정의 연속선상에 놓여 있다.

현명한 결정 원한다면
'직관, 위험판단력' 길러라
《지금 생각이 답이다》

게르트 기거렌처 지음, 강수희 옮김, 추수밭 펴냄

영국 여성들의 걱정 중 하나는 경구피임약 공포였다. 1960년대 초부터 경구피임약을 복용하면 피가 응고되는 혈전색전증이 발생한다는 보고서가 정기적으로 발표됐다. 2014년에는 의약품안전위원회가 3세대 경구피임약의 혈전색전증 발생 위험이 2세대에 비해 2배, 즉 100%나 높다고 발표했다. 이 정보는 의사 19만 명과 약사, 공중보건 책임자들에게 전달됐고 언론의 긴급보도가 잇따랐다. 여성들은 사태의 심각성을 깨닫고 약 복용을 중지했다.

그런데 경고의 근거가 된 연구를 들여다보면, 혈전색전증이 2세대 피임약 복용자 7000명 중 1명에게 생겼고 3세대 피임약 복용자 중에서는 7000명 중 2명이었다는 것이다. 절대위험은 7000분의 1이 증가한 것에 불과한데 상대위험은 100%나 증가한 것이다. 이처럼 상대위험은 절대위험에 비해 엄청난 효과를 보여준다. 위원회가 절대위험을 발표했다면 여성들이 그토록 공포에 질리지는 않았을 것이다.

이 해프닝으로 잉글랜드와 웨일스 지방에서만 이듬해 낙태가 1만 3000건 늘었다. 원치 않은 출산도 늘었다. 특히 16세 이하 미성년자에게서 두드러졌다. 3세대 피임약의 부작용 위험보다 임신과 낙태에 따른 위험이 훨씬 컸다. 약에 대한 신뢰도가 떨어지자 제약업계 주가와 매출도 곤두박질쳤다. 국가보건서비스국 또한 낙태 예산 400만~600만 파운드를 추가 집행해야 했다.

인간은 이처럼 결정을 번복한다. 우매한 대중과 헛발질하는 전문가 사이에서 혼란은 계속 늘어난다. 어떻게 해야 하는가.

독일 막스플랑크인간개발연구소장인 게르트 기거렌처는 "세계가 불확실성으로 가득 찼기에 확실성을 추구하는 것은 환상"이라며 "스스로 통계를 해석하고 위험 판단력을 기르는 게 중요하다"고 말한다. 현대인은 크고 작은 위험에 노출되어 살아갈 수밖에 없는데 무시로 찾아드는 위험 상황을 정확히 해석할 줄 알아야 빠르고 현명한 대응 행동을 선택할 수 있다는 것이다.

절대위험과 상대위험은 곳곳에서 상충된다. 위험성이 20%나 내렸다는 보고도 실제로는 1000명 중 5명 발병에서 1000명 중 4명 발병으로 줄었다는 것이다. 5명에서 4명으로 줄었으니 20%이지만 1000명에서 겨우 1명 줄어든 것이라 실제 데이터로서 의미는 없는데도 현실에서는 떠들썩하게 받아들여진다.

그는 우리가 판단을 내리기 위해 더 많은 정보와 복잡한 공식, 더 많이 배운 전문가를 찾지만 이것이 오히려 문제의 일부가 될 수 있기 때문에 최소한의 정보와 간단한 공식, 직관을 무기로 위험을 판단하는 방법을 배우는 게 낫다고 조언한다.

확실성의 환상에 현혹된 현대인

"모두들 은행가, 의사, 정치 지도자들에게 확실성을 요구한다. 그래서 나오는 반응이 사실은 그렇지 않은데 뭔가 확실하다는 믿음을 주는 '확실성의 환상'이다. 우리는 해마다 시장분석부터 전염병의 세계적 대유행까지 거의 하나도 맞지 않는 미래를 예견하는 산업에 수십억 달러를 쏟아붓는다."

현대인은 건강·금융·디지털 분야에서 과장된 정보와 잘못된 수치 때문에 쓸데없는 비용을 지출한다. 이런 것에 속지 않으려면 정확한 수치를 볼 줄 아는 통계적 사고뿐만 아니라 직관적으로 볼 수 있는 '어림셈법', 올바른 위험 심리를 갖는 것이 중요하다고 그는 강조한다.

어림셈법이란 무엇인가. 불확실성의 세계가 요구하는 단순한 전략이다. 행인을 아무나 붙잡고 기업 목록을 보여준 뒤 '당신이 아는 기업을 골라달라'고 한 뒤 거기 투자했더니 수익률이 주식 전문가보다 높았다는 사례가 이를 잘 설명해준다.

그가 분류하는 세상은 확실성의 세계(천문학)와 위험의 세계(슬롯머신, 복권), 불확실성의 세계(주식, 연애, 사업, 건강) 등 세 갈래다. 우리는 대부분 불확실성의 세계에서 산다. 이곳에선 빅데이터나 이성은 쓸모없고 직감과 어림셈법이 필요하다. 그런데도 모두들 확실성이라는 환상에 빠져 위험을 자초한다고 그는 지적한다.

그가 말하는 직감은 시간과 정보 없이 나오는 판단을 가리킨다. 물론 당사자는 그 느낌을 제대로 설명하지 못한다. 그는 "많은 리더는 사실 직감으로 결정을 내리는데 그 근거를 찾느라 시간과 돈을 허비한다"며 "직감만으로 결정했다고 하면 결과를 책임져야 한다는 공포 때문에 이를 발설하지 않을 뿐"이라고 덧붙인다.

독일인을 대상으로 식당 메뉴 선택 패턴을 조사했더니 가장 많은 43%가 전체 메뉴를 샅샅이 살펴 정했다. 그러나 적정 만족을 추구한 사람은 34%였다. 다른 연구에 따르면 완벽주의자는 우울증이나 자기비하 경향이 높고, 만족하는 사람은 낙관적이고 자신감이 높은 것으로 나타났다.

미국인은 어떤가. 9·11 테러 이후 그들은 비행기 타기를 극구 꺼렸다. 정부와 언론, 전문가들의 과도한 위험 강조 탓이었다. 그 결과 1년 동안 자동차 도로에서 1600명이 더 죽었다. 위험을 오판하지 않고 비행기를 탔더라면 죽지 않았을 생명들이다.

직관의 힘 - 전문가가 아니어도 현명한 판단 가능해

이 모두가 위험 판단력을 제대로 발휘하지 못한 결과다. 그런 점에서 다음 사례가 주목된다. 영국인 소녀 틸리 스미스(10세)는

2004년 태국 푸켓 해변에서 부모와 놀고 있었다. 그런데 갑자기 바닷물이 빠지고 정박한 배들이 요동쳤다. 사람들은 갯벌에서 펄떡이는 물고기를 줍기 바빴지만 틸리는 엄마에게 쓰나미가 올 것 같다고 말했다. 휴가 직전 지리 수업에서 하와이의 쓰나미 동영상을 보고 위험신호를 배웠던 것이다. 틸리의 부모는 딸의 경고를 주변과 호텔에 알리고 사람들을 대피시켰다. 그 해변에선 쓰나미 당시 사망자와 중상자가 1명도 없었다.

"위험에 숙달한 아이들이 자라 어른이 되면 의사와 금융 전문가, 변호사도 불확실성을 이해할 수 있을 것이다. 클라이언트와 환자도 무작정 속지 않고 어떤 질문을 해야 할지 정확히 알 것이다."

그는 이 같은 직관과 위험 판독법의 힘을 통해 금융위기 시대의 돈 지키는 법, 어려울 때 더욱 빛나는 직관의 리더십, 연애부터 결혼까지 최고의 행복을 만드는 선택법, 가장 절실하지만 가장 판단하기 어려운 의료정보 해독법까지 알려준다.

"일기예보나 의료적 결정, 대규모 재난 등 위험에 숙달하려면 통계적 정보를 이해하는 것은 물론 직관의 심리에 대한 기본 지식도 갖춰야 한다. 2가지 기술에 호기심만 더하면 우리 삶을 스스로 통제할 수 있다."

당신의 선택은 미풍일까 태풍일까
《미시동기와 거시행동》

토머스 셸링 지음, 이한중 옮김, 21세기북스

《미시동기와 거시행동》은 노벨 경제학상 수상자인 토머스 셸링의 역작이다. 이 책은 경제학의 틀을 넘어 사회학, 심리학 등으로 시각을 확장하면서 개인의 작은 동기와 선택이 어떻게 다른 사람들의 행동과 결합해 의도치 않은 결과를 낳는지를 알려준다. '게임이론'의 대가인 그는 강연장에서 청중이 좌석을 선택하는 과정과 고속도로에서 반대 차선의 사고가 교통체증을 낳는 까닭, 인종이나 성, 나이, 소득에 의한 분리 등 사회적인 문제들의 이면을 분석하고 왜 그런 현상이 나타나는지를 명쾌하게 설명한다.

명사 초청 강연회가 열렸다. 시작 시간에 임박해서 강연장에 들어섰더니 많은 사람이 객석을 메우고 있다. 그러나 앞부분 예닐곱 줄은 텅 비어 있다. 그 뒤로는 사람들이 빽빽하게 들어차 있다.

개인의 선택은 '상호의존적'이다. 왜 이런 일이 생기는 것일까. 사람들이 좌석을 고를 때 일정한 패턴에 따라 판단하고 행동하기 때문이다. 누구나 다른 사람의 옆에 앉기를 바라되 한 자리 띄우고 앉기를 원하고, 지나치게 눈에 띄는 앞자리는 기피한다. 이 같은 '개인들의 행동 특성'은 그 '집합의 특성'과 밀접한 관계를 갖는다. 따라서 개인들의 작은 동기와 선택 패턴을 잘 관찰하면 이것이 어떻게 커다란 사회현상을 만드는지 알 수 있는 것이다.

또 한 장면. 출근 시간에 시내로 향하는 고속도로가 꽉 막혔다. 도로에 무슨 문제가 생겼는지 갑자기 빨간 후미등이 일제히 들어오고 차량들이 거북이걸음이다. 앞쪽에 사고가 났는지 한참을 가다 서다 반복하는데 건너편 시외 방향 차선으로 견인차량이 사고차를 끌고 요란한 소리를 내며 지나가는 것이 아닌가. 반대편 차선에서 사고가 일어났던 것이다. 왜 시외 방향 차선의 교통사고가 시내 방향 차선의 교통체증을 일으킨 것일까. 현장 부근 운전자들이 반대편 차선의 사고 광경을 '힐끔' 쳐다보기 위해 속도를 줄였고 이것이 연쇄적으로 체증을 일으켰기 때문이다.

사회현상의 이면에 숨은 인간 심리와 동기 분석

저자는 이런 사례들을 다루면서 그 속에 들어 있는 사람들의 심리와 미세한 동기, 이에 따른 현상을 짚어간다. "이 모든 사례들에 공통적인 것은 '얼마나 많은 사람들이' 특정한 방식으로 행동하느냐, 혹은 그들이 어느 정도 그런 식으로 행동하느냐에 따라 사람들의 행동이 결정된다는 것이다."

조지 애커로프라는 경제학자가 이름 붙인 '레몬 시장' 얘기도 흥미롭다. 여기서 레몬은 레모네이드를 만드는 레몬이 아니라 겉만 멀쩡한 자동차를 가리킨다.

"이 경제학자는 중고차를 파는 사람은 그것이 '레몬'인지를 알지만, 사는 사람은 일부 중고차들이 레몬이라는 것을 알아도 자신이 사는 차가 레몬인지는 알지 못하기 때문에 평균적인 입장을 취하게 된다고 주장했다. 중고차 시장에서 구매자는 레몬이 발견되는 평균 횟수를 반영하는 가격만을 지불하게 되어 있다. 그런데 이 평균 가격은 레몬에 지불하기에는 높은 가격이면서 시장에 나오는 더 나은 차의 가치를 제대로 평가하지 못한다. 그래서 질이 더 나은 차의 소유자들은 다른 사람들이 파는 레몬에 형성된 가격으로 자신의 차를 팔기를 주저하게 된다. 그러면 더 나은 차는 시장에 덜 나오게 되고, 레몬의 수는 늘어나게 된다. 중고차 시장 이용객들은 이 사실을 알게 될수록 레몬을 감안하여 기꺼이 지불하려던 가격에 대해 다른 태도를 취하게 된다. 그러면 중고차 시장의 평균적인 질은 과소평가되어 자동차를 소유한 사람들은 중고차 시장에 차를 내놓기를 그만큼 꺼리게 된다. 그럴수록 레몬이 나타나는 빈도와 비율은 올라가게 된다."

저자의 예화는 이것 말고도 다양하고 드라마틱하다.

"테러리스트는 어떻게 할까요? 테러리스트의 입장에서 핵폭탄의 가장 효과적인 사용이란 영향력을 행사하는 것입니다. 보유 사실을 증명할 수 있을 경우 사용할 수 있는 핵무기를 보유한다는 것은 그들에게 국가의 위상을 부여해줄 것입니다. 그것을 군사 목표물에 사용하겠다고 위협하는 것, 그리고 위협이 성공적일 경우 그것을 온전한 상태로 보유하는 것은 그들에게 파괴적인 용도로 써버리는 것보다 더 매력적인 선택으로 보일 것입니다. 테러리스트일지라도 많은 사람들을 파멸시키는 것보다는 강대국을 궁지에 몰아넣는 것이 더 만족스러운 일이라고 생각할 것입니다."

그는 1948~1953년 미 행정부에서 마셜플랜(유럽부흥계획)의 입안과 실행에 참여했으며 미국의 군사외교 및 대외원조 정책에 깊이 관여했다. 그래서 군비경쟁과 군축 문제 등 군사전략, 마약 등 사회범죄와 테러리즘, 인종분리, 기후변화와 환경 및 에너지 문제 등을 폭넓게 연구할 수 있었다. 정통 경제학을 넘어 정치학, 사회학 등으로 분석대상과 틀을 넓힐 수 있었던 것도 이 때문이다.

그는 또 갈등과 협상, 대립과 협력의 메커니즘을 분석한 이론으로 미국의 대외안보 전략 수립과 실행에 큰 영향을 끼쳤다. 노벨상위원회가 그에게 노벨 경제학상을 수여하면서 밝힌 수상 사유도 '게임이론 분석을 통해 갈등과 협력에 관한 이해를 증진시킨 공로'였다.

현상의 이면을 알면 해결의 실마리도 보여

이 책은 '게임이론의 바이블'로 불리는 《갈등의 전략》(1960년)과 함께 그의 대표작으로 평가받고 있다. 개정판 서문에서 밝혔듯이

《미시동기와 거시행동》은 본격적인 게임이론서는 아니지만 상호의존적 결정이라는 주제 면에서 넓은 의미의 게임이론서와 맥을 같이한다. 게임이론이 '2가지 또는 그 이상의 가능성 중에서 더 나은 선택이 있을 때 개인들의 합리적인 선택은 다른 사람들의 선택에 달려 있다'는 점을 연구한 것이라면 더욱 그렇다.

이 책을 통해 우리는 개인과 집단 및 조직, 사회 전체의 변화와 개선을 위한 단초를 얻을 수 있다. 단순히 도덕적인 호소나 공공 캠페인으로 풀 수 없는 문제들, 서로 옳다고 맞서는 벼랑 끝 대립의 첨예한 문제들을 풀 실마리를 찾을 수 있다. 개개인이 어떤 동기와 선택을 하는지, 서로 무관한 듯 보이는 이 선택들이 결국 어떤 눈덩이 같은 결과를 낳게 되는지를 이해하면 해결책도 보이기 때문이다.

저자의 다른 책

- 《갈등의 전략》

토머스 셸링 지음 | 이경남, 남영숙 옮김 | 한국경제신문

존경받는 상사가 되고 싶다면
《부하직원들이 당신에게 알려주지 않는 진실》

박태현 지음, 웅진윙스 펴냄

"한번은 워크숍에 참가한 직원들에게 '리더에게 가장 듣고 싶은 말'이 무엇인지 물어보았다. 당연히 나는 '칭찬'이나 '격려' 등과 같은 대답이 나올 것이라고 기대했다. 그런데 생각지도 못한 답변이 나왔고 순간 워크숍 분위기는 이에 동의하는 직원들의 열광적인 박수와 환호 속에 휩싸이게 되었다. 그 대답은 '나 오늘 교육 간다'였다."

"그 임원은 도대체 젊은 직원들이 윗사람을 보면 슬슬 피해 다니기나 하고 인사할 줄을 모른다며 싹 잡아다가 예절교육부터 시키라는 지시를 내렸다. 그래서 젊은 직원들을 싹 잡아다가 예절교육을 시켰다. 하지만 큰 변화가 없었다. 이유를 조사해보았더니 아이러니하게도 윗사람들에게 원인이 있었다. 아랫사람이 윗사람에게 다가가 인사를 건네도 이를 당연시하고 형식적으로 받거나 본체만체했기 때문이었다. 젊은 직원들은 윗사람들이 자신의 인사를 잘 받아주지 않으니 인사를 하고 나서도 멋쩍은 상황을 회피하고자 슬슬 피해 다녔던 것이다."

상사의 착각, 부하직원의 속마음

《부하직원들이 당신에게 알려주지 않는 진실》에 나오는 일화다. 부하직원이 진짜 원하는 것을 파악하지 못하는 리더가 의외로 많다. 직원의 사기가 떨어진다 싶으면 회식하자고 덤비는 팀장은 어떤가. 사실은 직원의 70%가 회식을 싫어한다. 많은 조직에서 상하 간 커뮤니케이션을 활성화하고 친밀감을 높이기 위해 고위 임원과 직원이 함께 모이는 행사를 연다.

이 또한 잘못하면 격식에 치우쳐 직원을 불편하게 만들고 만다. 결과적으로 직원을 위한 자리라기보다는 윗사람을 위한 자리가 되는 것이다. 그러면 커뮤니케이션 활성화를 위한 '문'이 아니라 오히려 이를 차단하는 '벽'이 되고 만다. 또 직원을 쥐 잡듯이 닦달해야 말을 잘 듣는다고 생각하는 리더도 많다. 그러면 직원이 거짓말을 하게 된다.

왜 이런 일이 생길까. 조직개발과 리더십 전문가인 저자는 직원의 심리와 근본적인 욕구, 그들과 소통하는 방법을 몰라서 일어나는 비극이라고 말한다.

부하직원이 무엇을 원하는지 캐치하라

그는 SK텔레콤에서 경영자 리더십 트레이닝 과정과 직원 워크숍을 진행해오면서 체득한 원리를 바탕으로 "존경받는 상사란 부하직원이 무엇을 원하는지, 어떤 생각을 하는지 정확히 파악하는 능력을 가진 사람"이라고 정의한다.

책의 앞부분에 '교리 해석의 시간'이라는 대목이 나온다. "우리 팀은 팀장님과 회의를 하고 나면 반드시 직원들끼리 다시 모여 미팅을 합니다." "그건 왜죠?" "팀장님이 무슨 말씀을 했는지 정확히 알기 위해서죠." "팀장님과 충분히 대화를 나누지 않으셨나요?" "나누긴 했죠. 그런데 회의를 하고 나면 더욱 모호해지는 경우가 많아요." "좀 더 명확한 이해가 필요하신 거군요." "그렇습니다. 우리는 이 시간을 '교리 해석의 시간'이라고 말합니다."

그는 이 얘기를 들려주며 "대부분의 직원이 못 알아듣고도 고개는 끄덕인다. 리더의 모호한 말은 서로 다른 해석으로 받아들여지면서 조직의 실행력을 떨어뜨리고 온갖 유언비어로 번질 수 있다"고 지적한다. 따라서 그는 "누군가의 머릿속에 자신이 생각하는 아이디어나 가치를 넣어주기 위해서는 그에게 끊임없이 이야기해줘야 한다"고 강조한다.

독일 심리학자 헤르만 에빙하우스의 망각곡선에 따르면 사람의 기억은 10분 후부터 망각되기 시작해 1시간 후엔 50% 이상이 없어지고 하루가 지나면 70% 이상이 없어진다. 그러니 중요한 사안은 직원에게 반복해서 메시지를 전달해줘야 한다는 것이다.

그는 또 "꼭 필요한 메시지를 정확하게, 반복적으로 알려주는 것만큼 상사가 자신의 과오를 솔직하게 인정하고 사과하는 것도 중요하다"고 덧붙인다. 많은 리더가 이를 꺼리는 것은 자신의 권위가 손상되지 않을까 하는 걱정 때문이다. 그러나 그는 "리더의 사과는 특별한 힘을 가지고 있다"고 말한다. 자신의 과오를 진심으로 인정하고 표현하는 것은 상하 간 신뢰 증진뿐만 아니라 직원도 스스로의 잘못을 돌아보게 하는 계기가 된다는 것이다. 더욱이 직원에게 가장 민감한 '인사평가'에 대해서는 한층 신중해야 한다.

인사평가는 개인뿐만 아니라 조직의 운명을 좌우하는 중대 사안이다. 그래서 자의적인 평가를 없애기 위해 객관적인 기준을 마련하는 게 중요하다. 문제는 그다음이다. 객관적인 기준이란 무엇인가. 사실 이 문제에서 리더와 부하의 의견은 많이 어긋난다.

"객관적인 평가기준이란 이해당사자 모두가 사전에 알고 있는 평가기준을 말한다. 아무리 훌륭한 평가기준이라 할지라도 그것이 사전에 공유되어 있지 않다면 객관성을 확보했다고 말할 수 없다. 반대로 다소 문제가 있어 보이는 평가기준이라 할지라도 사전에 공유만 된다면 일단 객관성을 확보했다고 말할 수 있다. 따라서 당신이 한 해를 시작할 때 가장 먼저 해야 할 일은 직원과 평가기준을 공유하고 합의하는 것이다. 이 과정을 통해 평가기준의 객관성을 확보할 수 있으며 직원이 불필요하게 에너지를 낭비하는 일이 없어진다."

리더들의 착각 가운데 '물질적인 보상은 직원을 열심히 일하게 한다'는 게 있다. 그러나 저자는 "직원이 당신에게 진짜 원하는 것은 따로 있다"면서 "직원의 4가지 욕구를 제대로 파악하고 이를 충족시켜주는 데 온 정성을 기울이라"고 권한다.

조직 구성원의 4가지 공통 욕구

'신뢰관계 형성의 욕구', '윗사람의 인정을 받고자 하는 욕구', '하고 싶은 일을 하고자 하는 욕구', '성장 발전하고자 하는 욕구'가 그것이다. 조직 구성원은 이 4가지 욕구를 공통적으로 지니고 있다. 이것이 충족되면 조직생활에서 행복을 느끼지만 한두 가지라도 충족되지 않으면 이로 인한 스트레스와 불안감에 시달리게 된다. 따라서 리더는 성과에 대한 보상만으로 이를 해결하려 할 것이 아니라 직원들의 결핍 욕구를 충족해주기 위해 노력해야 한다는 얘기다.

"스타벅스의 CEO 하워드 슐츠는 매일 스타벅스 매장 25곳을 방문한다고 한다. 사전에 알리고 철저히 준비하게 한 다음 찾아가는 것이 아니다. 무작정 찾아가 현장을 있는 그대로 체험하고 고객과 직원의 이야기를 듣는 것이다. 직원과 대화가 필요하다고 느낀다면 당장 직원들이 있는 곳으로 찾아가라. 이것이 진정한 현장 중시 경영이다."

직원들에게 다가가는 방법에도 노하우가 있다.

저자가 조언하는 것 중 몇 가지만 실행에 옮겨도 금방 직원들의 표정이 달라질 것이다.

① 직원에게 보고받을 일이 있을 때는 직접 찾아가서 보고를 받는다
② 직원들의 말을 경청하며 절대로 중간에서 가로막지 않는다
③ 각종 기념일에 직원의 취향에 맞는 선물을 한다
④ 사무실 밖에 나갔다 오는 길에 직원들과 함께 먹을 수 있는 음식을 사온다
⑤ 밝은 모습으로 직원을 대한다
⑥ 자신의 취미나 선호를 강요하지 않는다
⑦ 밤늦게 야근하는 직원을 찾아가 격려한다

저자의 다른 책

- 《누가 회사에서 인정받는가》 박태현 지음 | 책비
- 《처음 리더가 된 당신에게》 박태현 지음 | 중앙books(중앙북스)

무에서 유를 창조한 '기업가정신'
《경영의 신에게 배우는 1등기업의 비밀》

매일경제 산업부 지음, 매일경제신문사 펴냄

박태준 포스코 명예회장 등 12인 이야기

2009년 1월 28일 베트남 수도 하노이의 대우빌딩으로 국가 주요 인사들이 하나둘씩 모여들었다. 박태준 포스코 명예회장의 일대기를 담은 《철의 사나이》 출판기념회가 열린 것이다. 베트남에서 한국 기업인의 책이 출간된 것은 이례적인 일이었다. 박 명예회장이 주목받은 이유는 무엇일까.

신흥 경제강국으로 도약하는 베트남에서 가장 필요한 것이 그처럼 탁월한 경영인이었기 때문이다. 자본·자원뿐만 아니라 기술·경험조차 전무했던 대한민국에서 '제철보국'의 사명 아래 불굴의 도전정신과 사명의식으로 최고의 철강기업을 일궈 낸 그는 현재 베트남에서 가장 귀감이 되는 인물이기도 하다.

그해 12월 21일 서울 안암동 고려대 100주년 기념관. 박태준 포스코 명예회장의 명예 경영학박사 학위 수여식이 열렸다. 80세를 훌쩍 넘긴 박 명예회장이 단상에 올랐다.

끝없는 도전과 주인의식

"저는 대학 시절 기계공학도였고, 청년 시절에는 전쟁터의 장교였으며, 30대 중반 국가 경영에 참여할 때까지 군에 몸담았고, 대한중석 사장을 거쳐 1968년 4월 종합제철소 건설과 경영의 책임을 맡았습니다. 그때 포스코에는 자본과 자원, 기술과 경험이 없었습니다. 무의 상태였습니다. 그러나 우리 창업 동지들은 불굴의 도전의지와 사명의식을 불태웠으며 저는 최고경영자로서 자신감과 제철보국의 목표를 간직했습니다."

그의 눈빛은 강렬했다. 그는 "기업 경영의 기법에서 영원한 정답은 없다"며 "기업은 경영환경 변화에 가장 예민하게, 가장 창의적으로, 가장 선도적으로 대응해야 생존할 수 있고 성장할 수 있기 때문"이라고 얘기했다.

"무엇보다 지속가능한 경영의 핵심은 인간입니다. 처음부터 포스코는 '자원은 유한, 창의는 무한'을 좌우명으로 삼았습니다. 이것은 우리 민족의 창의력을 신뢰한다는 선언이었습니다."

그의 기업가정신은 30년 전에도 똑같았다. 1980년 2월 19일 있었던 직원 훈시에서 그는 사회정의와 제철보국의 사명을 거듭 강조했다.

"기업은 사회정의 실현과 영리추구를 조화롭게 추구해야 합니다. 장사하는 기업이 이윤추구를 못한다면 존재가치가 없는 것입니다. 그러나 이윤추구 과정에서 어떠한 방식으로든 국민과 사회에 해를 끼쳐서는 안 됩니다. 정치가가 정치를 통해 사회정의를 실현하듯 기업가도 기업을 통해 사회정의를 실현해야 하는 것입니다. 이것이 제철보국을 지향하는 포스코의 길입니다."

《경영의 신에게 배우는 1등기업의 비밀》에 나오는 대목이다. 이 책은 박태준 포스코 명예회장과 삼성을 창업한 이병철 회장, 현대그룹을 세운 정주영 회장, 오늘의 LG를 있게 한 구인회·구자경 회장, SK그룹을 키운 최종현 회장 등 12명의 창업주 이야기를 담고 있다.

전쟁의 폐허를 딛고 불모지에서 기업을 일궈 세계로 진출한 이들의 '도전정신'과 오늘날까지 기업을 키워온 '수성정신', 새로운 사업을 발굴해내고 도전하는 '헝그리 정신', 기업을 책임지고 경영하는 '주인의식'의 진정한 의미를 엿볼 수 있다.

요즘 기업가정신의 실종을 우려하는 목소리가 높다. 이병철 전 삼성 회장이 나이 일흔 넘어 반도체산업에 올인했다든지, 정주영 전 현대 회장이 배 만드는 시설조차 없는 상태에서 조선 수주에 성공했다든지 하는 얘기가 '전설적 무용담'으로 잊혀질 것 같다며 안타까워하는 사람들이 많다.

세계적 경영학자 피터 드러커가 1996년《넥스트 소사이어티》에서 '한국은 기업가정신이 살아 있는 나라'라고 했던 극찬이 무색해질 정도다.

그래서 이 책은 "기업가정신이 사라졌다면 다시 살려내야 한다"고 역설한다. 과거 기업인들이 펼쳐냈던 무용담들을 전설로 묻어둘 게 아니라 다시 끄집어내 현대의 귀감으로 만들어야 한다는 것이다.

'기업은 곧 사람' 인재육성

우리는 흔히 '기업가정신'의 의미를 '창업 정신'으로 연결짓는다. 실제로 이병철, 정주영뿐만 아니라 1950년대 이후 한국 경제 1세대 주역들은 대부분 창업으로 기업가정신을 발휘했다. 수많은 기업을 만들거나 인수하고 나중엔 해외로 달려나가 돈을 벌었으며, 1960년대 베트남전쟁과 1970년대 중동 붐으로 달러를 벌어들인 것이 대표적인 사례다. 하지만 기업가정신에는 창업만 있는 게 아니다. 이 책이 기업 생존의 '수성정신'과 신사업 발굴 등의 '헝그리 정신(도전정신)', 책임경영이라는 '주인의식'을 강조하는 이유도 여기에 있다.

소규모 점포 창업에서 글로벌 기업으로 재탄생하기까지 이들이 걸어온 길을 통해 기업가정신을 배워보자.

이병철 삼성 창업주는 1982년 2월 용인 회의에서 "사업을 하다보면 뜻하지 않게 압력을 받는 수가 있는데 물건을 달라는 것은 바로 주었으나 내가 길러온 사람을 달라는 것은 주지 않았다"며 기업은 바로 사람이 하는 것이라는 것을 거듭 강조했다.

"사람은 보통 적당히 게으르고 싶고, 적당히 재미있고 싶고, 적당히 편하고 싶어 하지만 그런 '적당히'의 그물 사이로 귀중한 시간을 헛되이 빠져나가게 하는 것처럼 우매한 짓은 없다"는 정주영 전 현대 회장의 어록도 오랜 여운을 남긴다.

구인회 LG 창업주는 늘 "남이 미처 안 하는 것을 선택하라"고 말했다. "국민생활에 없어서는 안 될 것부터 착수하라. 일단 착수하면 과감히 밀고 나가라. 성공해도 거기에 머물지 말고 그보다 한 단계 높은 것에 도전하라."

이는 조중훈 한진 창업주의 경영관과도 통한다. "그동안 나는 남이 터를 다져놓은 사업에 넘나들지 않고 스스로의 창의를 개척함을 신조로 삼았다. 이러한 의미에서 나는 '사업은 예술'이라고 믿는다. 한 예술가의 혼과 철학이 담긴 창작품은 수천 년이 지나도 그 아름다움을 잃지 않듯이, 경영자의 독창적 경륜을 바탕으로 발전한 기업은 오랫동안 좋은 평가를 받게 될 것이기 때문이다."

CEO의 한마디

- 현대 정주영
- '적당히 적당히' 편하게 귀중한 시간을 낭비하는 것처럼 우매한 짓은 없다.

- 삼성 이병철
- 물건을 달라는 것은 바로 주었으나 내가 길러 온 사람을 달라는 것은 주지 않았다.

- LG 구인회
- 남이 미처 안 하는 것을 선택하라 성공해도 머물지 말고 높은 것에 도전하라.

- 포스코 박태준
- '자원은 유한, 창의는 무한'을 좌우명으로 기업가는 기업을 통해 사회정의를 실현해야 한다.

저자의 다른 책

- 《재계 3세 대해부》 매일경제 산업부 지음 | 매일경제신문사
- 《3년 후 대한민국》

  채수환 외 지음 | 매일경제 산업부 엮음 | 매일경제신문사

2장

미래를 꿰뚫는 사람은 무엇이 다른가?

번쩍 떠오른 생각이 미래를 바꾼다
《섬광 예지력》

대니얼 버러스·존 데이비드 만 지음, 안진환·박슬라 옮김, 동아일보사 펴냄

스티브 잡스는 2007년 한 콘퍼런스에서 5년 후의 트렌드에 대해 빌 게이츠와 다소 다른 예측을 했다. PC 이후에 출현할 기기를 두고 빌 게이츠가 '진화한 PC' 정도를 생각한 반면 잡스는 '매우 혁신적인 기기'가 나올 것이라고 내다봤다.

그 결과 이들의 기업은 완전히 다른 행보를 보였다. 스티브 잡스의 애플은 아이팟과 아이폰, 아이패드 등을 잇달아 내놓으며 혁신을 이어갔다. 빌 게이츠의 마이크로소프트는 PC 중심의 운영체제를 점진적으로 진화시키는 데 매달렸다.

5년이 흐른 뒤 애플은 아이폰으로 전 세계인의 마음을 사로잡았다. 이것이 바로 잡스가 그때 순간적으로 포착한 미래의 모습이다. 이렇게 미래를 직관적으로 예측할 수 있는 힘, 숨겨진 기회를 발견하고 불가능한 문제를 해결하는 힘, 이것이 곧 '섬광 예지력'이다.

불확실성에 압도당하지 말라

기술 진보의 미래예측자이자 비즈니스 전략가인 대니얼 버러스와 존 데이비드 만은 공동저서 《섬광 예지력》에서 순식간에 발휘할 수 있는 미래 통찰력의 힘이 무엇인지를 알려준다. 그 핵심은 '섬광 예지력을 활용하는 7가지 원칙'에 있다. 요약하면 이렇다.

① 확실한 것에서 출발하라: 하드 트렌드를 활용해 앞으로 다가올 것을 내다보라.
② 예상하라: 미래에 대해 알고 있는 것을 전략 기반으로 삼아라.
③ 변혁하라: 기술이 주도하는 변화를 유리하게 활용하라.
④ 가장 큰 문제를 파악하여 그것을 건너뛰어라: 그것은 진정한 문제가 아닐지 모른다.
⑤ 반대로 가라: 다른 사람이 보지 않는 쪽으로 고개를 돌려 다른 사람들이 보지 못하는 것을 보고, 다른 사람이 하지 못하는 것을 하라.
⑥ 재정의하고 재창조하라: 당신의 독창성을 파악해 새롭고 강력한 방식으로 활용하라.
⑦ 자신의 미래는 스스로 방향을 잡아: 그렇지 않으면 다른 사람이 당신의 미래를 주도할 것이다.

이들은 먼저 "예측할 수 없다고 여기는 것들에 압도당하지 말고 확실성으로부터 출발하라"며 "우리 모두가 갖고 있는 섬광 예지력은 일의 진행 방향과 관련해 가끔 불현듯 스치는 모종의 확신과 같은 것"이라고 설명한다.

"당신 역시 '그렇게 했어야 한다는 것을 알았는데'라거나 '그럴 줄 알았어'라는 식의 말을 한 적이 있지 않은가. 이른바 '뒤늦은 깨달음'이라는 후회가 생기는 것은 전형적으로 예감이 정확할 때와 그렇지 않을 때를 사전에 구별하지 못하기 때문이다. 그 구별방법을 배우는 것, 다시 말해 신뢰할 수 있는 예지력으로 보는 미래와 단순한 예감으로 느끼는 미래를 구별하는 방법을 배우는 것이 필요하다."

확실성을 얻기 위해서는 2가지 패턴을 잘 살피라고 조언한다. 첫 번째는 경기 사이클이나 부동산시장, 주가처럼 일정하게 움직이는 '주기적 변화'다. 두 번째는 데이터나 정보의 증가, 컴퓨터 처리 속도의 가속화 등 비주기적이고 한쪽 방향으로 움직이는 '직선적 변화'다.

이들은 예일대학 경제학 교수 로버트 쉴러가 2005년 "미국의 부동산 가격이 현실과 동떨어져 있어 시장이 곧 무너질 것이며, 남은 유일한 문제는 언제 붕괴할 것이냐 하는 점"이라고 말한 것을 예로 들며 "이는 경제학자가 아니더라도 '주기적 변화'를 자세히 들여다보기만 하면 알 수 있는 문제였다"고 얘기한다. 서브프라임 모기지의 대부분은 5~7년 후부터 상환금이 급증하도록 설계돼 있었는데, 미국 부동산 붐은 2002~2003년 절정에 올랐고 5년 뒤인 2007~2008년부터 무너지기 시작했다. 이 같은 섬광 예지력은 불가능을 가능으로 바꾸고 가장 큰 난제도 해결하게 해주는 힘의 원천이다.

두 번째 원칙 '트렌드를 예상하라'도 사실 우리가 익히 아는 얘기다. 미래에 대한 그림을 명확하게 그리기 위해서는 그 물결을 형성하는 각각의 물줄기를 살펴보라고 이들은 말한다. 특히 기술 발달이라는 하드 트렌드의 경로 8가지를 알면 쉽게 보인다고 한다.

8가지 경로는 '비물질화-우리는 휴대전화에 들어가는 물질적 요소를 계속 줄여왔다', '가상화-현재의 물리적 작업방식을 바꿔 가상세계에서 작업하는 것을 뜻한다', '이동성-이젠 한 장소에 얽매일 필요가 없어졌다', '인공지능 제품-더욱 똑똑해져 가는 스마트폰을 보라', '네트워킹-공간만을 연결하던 과거의 네트워크는 이제 실시간 의사소통으로 진화했다', '상호작용-트위터, 유튜브 같은 소셜 미디어들은 뉴스 산업에 지각변동을 가져왔다', '세계화-미국은 맥도날드가 들어선 나라와 전쟁을 벌이지 않는다', '통합-인터넷과 지도를 합친 구글 맵스처럼 끊임없는 통합이 이뤄진다'로 압축된다.

예를 들어보자. 은퇴하기 시작한 베이비부머를 대상으로 어떤 사업을 하는 게 좋을까. 이들은 베이비부머 비디오게임과 노후를 위한 재무설계, 준은퇴자 주거시설, 녹색 장례식장과 베이비부머를 위한 공동묘지 사업을 권유한다. 이건 하드 트렌드와 소프트 트렌드를 읽고 그 속에서 발견한 아이템이기 때문에 성공 확률도 그만큼 높다고 한다.

"미국에서만 약 8000만 명의 베이비부머에게 더 세심한 의료 서비스가 필요해질 것이다. 이것이 하드 트렌드다. 그 의료 서비스를 제공할 수 있을 것인가, 없을 것인가? 누가 어떤 방식으로 제공할 것인가? 이것이 소프트 트렌드다. 하드 트렌드를 식별하는 법을 알면 미래를 볼 수 있고, 소프트 트렌드를 식별하는 법을 알면 미래를 만들어나갈 수 있다."

'말이 죽었으면 그냥 내려라'

'문제를 건너뛰어라'와 '재정의하고 재창조하라'를 합친 성공 사례도 소개한다. 바닥재업계에서 성공한 기업가 트리그비 마그누손의 이야기가 눈길을 끈다. 1990년대 그는 오래 사용할 수 있으면서도 미학적으로 뛰어난 바닥을 만들기 위해 골몰했다. 문제는 사람들이 그 위를 밟고 다닌다는 것이었다. 그러나 아무도 지나가지 않는다면 바닥의 존재 이유도 없어질 게 아닌가.

고민하던 그는 문제 자체를 건너뛰기로 하고 풍부한 세라믹 입자를 함유한 새로운 코팅 시스템을 개발했고 웨어왁스 기술특허를 출원했다. 그는 이를 판매할 회사를 설립했고 첫해에 매출을 2500만 달러까지 올렸다. 이후 나무에 코팅재를 입히는 대신 목재 자체로부터 천연 색조를 얻어내는 공법까지 개발할 수 있었다.

'스스로 미래의 방향을 잡아라'에서는 "말이 죽었으면 그냥 내려라"는 원칙을 일깨워준다. 이른바 빨리 실패하는 법 얘기인데, 실패는 그 자체보다 질질 끄는 게 더 큰 문제라는 것이다. 그래서 "말이 쓰러질 때 내릴 줄 아는 것이 그 어느 때보다도 더 중요하다"고 강조한다. 그러고 보니 폴라로이드는 디지털 세상이 될 것을 예상했으면서도 아날로그 시장에 미련을 갖는 바람에 실패했고 결국 파멸했다. 모토로라도 아날로그 휴대전화로 같은 실수를 범했다. 코닥은 실패를 10년 동안이나 질질 끌었다.

따라서 실패를 재빨리 인식하고 즉각 조치하는 법을 배우면 실패도 골칫거리에서 자산으로 변한다고 이들은 역설한다. 실패가 섬광 예지력을 발휘하기 위한 또 하나의 출발점이라는 얘기에도 공감이 간다.

함께 읽으면 좋은 책

- 《섬광처럼 내리꽂히는 통찰력》
  게랄드 트라우페터 지음 | 노선정 옮김 | 살림Biz
- 《센스메이킹》
  크리스티안 마두스베르그 외 지음 | 김태훈 외 옮김
  위즈덤하우스미디어그룹

정보와 자본의 이동… 미래 권력을 잡아라
《권력의 종말》

모이제스 나임 지음, 김병순 옮김, 책읽는수요일 펴냄

페이스북 창립자이자 최고경영자인 마크 저커버그가 2015년 1월 페이스북을 통해 "올해 도전 과제로 서로 다른 문화와 믿음, 역사, 기술에 중점을 두고 2주에 한 권씩 새 책을 읽겠다"고 밝혔다.

"책을 읽으면 지적으로 충만해집니다. 책을 통해 여러분은 어떤 주제를 온전히 탐구할 수 있습니다. 다른 미디어보다 더 깊은 방식으로 몰입할 수도 있습니다. 저는 앞으로 제 미디어 식단을 책 읽기에 더 많이 할애하는 쪽으로 바꿔나갈 수 있기를 기대합니다."

매년 한 가지 목표를 공표하고 실천해온 그가 2015년을 '책의 해 A Year of Books'로 선언하고 첫 책으로 꼽은 것이 바로 《권력의 종말》이다. 이 책은 사회 각 분야의 전통적인 권력층과 여기에 도전하는 새로운 권력 사이의 대결을 조명한 것이다. 2013년 출간돼 〈파이낸셜타임스〉가 선정하는 '올해의 책'에 오른 명저다.

저커버그가 꼽은 '올해의 첫 책'

　이 책을 쓴 모이제스 나임은 36세에 베네수엘라 무역산업부 장관을 지낸 뒤 베네수엘라 중앙은행 총재, 세계은행 상임이사 등을 지내고, 카네기국제평화재단 최고연구원으로 활동하면서 각국 언론에 칼럼을 연재하는 저널리스트다. '거대권력을 행사하는 권력자인 동시에 권력을 연구하는 학자'로 불리는 그는 전 세계 범죄 네트워크를 다룬 베스트셀러《불량 경제학》의 저자이기도 하다.

　그는 정치, 경제, 금융, 미디어 등 모든 분야의 지배세력(거대권력)과 이를 위협하는 작은 세력(미시권력)의 투쟁 과정을 파헤치면서 정부와 군대 같은 거대한 조직만 보유했던 권력의 핵심이 어떻게 개인과 비권력층으로 이동하고 있는지를 탐색한다.

　그는 권력이 완력에서 두뇌로, 북반구에서 남반구로, 서양에서 동양으로, 전통적인 거대기업에서 민첩한 벤처기업으로, 완고한 독재자에서 소도시의 광장과 사이버 공간의 대중으로 이동하고 있다고 분석한다. 한 집단이 권력을 얻고 유지하기 위해 구축한 위계질서와 조직력, 자본, 기술 등의 장벽이 점점 허물어지고 있기 때문이다. 한마디로 권력의 피라미드가 붕괴되고 있다는 얘기다.

　튀니지와 이집트의 독재정권을 무너뜨린 아랍의 봄, 미국 대표맥주 버드와이저를 인수해 세계적인 맥주회사로 거듭난 브라질, 벨기에 복합기업 앤호이저부시인베브, 가톨릭과 개신교가 주를 이루던 종교계에서 점차 신도를 늘리고 있는 지역공동체 성격의 비주류 종교…

작은 세력이 거대권력을 무너뜨리는 시대

'아랍의 봄'의 바탕에는 1980년 이래 중동, 아프리카에서 평균수명이 늘어난 영향과 교육받은 수백만 젊은이의 '청년 팽창' 의식이 함께 작용했다. 유럽연합의 저탄소 정책에 대한 폴란드의 거부, 강대국들과 이란의 핵협상에 대한 터키·브라질의 반대, 위키리크스의 미국 외교 비밀문서 공개, 말라리아 퇴치를 위한 싸움에서 세계보건기구WHO와 경쟁하는 게이츠재단 등도 마찬가지다.

한때 무시되고 세상에 알려지지 않은 작은 세력이었지만 각 분야를 지배하던 거대권력, 대규모 관료조직의 기반을 무너뜨리고 고립시켜 영향력 행사를 저지할 수 있는 방법을 아는 세력들이 늘고 있다.

구글과 소말리아 해적의 공통점도 흥미롭다. 기존 거대권력의 틈을 비집고 생태계를 재편했다는 점에서 둘은 닮았다. 구글은 아무도 주목하지 않던 검색엔진을 개발해 미디어기업들을 무너뜨렸다. 소말리아 해적은 AK소총과 낡은 배로 대형 선박을 나포하며 해군의 힘을 무력화했다. 소규모 군사력은 갖기 쉬워졌고 여기에 첨단 정보기술의 도움도 곁들여졌다. 기업들은 점점 더 넓은 영토에서 더 많은 적과 싸울 수밖에 없다.

이처럼 작은 세력이 강력한 기득권 집단들을 무너뜨리는 일은 점차 늘어날 것이라고 그는 전망한다. 권력의 바깥에 있던 개인과 작은 세력들이 중심 권력을 위협하고, 새로운 지배세력으로 자리를 잡으며, 다각화된 권력을 행사할 것이라는 말이다.

권력 변화 3대 요인은 '양적 증가, 이동혁명, 의식혁명'

이런 변화가 일어나는 근본 이유로 그는 3가지를 든다. '양적 증가', '이동혁명', '의식혁명'의 변화가 그것이다. 국가와 정당, 기업, 재단, 인재, 범죄조직 등 어느 분야든 '양적 증가'는 예전 같은 권력의 통제를 어렵게 만든다. 사람과 돈, 아이디어, 상품, 서비스 등이 전보다 훨씬 빠른 속도와 낮은 비용으로 움직이는 '이동혁명'은 기득권의 장벽을 우회할 수 있게 해준다. 전 세계 이민자가 2억 1400만 명에 이른다. 이 두 요인은 새로운 사고방식과 마음가짐, 기대, 열망, 행동, 가치관을 창출하는 '의식혁명'으로 이어져 기존 권력의 권위를 무너뜨린다.

사람들이 더 많아지고 더 풍족한 삶을 누릴 때 그들을 철저하게 관리하고 통제하는 일은 힘들어진다. 사람과 물류의 이동이 쉬워지고 정보와 자본의 이동비용이 낮아지며, 속도까지 빨라지면 기존 질서에 도전하는 사람들은 늘어나게 마련이다.

권력의 쇠퇴는 견제와 균형이라는 측면에서 긍정적으로 보인다. 권력이 분산되면서 사회가 더 자유로워지고, 새로운 중심이나 공동체가 더 쉽게 형성되며, 유권자와 소비자에겐 더 넓은 선택지가 생긴다. 당연히 게임의 룰도 바뀐다. 조직의 규모가 크다고 해서 무조건 좋은 게 아니라 어느 정도까지만 유리하거나 전반적으로 규모가 작은 것이 더 유리한 방향으로 바뀔 것이다.

하지만 위험도 따른다. 권력의 분산과 약화는 복잡한 문제에 직면했을 때 불안정하고 무질서한 마비 상태를 야기할 수 있다. 기업 간 초경쟁hyper-competition 때문에 산업 전체가 파멸로 치달을 수 있다. 권위의 몰락과 다양한 가치관의 경쟁이 개인의 정체성을 파괴할 수도 있다.

"혼돈과 무정부 상태. 홉스가 예견한 만인의 만인에 대한 투쟁은 사회적 안녕과 정반대 입장에 있다. 권력의 쇠퇴는 이런 시나리오를 낳을 위험이 다분하다."

이런 위기는 어떻게 넘어야 할까. 우선 거대한 규모와 자본, 독점 등을 필수조건으로 생각했던 권력의 개념 자체를 바꾸고 '순위 경쟁'에 주목하는 강박관념에서도 벗어나라고 그는 강조한다. 또 대중의 풀뿌리 운동에 의한 정치개혁을 이뤄야 한다고 주장한다.

"우리는 지금 결정적으로 정치와 제도의 혁신이라는 혁명의 파도가 밀어닥치기 직전에 있다. 권력은 너무나 많은 영역에서 변화하고 있으며, 따라서 인류가 살아남고 발전하기 위해 필요한 결정을 내리는 정치 영역에서 중대한 변화가 일어나는 것을 피할 수 없다."

그는 또 "앞으로 분명히 권력을 잡고 휘두르고 유지하는 방식이 바뀔 것이며, 인류는 권력을 지배하는 새로운 방식을 반드시 찾아야 한다. 그 대안으로 정치지도자의 신뢰를 회복하고 정당을 재창조하며 시민이 정치에 참여할 방안을 찾으면서 국가 간 협력 역량을 강화하는 것이 이 시대의 핵심 목표가 되어야 한다"고 주장한다.

뒷얘기-나임 왈 "저커버그여, 소설을 더 읽으시오!"

저커버그가 자신의 책을 읽고 있다는 소식을 들은 나임은 언론 인터뷰에서 "진짜 놀랐다. 그러나 (논픽션도 좋지만) 소설을 더 많이 읽으라"고 조언했다. 소설이야말로 사물을 다르게 보는 방법을 알려주고 우리를 새로운 세계로 인도하는 좋은 입문서라는 것이다. 그는 가브리엘 가르시아 마르케스의 《백년의 고독》 같은 소설은 콜롬비아를 배경으로 하는 마술적 리얼리즘의 고전 작품이라면서 "소설이 리얼리티를 파악하는 도구가 될 수 있음을 입증한다"고 말했다.

저커버그의 독서 목록은 주로 남성이 쓴 논픽션에 쏠려 있는 게 사실이다. 그가 읽은 책 가운데는 퓰리처상 수상작가 존 매캄이 제7대 미국 대통령 앤드루 잭슨에 관해 쓴 전기 《미국의 사자 American Lion》, 테니스 스타 안드레 애거시의 회고록 《오픈 Open》, 제임스 글릭의 과학부문 베스트셀러 《정보 The Information》 등이 포함돼 있다.

함께 읽으면 좋은 책

- 《거대 권력의 종말》
  니코 멜레 지음 | 이은경, 유지연 옮김 | 알에이치코리아
- 《백년의 고독》
  가브리엘 가르시아 마르케스 지음 | 조구호 옮김 | 민음사

트렌드, 뜨기 전에 찾아라
《트렌드 전쟁》

윌리엄 하이엄 지음, 한수영 옮김, 북돋움 펴냄

순식간에 사라지는 트렌드는 잠깐의 '유행'

《트렌드 전쟁》을 쓴 윌리엄 하이엄은 유럽의 권위 있는 트렌드 전문가이자 컨설팅회사 '넥스트 빅싱'의 대표다. 그는 버진그룹과 BBC, 버드와이저, HSBC, 지멘스 등 국제적인 기업들과 트렌드 관련 프로젝트를 해왔다. 주요 엔터테인먼트 업계의 PR과 마케팅도 10여 년 동안 맡았다. 소니에서는 마이클 잭슨, 앨리스 쿠퍼 등의 커뮤니케이션 캠페인을 이끌었고 버진레코드와 유니버설뮤직에서는 롤링스톤스, 큐어 같은 스타들의 마케팅 캠페인을 기획하고 진행했다. 그만큼 현장 감각이 뛰어난 트렌드 전문가다.

그는 이 책에서 자신의 경험을 토대로 한 '전략적 트렌드 마케팅 매뉴얼'을 공개한다. 새로운 트렌드가 주 소비자층에 도달하기 전에

베일을 벗겨내고 사업전략에 반영함으로써 수익을 내기까지의 과정도 자세하게 알려준다. 또 소비자 트렌드가 어떻게 작동하는지, 경쟁우위를 선점하기 위해서는 어떻게 트렌드를 포착하고 활용해야 하는지를 가르쳐준다.

그에 따르면 트렌드란 창의적이고 명석한 일부 연구자가 일상생활 속 특정한 패턴을 포착해 설득력 있는 설명을 곁들이고 매력적인 이름을 붙임으로써 탄생한다. 어떤 트렌드는 순식간에 사라지기도 하는데 이는 '트렌드'가 아니라 잠깐의 '유행'일 뿐이다. 유행이 일시적인 바람을 의미하는 '패드fad(변덕: 일시적 유행)'와 비슷하다면 트렌드는 오랫동안 꾸준히 이어지는 방향이자 추세다.

그러나 현대사회에서는 너무 많은 유행이 쏟아지기 때문에 그 안에서 트렌드 흐름을 파악하는 게 쉽지 않다. "일시적인 유행은 순간적으로 나타나는 색깔처럼 단기적인 현상이다. 반면 트렌드는 중요하다. 트렌드 뒤에는 일종의 증거가 있으며 최소한 2~5년간 지속된다. 그리고 사람들의 삶에 활발하게 영향을 미치고 변화를 가져온다."

그는 어떤 소비의 변화가 일시적인 유행인지, 트렌드인지를 구분해내려면 오랫동안 다양한 영역에서 관찰을 계속해야 한다고 말한다. 이것이 동시에 여러 업계에서 나타난다면 일시적인 유행이 아니라 트렌드일 가능성이 높고, 느리게나마 꾸준히 성장한다면 결국 메인스트림 트렌드가 될 것이기 때문이다. 트렌드의 성장 잠재력을 확인하는 것도 중요하다고 한다. 이때 해당 트렌드가 소비자의 욕구를 충족시킬 것인지, 현재 환경의 도움을 받아 얼마나 성장할 것인지 등을 검토해야 한다는 얘기다.

트렌드, 명확한 비즈니스 목적을 가진 활동

트렌드에 관한 그의 관점은 아주 실용적이다. 트렌드는 단순한 장식이 아니라 명확한 비즈니스 목적을 가진 활동이기 때문에 그는 단순한 트렌드보다 트렌드 마케팅이란 용어가 적합하다고 주장한다. 따라서 트렌드란 '소비자들 사이에서 일어나는 장기적인 태도와 행동의 변화 중 마케팅 기회를 제공하는 것'이라고 정의를 내린다. 이 책에서 트렌드의 마케팅 활용 기회와 전략을 강조하는 이유도 여기에 있다.

실제 비즈니스 현장에서의 트렌드 전쟁은 가혹하다. 트렌드를 포착하고 잘 이해하면 회사에 큰 수익을 안겨줄 수 있지만, 트렌드를 놓치면 이익창출 기회를 통째로 날리거나 엄청난 손실을 입히기도 한다. 사람들이 쉽게 포착하지 못한 트렌드를 나중에야 발견하고 후회하는 일도 많다. 1962년 데카 리코딩 컴퍼니가 "기타 음악은 이제 한물갔다. 우리는 그들의 사운드가 마음에 들지 않는다"며 비틀스의 음반 제작을 거절했다가 땅을 친 것도 그중 한 사례다.

그는 이런 양면성의 원리를 '트렌드'와 '트렌드 마케팅'이라는 두 섹션으로 구분해서 설명한다. '트렌드' 섹션에서는 트렌드가 왜 중요하고 어떻게 시작되며 어떤 영향을 미치는지를 설명한다. 트렌드의 혜택을 누린 기업과 이를 놓친 기업의 사례도 들려준다. '트렌드 마케팅' 섹션에서는 새로운 트렌드가 메인스트림 고객층에 도달하기 전에 트렌드를 파악하는 방법을 다룬다. 나이트클럽 무대와 정부 보고서, 온라인 포럼 등에서 어떻게 트렌드를 포착하고 발전 방향을 예측하는지, 또 그것이 얼마나 오래갈지 파악하는 방법도 안내한다.

마케터의 트렌드 예측과 대비전략이 중요

"트렌드 데이터는 사업의 핵심과도 같으며 없어서는 안 될 존재다. 마케팅에서부터 신인 발굴업무에 이르기까지 모든 부분에서 필요하다. 기존 시장의 엔터테인먼트 중요성 증가와 같은 트렌드는 비디오 선택에서부터 마케팅 전략에 이르기까지 모든 부분에 영향을 미친다."

그의 말대로 트렌드는 정치, 경제, 사회, 문화, 기술 등 다양한 요인에서 시작된다. 한 사회에서 상반된 트렌드가 동시에 존재할 때도 있다. 가령 맛에 관심을 가진 소비자가 요리를 좋아하고 요리책을 자주 구입하는가 하면 바쁜 사람들은 시간이 없어 간편식품을 더 많이 사는 경향을 보인다. 이런 경우 트렌드 마케터는 영역을 더 세분화해서 자신의 목표고객에게 선택되는 트렌드를 재빨리 파악해야 한다고 그는 조언한다.

그는 또 자신이 명명한 '3i방법론'을 잘 활용하라고 권한다. 이것의 핵심은 포착identification, 해석interpretation, 실현implementation이다. 이를 통해 트렌드가 어디에서 어떻게 나타날 것인지, 혹은 사용될 수 있는지에 대한 아이디어를 얻을 수 있다고 한다. 다만 일시적인 유행을 토대로 장기 전략을 수립하는 우를 범하지는 말라고 충고한다. 트렌드를 둘러싼 수많은 '설'과 오해도 무시하라고 한다. 직관이 아니라 과학으로 접근하라는 얘기다.

그의 장점은 부록의 '실전 트렌드 마케팅'에서도 빛난다. 이 부분은 '전통화traditionalizing', '컴 투게더come together', '뉴 올드new old' 등 3가지 트렌드를 어떻게 포착하게 됐는지를 사례별로 분석한 것이다. 전통화는 뜨개질 같은 전통 수공예품의 인기 등 미시 트렌드로 시작했지만, 곧 복고 바람을 포함한 거시 트렌드로 확산됐다. 공동체를 선호하는 컴 투게더는 비틀스의 노래 제목에서 착안한 트렌드로 지역주의와 수백만 달러 규모의 온라인 소셜 네트워크로 진화했다. 특히 베이비 붐 세대가 노령화하면서 생긴 뉴 올드 트렌드는 특정 연령대의 단순 영역을 넘어 소비시장 전체를 좌우하고 있다. 나이, 성별, 사회계층 등 모든 측면에서 변화를 주도하고 있는 것이다. 그는 "1970년대만 해도 유럽 인구는 대체로 젊었지만 오늘날 유럽연합 내 50세 이상 인구는 급증해 준노년층 시장이 커지고 있다. 이탈리아의 경우 2030년이 되면 50세 이상 인구가 절반 이상을 차지할 텐데, 이는 건강하고 주택을 소유한 노인들이 가장 강력한 소비 집단으로 떠오를 것임을 예고하는 신호"라고 말한다.

이 같은 경계붕괴 트렌드는 기업의 유통과 판매전략에 커다란 영향을 미친다. 소비자 구매행태가 바뀜에 따라 새로운 유통경로를 모색해야 하는 것이다. 따라서 눈 밝은 마케터들에게 트렌드 예측과 대비전략은 무엇보다 중요한 과제다.

그런 점에서 트렌드를 인식하고 분석하는 과정의 표준화된 접근법을 알려주면서 '뜨기 전에 잡아서 실전에 써먹는 히트상품 예측술'까지 제시한 이 책의 가치를 높이 평가할 만하다. 비즈니스뿐만 아니라 다양한 분야에서도 응용할 내용이 많다.

함께 읽으면 좋은 책

- 《히트 메이커스》 데릭 톰슨 지음 | 이은주 옮김 | 21세기북스
- 《트렌드 큐레이팅 아이디어》
  로히트 바르가바 지음 | 이은주 옮김 | 문예북스

신 수요창출 6대 DNA를 찾아라
《디맨드》

에이드리언 J. 슬라이워츠키·칼 웨버 지음, 유정식 옮김, 다산북스 펴냄

"2011년 한 해 동안 4400여 명으로부터 자신들의 거주 지역에도 매장을 열어달라는 요청을 받았으며 6400명 이상으로부터 좋은 상품과 서비스를 제공해주어 고맙다는 편지를 받았습니다." 2012년 〈포춘〉이 뽑은 '미국에서 가장 일하기 좋은 100대 기업' 4위, 평균 연봉 9만 달러(약 1억 원), 연매출 56억 달러(약 6조 3000억 원), 영업이익 업계 평균의 2배…. '작지만 강한 기업' 미국 식품 소매점 체인 웨그먼스 이야기다.

웨그먼스의 성공 비결은 무엇일까. 한마디로 '매력적인 상품 구성, 친절하고 전문적인 직원들, 그들이 제공하는 훌륭한 서비스'다. 이 회사는 여러 종류를 취급하는 다른 소매점과는 달리 '오직 식품 하나'로 승부한다. 그 대신 제품의 범위와 품목은 매우 다양하다. 업계 평균보다 40% 이상 많은 6만 개 품목을 갖춰놓고 있다. 이를 통

해 고객이 각각의 취향에 맞게 메뉴를 고를 수 있도록 돕는다. 판매하는 모든 식품에 영양 정보를 자세하게 표시해놓았다. 건강 브랜드라는 명확한 콘셉트를 갖고 매력과 편의성, 고급스러운 상품 포장으로 승부하는 게 이 회사의 경쟁력이다.

특별한 수요를 창출하는 6가지 비결

피터 드러커와 함께 '금세기의 위대한 경영 구루'로 꼽히는 에이드리언 슬라이워츠키는 칼 웨버와 함께 쓴 《디맨드》에서 이 회사처럼 아주 특별한 '수요'를 만드는 비밀을 알려준다. 그는 '수요'가 독특한 통찰력과 실행력을 가진 개인에 의해 종종 창조된다며 이들의 기법은 누구나 학습하고 실천할 수 있다고 말한다. 그가 연구팀과 함께 분석한 결과 폭발적이고 지속적인 수요를 창조해낸 수요 창조자들은 다음과 같은 6가지 프로세스를 따르고 있었다.

첫째, 자석처럼 '매력적인magnetic' 제품을 만든다. 수요 창조자들은 매력적인 제품이 '아주 좋은' 제품과 다르다는 것을 잘 알고 있다. 여기서 매력적인 제품이란 '자석이 쇳가루를 끌어당기는 것과 같이 이성이 아니라 감성이 먼저 반응하는 제품'을 말한다. 웨그먼스가 거대 할인마트인 월마트와 경쟁하며 훌륭하게 성장하는 것이 대표적인 예다. 월마트가 규모의 경제를 앞세워 저렴한 가격으로 승부한다면 웨그먼스는 신선도와 친환경, 고객과의 소통이라는 매력으로 소비자를 사로잡고 있다.

고객의 불만에 귀를 기울여라

둘째, 고객의 '고충지도hassle map'를 바로잡는다. 어떤 제품이든지 완벽하지는 않다. 이해하기 어려운 사용 설명, 불필요한 위험요소 등 여러 결함을 가지고 있다. 수요 창조자들은 이런 고충을 거대한 기회의 시장으로 보고 그것을 바로잡는다. 이들은 소비자의 고충지도를 만들고 불필요한 단계나 의미 없는 대기시간 등의 '마찰 지점'을 하나씩 제거하면서 고충을 기쁨으로 역전시켜 새로운 수요를 창조한다.

넷플릭스의 창업자 헤이스팅스는 비디오테이프를 깜박 잊고 돌려주지 않아 연체료를 물게 됐을 때의 경험을 사업기회로 활용했다. 비디오테이프 값보다 비싼 연체료를 낼 수도 있는 시스템을 사람들이 좋아할 리 없다. 그래서 그는 우편으로 비디오테이프를 빌려주고 연체료는 받지 않기로 했다. 다만 테이프를 반납하지 않으면 새로운 테이프를 빌릴 수 없다는 조건을 내걸었다. 결과는 대성공이었다.

셋째, 완벽한 '배경 스토리back story'를 창조한다. 수요 창조자들은 제품 외에 우리가 보지 못하는 요소, 즉 완벽한 배경 스토리를 만들기 위해 고충지도의 불편한 점들을 서로 연결한다. 모든 사업에는 눈에 보이는 프런트엔드front-end와 뒤에 숨겨진 백엔드back-end가 있다. 프런트엔드가 제대로 작동하기 위해서는 백엔드 시스템이 완벽하게 갖춰져야 한다.

소니의 전자책 리브로는 아마존의 전자책 킨들보다 먼저 출시됐고 프런트엔드인 가독성도 뛰어났지만 킨들에 밀렸다. 소비자는 전자책의 품질보다는 거기에서 볼 수 있는 e북의 수와 구입 편리성 등 백엔드 시스템을 중시하기 때문이다.

넷째, '방아쇠trigger'를 찾는다. 새로운 제품을 접하더라도 마음속에서 무언가가 방아쇠를 당기기 전까지는 누구나 구경꾼의 태도를 취한다. 위대한 수요 창조자들은 구경꾼을 고객으로 변화시킬 방법을 실험을 통해 검증해가며 지속적으로 방아쇠를 탐색한다. 캡슐형 커피머신을 최초로 선보인 네스카페도 '체험'이라는 방아쇠를 발견한 뒤 체험 전용 부티크를 대도시 백화점에 입점시켜 성공했다.

다섯째, 가파른 '궤도trajectory'를 구축한다. 제품을 내놓은 뒤에도 고객이 불편해하는 점은 없는지, 얼마나 빨리 제품을 개선할 수 있는지 살피며 곧바로 다음 단계로 들어가야 한다는 얘기다. 기술적으로나 감성적으로 제품을 개선하는 모든 활동이 새로운 수요를 앞당기고 그렇게 함으로써 모방과 편승자들을 따돌릴 수 있는 것이다. 샌드위치 전문점 프레타망제가 레시피를 꾸준히 수정하는 이유도 여기에 있다. 피클의 레시피는 15번, 초콜릿 브라우니는 36번, 당근케이크는 50번이나 수정했다. 내가 하지 않으면 경쟁자가 반드시 할 것이기 때문이다.

여섯째, 평균화하지 않고 '변화variation'한다. 사실 '평균적 고객'이란 개념은 없다. 고객은 서로 다른 고충지도를 갖고 있고 시간이 흐르면 원하는 바가 달라진다. 그래서 고객이 원하는 바를 필요 이상으로 초과하거나 이에 미달하지 않도록 주의해야 한다.

수요 창조자가 되기 위한 7가지 습관

테니스를 배우러 오는 사람이 모두 테니스를 잘 치기 위해서라고 생각하는 코치보다 테니스를 통해 건강을 유지하거나 다이어트를 하려는 사람, 사교적인 생활을 즐기려는 사람도 있다고 생각하는 코치가 뛰어난 수요 창조자다. 제품이나 서비스 자체보다 사람들이 그것을 구매함으로써 어떤 문제를 해결하고 어떤 욕구를 충족하려 하는지 알아내는 것이 더 중요하다는 얘기다.

이런 6가지 프로세스를 제대로 수행하기 위해서는 어떻게 해야 할까. 저자는 7가지 습관을 익혀보라고 권한다. 요약하면 이렇다.

① 스티브 잡스가 '이건 아니야'를 입에 달고 다닌 것처럼 제품의 결함을 찾고 또 찾아 고쳐야 한다.
② 애플이 디자인 결과물의 90% 이상을 버리듯이 외부 제품보다 조직 내부에서 먼저 경쟁한다.
③ 결정적인 한 방을 제외하고는 적극적으로 모방한다.
④ 소비자의 감성·충동·취향 등 눈에 보이지 않는 부분까지 고려해 제품을 사용함으로써 얻을 수 있는 즐거움과 행복을 전달하려고 한다.
⑤ 제품에 맞게 조직을 재구성한다.
⑥ 무조건적인 긍정은 위험하니 마지막까지 긴장을 놓지 말아야 한다.

⑦ 첫 번째 제품이 대중의 관심을 끌지 못했지만 두 번째, 세 번째 제품이 거대한 수요를 창출한 경우가 많으므로 시장의 무관심을 무너뜨릴 공격을 감행해야 한다.

이 같은 습관을 몸에 익히고 눈 밝은 수요 창조자의 시각으로 보면 시장의 기회는 곳곳에서 팝콘처럼 튀어오를 것이다. 내가 겪은 생활 속의 작은 불편 등 우리 주변에 널린 '고충 지도'만 잘 살펴도 새로운 아이디어들이 반짝반짝 보인다.

저자의 다른 책

- 《프로핏 레슨》
  에이드리언 J. 슬라이워츠키 지음 | 조은경 옮김 | 다산북스
- 《업사이드》
  에이드리언 J. 슬라이워츠키, 칼 웨버 지음 | 이상욱 옮김
  랜덤하우스코리아

구글처럼 생각하고 행동하라
《구글노믹스-미래 경제는 구글 방식이 지배한다》

제프 자비스 지음, 이진원 옮김, 21세기북스 펴냄

그는 방금 델의 새 노트북 컴퓨터를 받아서 4년 동안 보장되는 자택방문 서비스 대금까지 치렀다. 그러나 컴퓨터는 불량품이었고, 서비스 약속은 완전히 사기였다. 더 열받는 것은 델컴퓨터 직원과 통화했는데 AS 담당자가 집으로 방문하더라도 부품을 갖고 가지는 않을 것이라고 했다. 오히려 컴퓨터를 회사로 보내고 7~10일 정도 기다리라고 했다. 한마디로 새 컴퓨터를 사서 집에서 수리받을 수 있는 돈까지 추가로 냈지만 회사 측에서 못 해주겠으니 2주 동안 기다리라는 것이다.

흥분한 그는 블로그에 '델은 형편없다'는 글을 올렸다. 그의 글은 사회적인 이슈가 되면서 엄청난 반향을 일으켰다. 델에 대한 고객들의 불만이 폭발하면서 '안티 델' 세력이 결집했고, 델의 실적과 주가까지 곤두박질쳤다. 끔찍한 악몽을 겪은 뒤 경영방침을 전면 수정한 델은 다이렉트투델 블로그와 아이디어스톰 사이트를 시작했고 고객의 의견을 적극적으로 수용해 고객과 가장 잘 소통하는 기업으로 변신했다.

델에게 악몽을 선사한 동시에 변신의 계기를 마련해준 파워블로거는 제프 자비스 뉴욕시립대학 교수다. 그는 자신의 책《구글노믹스》에서 "아직까지 대부분의 기업과 경영자가 인터넷 시대에 살아남아 성장하는 방법을 제대로 이해하지 못하고 있다"며 "성공을 원하는 사람이나 조직이라면 네트워크 시대의 새로운 규칙을 알고 지켜야 한다"고 말한다.

구글에게 배우는 현대 기업의 생존법칙

그는 빠른 속도로 성장하고 있는 구글을 통해 현대 기업이 알아야 할 생존법칙과 성공전략을 찾아냈다. 그 과정에서 "구글이라면 어떻게 할까?"라는 질문을 늘 던지면서 모든 산업에 구글의 사고방식을 적용하면 어떤 일이 벌어질지를 연구했다. 하긴 지금처럼 인터넷 광고가 신문광고를 위협하고, 개인이 올린 동영상이 방송사 프로그램보다 주목받는 시대가 되리라고 누가 상상했겠는가. 지금까지 기업들은 모든 사람에게 한 가지 상품을 판매하는 대중시장 경영방식을 고수했고 중개인들은 비싼 수수료를 받아왔다. 고객의 불평에도 크게 신경 쓰지 않았다.

그러나 모든 것이 달라졌다. 인터넷은 틈새시장을 통해 개개인의 취향에 맞는 상품을 생산할 수 있게 해줬고 중개인은 필요 없어졌다. 이제 기업은 더 이상 고객을 통제할 수 없다. 일찌감치 구글은 사용자에게 통제권을 넘겼고 그 결과 초고속 성장을 이루어냈다. 그래서 그는 "이제 성공하려는 모든 기업은 구글처럼 행동해야 하는 시대가 됐다"고 강조한다.

신문, 출판산업도 구글의 사고방식 벤치마킹해야

작가 필립 메이어가 "2040년에 미국의 마지막 신문이 발간될 것"이라고 예언한 대로 신문산업은 빠르게 하향곡선을 그리고 있다. 신문이 살아나기 위해서는 어떻게 해야 할까. 구글식 사고방식을 활용해야 한다는 게 정답이다.

"만약 구글이 신문을 만든다면 블로거, 기업인, 시민 집단의 협력을 받아 기사를 만들고 사람들이 어떤 정보를 원하는지 데이터를 수집해 지역밀착형 뉴스를 생산할 것이다."

출판산업도 마찬가지다. 세계적인 베스트셀러 작가 파울로 코엘료는 "검색엔진이 지구를 장악할 것"이라고 했다. 구글이 실제로 세계를 지배하지는 않겠지만 구글의 사고방식은 전 세계를 지배하게 될지 모른다는 얘기다. 그는 자신의 책이 1000만 권 넘게 팔렸지만 해적판으로 불법복제된 수량은 그 2배로 추정했다.

더 놀라운 것은 그가 해적판의 긍정적인 역할을 중시한다는 점이다. 책은 온라인에서 공짜로 나눠져야 한다고 생각한 그는 출판사

몰래 해적판을 만들어 온라인에 올리기도 했다. 트위터를 통해 팬들을 파티에 초대하는 등 소셜네트워크를 적극 활용해 독자들과 소통하는 과정에서 그는 책 판매량이 엄청 늘었다고 설명했다.

"코엘료는 자신의 소설 한 권의 해적판 번역본이 온라인에서 돌아다녔던 러시아에서 공짜의 가치를 배웠다. 러시아에서 그의 책 판매 부수는 불과 3년도 채 안 되는 시간 동안에 3000권에서 10만 권, 100만 권으로 늘어났다. 파리에 있는 자신의 아파트에서 나와 만난 그는 대화하던 중 "그래서 나는 해적판 덕분에 내 책이 러시아에서 그렇게 잘 팔렸다고 생각한다. 영어, 노르웨이어, 일본어, 세르비아어로도 내 책의 해적판이 돌아다녔다. 이제 내 책이 양장본으로 출판되면 판매실적이 대단할 것이다. 그것은 내가 옳았다는 것을 확인해주는 증거다"라고 말했다. 그는 이러한 해적행위가 자신을 가장 많은 책이 번역되는 생존 작가로 만드는 데 도움을 주었다고 믿는다. 그래서 자신의 웹사이트에 해적판들의 링크를 걸어두기도 했다."

저자의 입장도 그렇다. 그는 출판업자들이 구글과 인터넷, 검색과 링크를 받아들인다면 책이 더 많은 독자와 소통할 수 있고 결과적으로 더 오랫동안 살아남을 수 있을 것이라고 예측한다.

그러면 애플은 어떨까. 그는 구글 규칙을 어기면서 성공한 단 한 개의 기업으로 애플을 들고, 구글과 함께 '고객'에게 가장 집중한다는 점에서 애플은 구글과 다르지 않다고 얘기한다.

"애플 제품들이 성공한 원인 중 하나는 연결 능력이다. 구글처럼 애플은 사용자, 즉 우리 같은 고객에게 끊임없이 계속해서 집중한다. 애플 자신과 애플이 속한 산업에는 집중하지 않는다. 그리고 한 마디 더 첨언하자면 두 회사는 물론 모두 최고의 제품을 만든다. 그들은 품질에 광적으로 집착한다."

물론 이 책의 목적이 구글의 성공 비밀을 샅샅이 찾아내려는 것은 아니다. 저자의 메시지는 이제 누구나 구글식 사고방식을 가져야 한다는 것이다. 그의 말처럼 어떤 산업이나 조직이든지 구글 시대의 기본적인 변화를 이해하고 질문을 던져보며 거기서 새로운 기회를 포착하고, 다시 생각하고, 상상하고, 발명해야 할 것이다. 구글처럼 생각한다는 것, 그것은 "모든 사람의 서로 다른 요구를 모두 맞출 수 있는 방법"을 찾아서 힘겨운 수고를 해야 한다는 의미라고 그는 거듭 강조한다. 새로운 성공의 기회가 바로 그곳에 숨어 있다는 것은 두말할 필요도 없다.

"구글 시대를 말할 때 우리는 새로운 사회를 말하고 있는 것이다. 구글 규칙들은 연결, 링크, 투명성, 공개성, 개방성, 청, 신뢰, 지혜, 관대함, 효율성, 시장, 틈새, 플랫폼, 네트워크, 속도, 풍요로움에 바탕을 둔 사회에서 통용되는 규칙들이다. 이러한 새로운 세대와 새로운 세계관은 우리가 세상과 상호작용하고 이해하는 방법과 기업과 정부, 기관들이 우리와 상호작용하는 방법 모두를 변화시킬 것이다. 아직까지는 시작에 불과하다."

델을 고객과 소통하는 기업으로 변신시키는 데 큰 영향을 끼친 파워블로거이자 교수인 제프 자비스는 "인터넷 시대에 살아남기 위해서는 구글처럼 행동해야 한다"고 강조한다. 그는 애플의 성공도 고객에게 끊임없이 집중하는 데서 온다는 점에서 구글과 다르지 않다고 말한다. 사용자에게 통제권을 넘겨 초고속 성장한 구글을 통해 현대 기업이 알아야 할 필수적인 생존법칙과 성공전략을 알려준다.

함께 읽으면 좋은 책

- 《구글처럼 생각하라》 이승윤 지음 | 넥서스BIZ
- 《구글은 빅데이터를 어떻게 활용했는가》
  벤 웨이버 지음 | 배충효 옮김 | 북카라반

신흥국들이 세계 자본시장 주무른다
《새로운 부의 탄생》

모하메드 엘-에리언 지음, 손민중 옮김, 한경BP 펴냄

불황, 위기인가 절호의 기회인가

"지금 불황의 늪을 건너고 있는 우리야말로 억울한 희생자가 아니라 '엄청난 행운아'다." 세계 최대 채권투자회사 핌코PIMCO의 공동 경영자인 모하메드 엘-에리언이 하는 말이다. 그는 워런 버핏에 버금가는 '투자의 귀재'다. 그가 굴리는 자산규모는 무려 750조 원. 우리나라 정부 예산(약 299조 원)보다 많다. 하버드투자자문 CEO 시절에 52조 원을 벌어들여 하버드를 세계 최고 부자 대학으로 끌어올린 주인공이기도 하다.

그런 사람이 얘기하는 세계 경제위기의 원인과 실체, 미래 전망은 뭐가 달라도 다르다. 그는 《새로운 부의 탄생》에서 이 불황은 개혁의 과도기에서 벌어진 "피할 수도 있었지만 꼭 필요한 변화의 시간"이라

고 지적한다. 또 "엄청난 비극이 지나갔을 때 가장 화려한 미래가 시작된다"면서 "지금이 100년에 한 번 있을 만한 절호의 기회"라고 강조한다. 모두가 두려워할 때 긍정적 신호에 투자하라는 얘기다.

불황 이후의 새로운 체제에 대비하라

현재의 불황이 끝나고 여러 개의 엔진이 가동될 때를 대비해 우리가 과거와 다른 안목과 전략을 준비해야 하는 이유도 여기에 있다. 그는 이 책의 한국어판 서문에서 "한국은 특유의 독자성을 지니고 있는 가운데 엄청난 충격의 여파 속에서 외부적인 영향으로 심각한 타격을 받고 있는 다른 국가들에 비해 비교적 잘 견뎌나갈 것"이라고 전망했다.

하지만 "한국 역시 현재와 미래 세대를 위해 중요한 의미를 지닌 세계 위기를 경험하면서 새로운 목적지로 나아가기 위한 험난한 변화와 도전에 직면해 있다"면서 "한국이 세계적인 위기 속에서 변화의 3가지 기본적인 속성을 정확히 이해한다면 위기를 보다 잘 극복할 수 있을 것"이라고 조언한다.

그가 말하는 3가지 기본 속성은 무엇인가. 첫째, 세계 위기는 거대한 힘에 이끌려 지금까지와는 전혀 다른 새로운 세계를 형성하고 있다. 둘째, 이 같은 붕괴 과정은 개별적인 시장과 국가들에 큰 영향을 미칠 것이다. 셋째, 위기에 대응하기 위한 시장 주체들의 과잉반응과 조정이 새로운 목적지와 앞으로의 특별한 여정에 각별한 영향을 끼칠 것이다.

이 3가지 기본 속성이 이 책의 큰 줄기를 이룬다. 그는 특히 한국의 투자자와 기업가, 정부 관료들과 정책 입안자들이 이 속성들을 잘 이해하는 게 중요하다고 강조한다.

그의 얘기를 더 들어보자. 글로벌 경제위기가 닥치게 된 이유는 무엇일까. 그는 '수수께끼Conundrum에 가까운' 시장의 징조를 단지 지나가는 '신호Signal'로 치부하고 안일하게 대처했기 때문에 호미로 막을 수 있었던 일이 이렇게 커져버린 것이라고 분석한다.

당시의 한 장면으로 돌아가 시장의 원리를 되짚어보자. 2005년 2월 앨런 그린스펀 FRB 의장이 미국 금리 곡선과 같은 명확한 팩트를 두고 "세계 채권시장의 예기치 못한 움직임이 수수께끼로 남아 있다"고 말하는 바람에 시장 전체가 요동친 적이 있다. 왜 그 명확한 사실을 눈앞에 두고도 시장 동향을 파악할 수 없는지 모두 당황스러워했다. 그린스펀도 이례적인 자본 흐름의 원인을 파악하기가 쉽지 않았다.

이는 당시 신흥 경제국들의 놀랄 만한 변화 때문이었다. 갑자기 많은 재산을 상속받거나 복권에 당첨된 사람들처럼 대다수 신흥 경제국들은 늘어가는 대외 준비 자산을 관리할 기반시설과 제도를 확립하고 있지 않았다. 따라서 이들은 자산관리에 대해 보수적이고도 신중한 접근법을 택할 수밖에 없었다. 즉 리스크는 적고 유동성이 좋은 투자를 택한 것이다.

신흥 경제국 정부는 이들 자금 중 상당 부분을 미국의 고정수익

상품, 특히 미 재무부 채권에 투자했다. 신흥 경제국의 매입 공세는 미 재무부 채권 가격의 상향 압력으로 작용했고, FRB가 연방기금 금리를 높였음에도 불구하고 수익률은 떨어졌다. 미국과 신흥 경제국의 자산가치가 동시에 사라지는 기현상이 나타난 것이다. 이런 악순환이 몇 년간 전 세계 경제에 '보이지 않는 손'으로 작용하고 있었다.

하지만 이제 신흥 경제국은 많은 경험을 하게 됐고 덕분에 기반시설과 제도를 갖출 여력을 갖게 됐다. 신흥 경제국이 채무국에서 채권국으로 서서히 바뀌고 있다. 또 세계 통화 덕분에 세계 중심 체제에 접근했고 '국부펀드'를 설립해 과거의 단순한 이익 중심 투자에서 벗어나 미래를 지배할 영역에 과감히 투자하고 있다. 이들 신흥 경제국은 '자국민의 동의'만 받으면 얼마든지 세계 경제의 주류 역할을 할 수 있는 단계에까지 와 있다.

신흥 경제국, 수출기계에서 소비국으로 변화할 것

"가난한 나라들이 부유한 나라에 돈을 빌려주는 상황을 한 번 상상해보라. 이는 곧 이들 빈국이 해당 부국에 대해 가지는 권리가 커진다는 뜻이다. 선진국 자산의 소유자로서 영향력이 커진 개발도상국의 입에서 이제는 자금 분배의 계획에 대한 이야기만 나와도 세계 시장에는 큰 입김으로 작용하는 것이다."

이 대목에서 저자는 향후 10년간 여러 신흥 경제국들의 성격이 소위 수출기계export machines에서 소비국으로 변화할 것이며, 이것이 세계무역에서 이들의 영향력의 균형을 잡는 역할을 할 것이라고 전망한다.

그는 케인스의 말을 인용하며 우리에게 주어진 과제를 이렇게 표현한다. "새로운 아이디어를 내는 것이 어려운 일이 아니라, 기존의 아이디어로부터 탈출하는 것이 어려운 일이다. 자라온 환경이 평범한 사람들에게 있어 기존의 관념은 머릿속 구석구석까지 뿌리박혀 있다."

생각을 바꾸면 지금의 위기가 곧 투자의 적기라는 것을 깨닫게 된다는 얘기다. 그의 말처럼 이제 우리는 문제를 인식하는 수준을 넘어 문제가 해결된 후의 세상을 준비해야 할 시점에 와 있다.

함께 읽으면 좋은 책

- 《착각의 경제학》 세일러 지음 | 위즈덤하우스
- 《부는 어디에서 오는가》
  에릭 바인하커 지음 | 안현실, 정성철 옮김 | 알에이치코리아

100세 시대… '앙코르 커리어'를 만들자
《빅 시프트》

마크 프리드먼 지음, 한주형·이형종 옮김, 한울아카데미 펴냄

"이보게. 우리는 기대수명 70세 기준의 인생지도를 갖고 임시변통으로 살아왔어. 하지만 21세기의 수명을 20세기 설계에 억지로 끼워 맞출 수는 없잖아. 이젠 인생지도를 새로 그려야 해."

"맞아. 인생 후반기에 최고의 업적을 이룰 잠재력을 갖고도 그 가능성을 일찍 드러내지 못했다는 이유로 쓸모없는 인간 대접을 받으면 되겠나. 사실은 이제 막 시작했고 정상에 오를 준비가 되어 있는데 한물간 사람으로 취급받는 사람이 얼마나 많은가 말이야."

미국 비영리단체 시빅벤처스 창립자이자 CEO인 마크 프리드먼은 《빅 시프트》에서 이런 얘기를 들려주며 "100세 시대 중년 이후의 인생을 재구성하라"고 권한다. 그는 중년과 노년 사이의 긴 여정을 '앙코르 단계'라는 새로운 여정으로 채우고 이전과는 다른 방식으로 걸어가야 한다고 강조한다. 고령사회와 관련해 '수백만 개의

보행보조기가 유모차를 밀어내는 비극'을 개탄하는 것과는 차원이 다른 얘기다.

그는 "불과 한 세기 전까지 10대는 당연히 일을 하거나 결혼을 하는 존재로 여겨졌지만 산업화 이후 사회구조가 바뀌면서 그들을 무거운 책임에서 보호하고 교육하는 게 사회 전체를 위해 유익하다는 인식이 생겨났다. 그런 인식이 '청소년기'라는 새로운 인생단계로 구체화·체계화됐듯이 앞으로 우리의 '신新중년기'라는 인생단계도 그렇게 될 것"이라고 말한다. 100세 시대가 됐으니 70세 시대의 인생지도에 그저 노년기라는 이름으로 방치돼 있던 중년과 노년 사이의 30년을 새로운 인생단계로 채우자는 것이다.

그는 새 인생지도를 영국 역사학자 피터 래슬릿의 '서드 에이지' 이론과 비교한다. 이는 의존적 유년기인 제1연령기, 성인기와 중간 경력직 일자리로 구성되는 제2연령기, 새로운 인생단계인 제3연령기, 건강 악화와 죽음의 문턱인 제4연령기로 나뉜다. 여기서 핵심은 제3연령(서드 에이지)기다. 대규모 무위도식 집단이 아니라 새로운 성취의 시기이자 인생에서 가장 중요한 공헌의 시기라는 것이다.

고령 인구, 새로운 인적 자원이 될 수 있다

그는 이 단계를 '앙코르 단계'라고 부르며 더 구체화한다. 중년기까지 쌓아온 기술과 통찰력, 경험, 균형감을 묶어 새로운 결과물로 엮어낼 시기라는 것이다. 퇴직기에 이른 베이비붐 세대가 새로운 인생단계를 받아들이고 잘 꾸려가면 우리 사회의 수많은 문제와 중대한 도전을 해결하는 인적자원이 될 수 있다고 그는 역설한다.

그는 "앙코르 단계가 진정한 인생의 절정"이라며 이 단계가 지닌 독특한 가치를 '시간' 개념으로 설명한다. 이 단계는 우리가 살아온 시간, 남은 시간, 다음 세대를 위한 시간이 극적으로 교차하는 시기다. 지금까지의 '경험'과 인생을 보는 '관점', 살아가는 '동기', 이 모든 것을 조화시켜 새로운 일을 추진하는 '능력'까지 결합한 황금기이기도 하다.

"경험 많고 능력 있는 인물들을 뒷방 늙은이 취급하는 것은 우리 후세대들을 위해서도 바람직하지 않다. 물론 장애물도 있다. 중년 이후의 삶에 대한 고정관념과 개개인의 재정·정서·체계적 수단 차이, 제도와 정책 문제 등이 우리 사회의 걸림돌이 될 것이다. 하지만 이를 극복해내야 할 이유는 명백하다. 가장 거대한 인구집단이 일정한 직업도 없고 시간만 축내는 나라라면 어떻겠는가. 만일 그런 일이 일어난다면 우리는 이들의 인적자원에 엄청난 투자를 하고도 가장 경험이 풍부한 그 인구층을 방치하게 될 것이다. 더욱이 그들이 제공할 수 있는 많은 것이 우리에게 꼭 필요한 시기에 말이다."

'앙코르 커리어'를 실현한 선구자들을 소개

그는 '앙코르 커리어'를 실현한 인물들의 성공 사례를 통해 새로운 인생단계의 비전을 제시한다. 법학도이자 부동산 중개업자로서 삶의 의미를 찾지 못하던 맥켄지는 어느 날 환경문제에 눈을 뜬 뒤 강 복원에 나서고 친환경 주택을 소개하며 부동산 업자를 대상으로 지속가능한 개발 관련 교육과정을 만들었다.

은행에서 중견 간부로 근무한 경험과 은퇴 후 중고차 판매 경험을 가진 체임버스는 지방의 저소득층 자동차 구매자들에게 올바른 선택법을 알려주는 비영리단체를 설립해 제2의 인생을 풍요롭게 가꾸고 있다. 별 볼일 없는 조명기사였던 브랜디스는 자신의 손재주를 살려 가난한 이들을 위한 발명품을 만드는 일을 시작했다.

그동안 익히 들어온 인생 전환 스토리 같지만 이들은 과거와의 결별이 아니라 오랜 시간 획득한 인생의 요소들을 모으고 예전 기술을 새로운 방식으로 활용해 놀라운 결과를 이끌어냈다는 점에서 앙코르 단계를 개척한 주인공이다. 경제적으로나 사회적으로 어느 정도 성공한 사람이 이제 나이가 들었으니 의미 있게 살아야겠다고 마음먹는 것과는 다른 차원이다.

그의 표현대로 과거의 '백미러를 통한 미래 설계'와는 전혀 다른 수준의 인생이 열리는 것이다.

"이들처럼 인생의 새로운 단계로 유입되는 사람들이 급증하는 것은 금세기의 가장 중요한 사회적 현상이다. 이렇게 많은 사람이 그토록 많은 것을 경험하고 또 그 경험을 이용해 대단히 중요한 일을 할 수 있는 시간과 능력을 갖춘 적은 없었다. 그것은 장수의 선물이며, 길어진 인생에서 우리가 이룩한 모든 발전이 가져오는 엄청난 혜택의 분배가 될 것이다. 하지만 이러한 혜택을 누리려면 이제는 효과가 없는 오래되고 익숙한 패턴에서 벗어나려는 용기가 필요할 것이다."

그에 따르면 앙코르 커리어는 '일로부터의 자유'라는 낡은 꿈을 '일할 수 있는 자유'라는 새로운 꿈으로 바꾸는 것이다. "길어진 노동 기간에 맞춰 우리가 반세기 전에 그것을 줄이기 위해 애쓸 때처럼 강력한 합의를 이룸으로써 더 오래 일해야 한다는 압박감을 하고 싶은 일에 대한 열정으로 바꾸는 것이기도 하다."

완전히 실현된 앙코르 단계의 특징은 무엇일까. 그는 "재창조를 뛰어넘는 융합, 즉 축적된 기술, 통찰력, 균형감, 경험을 한데 묶어 새로운 결과물로 엮어내는 것"이라고 설명한다.

"그것은 지속적인 소득, 새로운 의미, 사회적 영향력을 행사하는 앙코르 커리어에서 좋은 예를 볼 수 있으며 사회적 유동성과 세대 간 연대를 증진하는 정책으로 크게 강화될 수 있다. 그 최종 결과는 여성들이 1960년대와 1970년대에 새로운 생산적 역할을 하게 된 것처럼 사회에 필요한 인재라는 뜻밖의 횡재가 될 것이다."

그가 '앙코르 단계'를 창조할 사회 구성 프로젝트에 착수하자며 내세운 '앙코르법' 제정, 인력정책 수정, 세제 혜택, 재무 재설계 등 10가지 접근 방법도 눈길을 끈다.

그의 주장이 다소 이상적으로 보일 수도 있지만 이론적 토대가 탄탄한 데다 설득력과 호소력도 있다. 낡은 인생지도를 붙들고 헤매는 이들에게 인생 대전환의 기회와 용기를 준다. 세계에서도 고령화 속도가 가장 빠른 우리 사회에 더욱 필요한 나침반이기도 하다.

잠재적 위험 예측 경영으로 '퀀텀 점프'하자
《초복잡성 세계의 생존전략》

폴 로디시나 지음, AT커니 코리아 옮김, 럭스미디어 펴냄

예전에는 작은 나라에서 일어나는 사건들이 그 지역 외에는 별 영향을 미치지 못했다. 그냥 빈 숲에 나무 하나 쓰러지는 것과 다름없었다. 그러나 지금은 아이슬란드처럼 외진 나라에서 일어난 사건도 금방 전 세계에 충격을 준다. 아이슬란드 경제위기가 세계 시장을 공포에 떨게 했고 2010년 화산 폭발은 제2차 세계대전 이후 가장 큰 규모인 10만 7000여 편의 항공운항 중단 사태를 야기했다.

변화 사이클도 전례 없이 짧아지고 있다. 정치권은 유권자의 표만 챙기며 포퓰리즘 정책을 남발하면서 시장경제의 근본을 뒤엎고 있다. '대응이 느린 거인'들은 도태될 수밖에 없는데도 많은 의사결정권자가 방향 감각을 상실한 채 주요 결정을 내리고 있다. 어떤 사람은 혼돈의 시기가 다 지나간 후 뚜렷한 근거를 기반으로 의사결정을 해야 안전하다지만, 그러기에는 사회가 너무 빨리 변한다. 그 변

화 속에서 순식간에 오고가는 기회 또한 놓칠 수 있다.

글로벌 경영컨설팅회사 AT커니의 폴 로디시나 전 회장은 그래서 "이 세상은 룰렛 테이블이 아니라 핀볼 머신"이라고 말한다. 그는 《초복잡성 세계의 생존전략》에서 이 말을 여러 번 강조한다. 회전원반 가운데에 주사위를 넣고 돌리는 룰렛게임 같이 단순한 게 아니라 어디로 튈지 모르는 공을 입체적으로 다루는 핀볼처럼 복잡하게 얽혀 돌아가는 게 요즘 세상이라는 얘기다. 사소한 사건이나 물건 하나가 도미노처럼 연결되고 점점 증폭되면서 역사적인 사건을 만들어낸다는 '핀볼효과'를 활용한 명언이다.

AT커니의 성장 과정은 어땠을까. 90년간의 지식과 경험을 축적하며 40여 개국에서 3200여 명의 컨설턴트가 활동할 정도로 성장한 것은 복잡성의 원리를 먼저 이해했기에 가능했다고 그는 분석한다. 세계에서 가장 영향력 있는 컨설턴트 25인에 선정된 그는 AT커니의 싱크탱크인 글로벌 경영정책협의회의 설립자이자 의장이기도 하다. 그의 통찰력 역시 비선형적으로 변화하고 티핑 포인트에서 갑자기 돌변하는 세계의 복잡성을 남보다 빨리 간파한 데에서 나왔다고 한다.

더 넓게, 더 멀리 보아야 살아남는다

그가 말하는 '초복잡성'은 과도한 자극 때문에 결국 무감각해지고 방향 감각조차 잃어버리는 세계, 분개한 민중주의와 무능력한 정부 사이에서 길 잃은 자본주의, 파편화된 사회와 지도자 없는 세계 등을 아우르는 개념이다. 이제는 단순한 해결책으로 결코 문제를 풀 수 없는 상황에 이르렀다. 그러면 어떻게 해야 하는가. 그는 복잡할수록 '더 넓게 보고, 더 멀리 보는 방법'으로 우리의 시야를 조절하는 게 중요하다고 말한다.

지난 10여 년 사이의 휴대전화 전쟁을 보자. 2000년대 초반 모토로라는 아날로그 휴대폰과 디지털 휴대폰 사이에서 방향을 잡지 못하고 우왕좌왕했다. 그사이 모토로라의 주문자상표부착생산OEM 업체이던 노키아가 디지털 시장에 선제 대응하며 세계 휴대폰 시장을 장악했다. 그러나 노키아도 2000년대 후반 스마트폰 플랫폼으로 바뀌는 흐름은 보지 못했다. 결국 뒤늦게 전략을 수정해 스마트폰 시장에 뛰어들었지만 모바일사업 부문은 마이크로소프트에 인수되고 말았다. 영원할 것 같던 모토로라와 노키아가 무너진 것은 모두 시야가 좁고 짧았던 탓이었다.

IT 분야만 그런 것은 아니다. 제조·유통·서비스업 분야의 기업들도 극적인 흥망사를 경험하고 있다. 복잡성이 높은 지금의 경쟁체제에서 신속히 의사결정을 내리지 못하는 기업은 순식간에 추락할 수밖에 없다.

하지만 절망할 필요는 없다. 빠른 판단과 실행으로 복잡성을 돌파할 경우 드라마틱한 '퀀텀 점프'도 가능하기 때문이다. 이를 위해 미래에 찾아올 기회와 잠재적인 위험을 예측하고 시나리오를 미리 세우는 게 필요하다. 이 대목에서 저자는 '정보처를 다양화하라', '매

너리즘에 빠진 전문가들과 사회의 통념을 경계하라', '비범한 사람들과 장소를 활용하라' 등의 지침을 일러준다.

'복잡성으로 복잡성을 물리치라'는 얘기도 신선하다. 향후 10~20년 내에 복잡한 빅데이터를 감시하고, 분석하고 실시간으로 대응하는 것이 가능해지면서 복잡성을 강점으로 변화시키는 회사, 정부, 공공의료기관 등이 등장할 것이라고 그는 예상한다. 네트워크의 가치나 영향력이 사용자 수의 제곱에 비례한다는 메칼프 법칙처럼 초연결성과 디지털화, 복잡성이 초래할 변혁은 엄청날 수밖에 없다. 그러니 이런 변화의 총체적인 움직임을 컨트롤할 새로운 시스템이 필요할 것이라는 얘기다.

빅데이터, 정보 시각화 기술을 활용하라

그는 거대한 빅데이터와 연계해 예측분석 결과를 실시간으로 제공하면서 정보 시각화 기술로 활용도를 최대한 높이는 것이 가장 좋다고 제안한다. 이 3가지 방법을 통해 과잉정보 문제를 해결하고 실시간 데이터 분석 수요도 충족시킬 수 있다는 것이다.

이 방법들은 조직체계의 변화까지 이끌어내게 된다. 따라서 기업들이 수학자, 통계학자, 프로젝트 매니저, 특정 분야의 전문가, 기술자 등을 조합해 서로 협력할 수 있도록 여러 학문 분야에 걸친 팀을 구성하는 게 필요하다고 그는 말한다. 조직 내 효과적인 분석기능을 통합하기 위해 하나의 마을과도 같은 조직을 만들라는 말이다.

'중국 연방의 등장과 같은 미래 상상력을 발휘하라'는 메시지 또한 눈길을 끈다. 그는 몇 가지 돌발적인 위험요소가 있음에도 중국은 '점점 부유하고 생산적이고 영향력 있고 협력적인 강대국'이 될 것이라며 중국 태고의 용 모양 심벌이 중화권의 상징으로 부활할 수도 있다고 내다본다. 홍콩이 자유와 법치를 지키는 일국양제 시스템을 이뤘듯이 대만 문제도 해결방법이 있으리라 전망한다. 아울러 싱가포르 같은 연관 국가들도 포함하는 중국 연방을 상상할 수도 있다고 본다.

사실 이런 미래는 그의 예측보다 더 빨리 올지도 모른다. 서독 국민의 56%가 30년 내 통일이 불가능하다고 응답한 설문조사가 있은 지 고작 두 달 만에 독일의 통일이 이뤄졌다는 것을 상기하면 더욱 그렇다.

소극적인 예측보다 능동적인 대응으로 맞서라

그는 이런 변화들과 함께 다음에 올 호황을 맞을 준비가 돼 있느냐고 묻는다. 1930~1940년대의 더없이 어두운 시절에도 결국 해는 다시 떴듯이 호황은 반드시 또 온다는 것이다. 과학기술 발전을 제외하더라도 수천만 명에서 곧 수억 명에 이르는 중산층이 부상하고 있으니 미래는 더욱 밝다고 그는 강조한다. 경영진이 더 이상 여기서 비켜나 관망하는 여유를 부릴 때가 아니라 복잡성을 치밀하게 파악하고 행동하며 투자해야 한다는 것이다.

그의 표현처럼 이 책은 '예언'에 관한 것이 아니라 미래를 정확하게 예측하기 위한 지침을 제시하고 있다. 소극적인 예측보다는 능동적이고 선제적인 대응을 중시하는 이유도 여기에 있다. 점점 복잡해지는 글로벌 비즈니스와 정치환경 속에서 수많은 위험과 기회에 직면한 CEO들에게 새로운 방향을 잡도록 도와주는 나침반이기도 하다. 글로벌 전략컨설팅계의 백전노장이 들려주는 조언이어서 더욱 미덥다. 번역을 AT커니 코리아가 맡아 문장은 다소 딱딱하지만 전문적인 내용의 신뢰도를 높인 점도 돋보인다.

예측 불가능한 미래에 대한 의사결정을 돕는 사례들과 함께 상황이 어려울수록 '정중동靜中動'의 자세로 한계를 극복하라는 성찰적 조언 또한 돋보이는 요소다.

함께 읽으면 좋은 책

- 《전략가의 시나리오》 유정식 지음 | 알에이치코리아
- 《플랫폼, 경영을 바꾸다》
  최병삼, 김창욱, 조원영 지음 | 삼성경제연구소

3장

풍부한 디테일을 품은 단순함

최고 인재들의 성공 열쇠 "기본에 충실하라"
《세계 최고의 인재들은 왜 기본에 집중할까》

도쓰카 다카마사 지음, 김대환 옮김, 비즈니스북스 펴냄

화려한 스펙보다 '기본'이 중요

남들은 하나도 하기 힘든 경력을 3개나? 일본 게이오기주쿠대학 경제학부를 졸업하고 세계 최고 금융회사 골드만삭스와 MBA 명문 하버드 비즈니스 스쿨, 전설적인 컨설팅펌 맥킨지까지 거친 도쓰카 다카마사. 그는 최고의 글로벌 인재들과 함께 일하고 공부하면서 이들의 성공 비결이 '기본의 힘'이라는 것을 확인했다. 안정된 지위와 고소득이 보장되는데도 끊임없이 자신을 갈고닦으며 성장을 거듭하는 원동력이 '기본에 집중하는 것'이라는 얘기다.

그는 《세계 최고의 인재들은 왜 기본에 집중할까》에서 그 성공의 법칙 48가지를 하나씩 공개한다. 이 책은 출간되자마자 일본 아마존 베스트셀러 1위에 올랐고, 일본 직장인들이 후배에게 추천하고

싶은 책 1위에 꼽혔다. 베스트셀러 작가로도 새 영역을 개척한 그는 2007년 주식회사 씨넥스트 파트너스CNEXTPARTNERS를 설립해 글로벌 사업 개발과 인재 개발을 지원하고 있다.

이 책에서 그는 세계 1, 2위 조직이 가장 중요시하는 것은 화려한 스펙이 아니라 누구나 알면서도 지나치는 '기본'이라는 것을 거듭 강조한다. 유창한 영어 실력보다 엘리베이터에서 남을 먼저 내리게 하는 여유를 더 높게 평가하고, 메일을 받으면 빨리 회신하며, 퇴근 전 5분간 책상을 정리하는 것이 얼마나 업무에 큰 영향을 주는지를 일깨워준다.

골드만삭스, 맥킨지, 하버드 비즈니스 스쿨의 노하우

'기본'의 원칙뿐만 아니라 각각의 특성에 따른 노하우도 알려준다. 골드만삭스는 강도 높은 업무 속에서도 길을 잃지 않고 모든 일을 완벽하게 처리할 수 있도록 '우선순위 설정'을 중시한다. 맥킨지는 읽은 시간의 3배를 투자해 사고하는 맥킨지만의 독특한 독서법부터 5분 투자로 업무성과를 높이는 실행법, 뛰어난 자료작성 비법까지 가르친다.

하버드 비즈니스 스쿨은 자신만의 답을 찾아내는 사고법과 다양한 사람과 단기간에 인간관계를 구축하는 노하우, 일과 인생의 조화를 이루는 자기관리법을 교육한다. 자신의 프로다움을 상대에게 인지시키는 스타일링, 어떤 발표 현장에서도 집중력을 이끌어내는 차트 제작법, 상대의 기대를 뛰어넘는 성공적인 보고법 등의 업무 비결도 배울 수 있다.

실제로 컴퓨터 문서 작성의 최고수인 맥킨지인들이 더 애용하는 것은 펜과 종이라고 한다. 골드만삭스와 맥킨지의 '360도 평가'는 윗사람이 단독으로 아랫사람을 평가하는 게 아니라 상사, 동료, 후배가 전후좌우 360도에서 업무 태도를 평가하는 방식이다. 회의 때 발언하지 않는 것은 결석과 같다는 지적도 새겨들을 만하다.

그는 또 '기본'의 중요성을 깨닫는 것뿐만 아니라 그것을 지속적으로 실행함으로써 성장의 계단을 계속 올라갈 수 있도록 이끈다. 그는 MBA의 가치에 대한 질문을 받을 때마다 항상 이렇게 대답한다고 한다. "하버드 비즈니스 스쿨에서 공부하면서 좋았던 점을 꼽는다면 첫 번째는 친구 관계, 두 번째는 시야의 확대, 마지막은 바로 자신감 획득이다."

하버드 비즈니스 스쿨 멤버들은 모두 자신의 커리어를 중도에 끊고 2년간 비싼 학비를 지급하며 전 세계에서 모인 사람들이니, 그 사이에서 새로운 지식을 끊임없이 공부하고 서로 교감하는 관계는 어떤 것으로도 대신할 수 없는 자산이라는 것이다.

하버드 비즈니스 스쿨만의 독자적인 사례연구법case study method, 전체 학생의 약 30%가 외국인 유학생이므로 각국 학생들과의 교류를 통해 세계관을 넓히고 혹독한 커리큘럼을 통해 자신감을 얻을 수 있는 것도 큰 수확이다.

"하버드 비즈니스 스쿨의 다른 학생들도 MBA가 지니는 가치에 대해 대부분 나와 같은 생각을 갖고 있다. 그리고 그들이 공통적으로 가장 중요하게 꼽는 첫 번째 가치가 바로 친구 관계다. 따라서 하버드 비즈니스 스쿨의 학생이라면 누구나 인맥 만들기에 소요되는 시간과 돈은 절대 아깝다고 여기지 않는다."

그의 인맥 노하우를 요약하자면 이렇다. 관계에 투자하는 시간과 돈을 아끼지 않는다. 인간관계는 이름을 기억하는 일에서부터 시작한다. 상대방과 인상에 남는 시간을 공유한다. 선배, 상사와의 술자리를 피하지 않는다. 아무리 바빠도 일주일에 한 번은 일과 관계없는 사람을 만난다.

'생각한다'와 '조사한다'의 차이도 솔깃하다. 어떤 과제가 생겼을 때 신속하게 주위 경험자에게 물어보거나 정보를 검색하는 등의 '조사하는' 접근법도 효과적이지만, 선배에게 묻지 않고 기존 방식에서 벗어나 처음부터 스스로 '생각하는' 접근법도 중요하다는 것이다. 경험에 기대지 않고 백지 상태에서 '생각'함으로써 기존과는 전혀 다른 새로운 시스템이나 획기적인 서비스를 개발하는 경우도 있기 때문이다.

잘 알다시피 하버드 비즈니스 스쿨의 수업은 사례연구법을 바탕으로 진행한다. 우선 학생은 사전에 케이스 스터디 교재를 읽고 등장인물 입장에서 과제를 정리해 해결책을 생각한 다음 수업에 임한다. 이때 학생은 주어진 15~30쪽의 케이스 스터디 교재 외에 다른 자료를 봐서는 안 된다. 케이스 스터디는 현존하는 기업에서 실제로 일어난 경영 과제를 다루기 때문에 인터넷으로 관련 내용을 검색하면 결과를 바로 알 수 있어 배움의 기회가 없어진다. 인터넷 검색으로 유사한 해결책을 금방 찾을 수도 있지만, 그러면 스스로 답을 찾는 힘을 잃게 된다는 애기다.

골드만삭스의 우선순위 설정법도 눈여겨볼 만하다. 할 일을 정리할 때는 일단 '우선순위'와 '완성까지 필요한 시간'이라는 2가지를 축으로 일을 분류하라고 한다. 그런 다음에는 우선순위가 높고 완성까지 긴 시간이 걸리는 일부터 처리하면 된다.

"아무리 노력해도 마감시간에 맞출 수 없다고 판단되면 지체하지 말고 클라이언트나 상사에게 연락해 상황을 설명하고 마감일을 재설정해달라고 요청해야 한다. 마감일까지 불가능한 일을 붙들고 있다가 마감 당일에 불벼락을 맞기보다는 먼저 연락해 다음 액션을 취하는 편이 더 현명하다."

그다음에는 우선순위가 높고 바로 완성할 수 있는 일에 착수한다. 그 일을 눈앞에서 정리해놓으면 마음이 꽤 편안해진다. 우선순위가 낮은 일은 그 후에 시작한다. 우선순위가 낮고 완성까지 시간이 걸리는 일을 차분히 시작한다. 우선순위가 가장 낮고 시간이 걸리는 작업은 맨 마지막에 하면 된다.

'기본'은 가장 치열하게 지켜야 할 원칙

저자가 서문에서 밝혔듯이 최고의 조직에서 최고의 인재들이 성공하는 힘은 '기본'에서 나온다. 그는 이 기본의 의미를 2가지로 나눈다. 하나는 이미 많은 사람이 알고 있고 자신이 실천하고 있을지도 모르는 것이다. 또 하나는 똑같이 알고 있지만 꾸준히 실천하기 어렵다고 여겨온 것이다. 그러면서 "진짜 기본이란 이 2가지를 모두 갖추었을 때 진가를 발휘한다"고 말한다.

그렇다. 최고 자리에 오른 사람들뿐만 아니라 지금 준비하거나 막 시작하려는 사람들도 마찬가지다. 우리가 가장 치열하게 지켜야 할 원칙이 곧 '기본'이기 때문이다.

함께 읽으면 좋은 책

- 《어떤 사람이 최고의 자리에 오르는가》

  존 네핑 외 지음 | 박수성 옮김 | 토네이도

저자의 다른 책

- 《세계 최고의 인재들은 어떻게 기본을 실천할까》

  도쓰카 다카마사 지음 | 장은주 옮김 | 비즈니스북스 펴냄

똑같이 주어진 시간… 성과는 왜 다를까?
《그는 어떻게 그 모든 일을 해내는가》

로버트 포즌 지음, 차백만 옮김, 김영사 펴냄

로버트 포즌Robert C. Pozen 하버드 경영대학원 교수 겸 브루킹스연구소 고위연구원의 별명은 '슈퍼맨'이다. 2개의 뮤추얼 펀드를 경영하는 동시에 변호사, 공무원, 경영대학원 교수, 작가라는 다양한 일을 한꺼번에 한다. 다국적 금융기업 의장직을 병행하면서 6권의 책과 수백 편의 글을 쓰고, 여러 지역 자선단체와 공기업 사외이사로도 활동하며 35년간 아내와 평온한 가정을 유지하고 있다. 그러면서도 자신은 결코 심하게 바빴던 적이 없다고 말한다. 세계에서 가장 '생산적인 경영자'로 평가받는 이유가 바로 여기에 있다.

《그는 어떻게 그 모든 일을 해내는가》는 그의 경험을 통해 시간은 줄이고 성과는 늘리는 최고의 생산성 법칙을 알려준다. 이메일 작성과 회신, 일정표 만들기, 목표의 우선순위 정하기, 멀티태스킹 기술 같은 업무 노하우부터 출장 성과를 높이고 회의를 효율적으로 진행하는 조직 내 능력 강화 기술, 업무문서를 빨리 파악하고 프레젠테이션 능력을 키우는 개인생산력 기술까지 소개한다. 부하와 상사의 관계를 적절히 조율하는 인간관계의 기술, 진로와 직업에 대한 가치관, 일상습관에 긍정적 변화를 가져다주는 생산력 기술도 일러준다.

그는 "당신의 성공은 얼마나 많은 시간을 투자했는지가 아니라 당신이 만들어낸 결과물이 어떤가에 달려 있다"며 시간을 효율적으로 활용하면서 더 만족스럽고 생산적인 결과를 얻는 방법을 제시한다.

제시간에 일을 끝내려면 완벽주의를 버려라

최강의 생산력을 위한 핵심 체크 포인트는 '목표의 우선순위를 매긴 뒤 가장 중요한 일에 먼저 돌입하라'다. 그는 "효율적으로 업무를 처리하려면 완벽주의 성향을 반드시 극복해야 한다"면서 "때때로 불충분한 현실을 인정하고 한시라도 빨리 더 중요한 결과물을 만드는 데 집중하라"고 권한다. 이와 관련한 사례는 아주 많다.

'경영진을 위한 분기 판매실적 보고서를 작성하는 한 회계사가 있다. 경영진은 대략적인 수치만으로 충분하다고 말했지만 그는 늘 일일이 숫자를 맞추느라 보고서 작성에만 일주일을 허비하곤 했다. 그 때문에 상사는 그에게 새로운 프로젝트를 맡기길 꺼렸다. 분기 판매실적 보고서를 작성하는 데에만 일주일이 걸리는 그에게 중요한 피인수기업의 재무 분석을 맡겼다간 업무가 한도 끝도 없이 지체

될 거라는 걱정이 앞섰기 때문이다.'

그가 말하는 '생산력의 3대 핵심 아이디어'도 여기에서 출발한다. 이는 '목표를 정하고 우선순위를 매겨라', '최종 결과물에 집중하라', '사소한 일에 연연하지 마라'로 요약된다.

이 중 간단하지만 당장 업무 효율을 높일 수 있는 원칙이 눈길을 끈다. '오하이오 원칙: 지금 당장 한 번에 처리하라'인데, 오하이오란 '한 번에 처리하라 Only Handle It Once'의 줄임말이다. 우선순위가 낮은 사안들은 가능하면 발생한 순간에 즉시 처리하라는 얘기다. 우선순위가 낮은 것들을 미루다 여러 개 쌓이면 결국 더 많은 시간을 허비하게 되고 중요한 일을 처리할 시간까지 갉아먹게 된다.

그는 또 일상생활 중 효율적인 계획을 세워서 움직이고, 출장 중에도 평소 습관을 최대한 유지하며, 회의에는 가능한 한 적은 인원이 참석하게 하라고 조언한다. "별다른 소득 없이 길게 회의하지 마라! 아무리 길어도 90분을 넘겨선 안 된다! 인사고과 시즌에 겸손하지 마라! 상사는 절대 알아서 당신의 모든 성과를 인사고과에 반영해주지 않는다!"

개인 생산력을 극대화하는 3가지 원칙

개인 생산력을 극대화하는 3가지 방법(읽기, 쓰기, 말하기)도 눈여겨볼 만하다. 그는 "효과적인 읽기의 핵심은 글의 목적 파악에 있으며, 글쓰기에 앞서 생각을 빠르게 정리하고, 청중과 교감하며 말하라"고 강조한다. 목적을 분명히 알고 읽어야 시간을 절약하면서 원하는 정보를 얻을 수 있고, 쓰기에 앞서 글의 논리적 흐름을 보여주는 아웃라인부터 잡아야 핵심 메시지가 잘 전해지며, 청중과 적극적으로 교감하면서 말해야 공감을 얻을 수 있다는 것이다. 이렇게 하면 긴장감 때문에 더욱 긴장하는 악순환에서도 벗어날 수 있다고 한다.

글을 쓸 때는 문장을 간결하게, 문장이나 문단의 연결고리는 명확하게, 대명사는 지칭하는 대상이 분명하게 쓰는 것이 중요하다고 말한다. 글을 다 쓴 후 시간을 들여 꼼꼼하게 전체 글을 읽어보고 오류나 맞춤법, 통계수치 등을 점검하는 것도 훌륭한 '퇴고 생산력'이다.

생산력을 끌어올리는 인간관계의 기술에 대해서는 먼저 팀원들에게 자율권을 줌으로써 팀워크를 공고히 하라고 권한다. 그는 "관리자들이 가장 힘들어하는 게 부하직원에게 자유롭게 프로젝트를 추진할 수 있는 권한을 허락하는 것"이라며 "그러나 대다수는 특정한 보고 양식을 강요하지 않거나 시시콜콜 잔소리를 늘어놓지 않는 것으로 충분한 자율권을 줬다고 착각한다"고 지적한다.

"자신이 모든 업무에 일일이 관여하려 들지 않는 한 전형적인 통제형 관리자가 아니라고 생각하지만 현실에서 통제형 관리자의 성향은 훨씬 미묘하게 작용한다. 부하직원에게 맡긴 프로젝트를 다시 관리자가 떠맡거나 지나치게 세세한 부분까지 일일이 챙기는 것도 통제형 관리자의 한 모습이다."

다음으로는 '부하직원이 좋은 의도로 시도하다가 예기치 못한 실수를 했다면 빨리 용서하라'는 것이다. 그는 "실패를 용납하고, 나아가 실패를 축하할 수 있어야 진정으로 현명한 관리자"라며 관련 사례를 들려준다.

"일리노이에 자리한 급여지급 대행업체는 매년 직원 중에서 새로운 시도를 했고, 그 과정에서 실수를 한 후 교훈을 얻은 직원에게 400달러의 상금과 함께 '최고의 새로운 실수'라는 상을 수여한다. 뉴욕에 위치한 그레이 광고대행사도 매 분기 새롭고 실패할 가능성이 높은, 이전까지 단 한 번도 시도된 적이 없는 아이디어를 뽑아서 '영웅적 실패'라는 상을 수여한다. 실패에 대해 축하하고 상을 수여하면 직원들은 공개적으로 자신들의 실수를 털어놓기 마련이며, 점차 모든 직원이 새로운 방식을 추구하는 것을 두려워하지 않게 된다."

또 하나, '상사의 업무 성향을 잘 관찰한 뒤 당신의 업무방식과 습관을 상사의 성향에 맞게 조절하라'는 지침도 있다. 상사를 바꾸는 것보다는 나를 바꾸는 게 훨씬 더 현실적이고 현명한 방법이라는 얘기다. 상사에게 반론을 제기할 때에는 굳이 그럴 만한 가치가 있는지 고심한 뒤 충분한 근거 자료를 토대로 차분히 의견을 제시하라는 것 또한 마찬가지다.

삶의 질을 끌어올리는 생산력 기술 중에는 이직을 통한 기회의 극대화 전략도 포함돼 있다. 직장을 옮길 때에는 경력을 가장 키워줄 수 있는 곳을 선택하라는 게 요지다. 좋은 평판을 유지하면서 '아름다운 뒷모습'을 남기는 것도 중요하다.

"이직을 결심했다면 절대 현재 직장을 상대로 분풀이를 하지 마

라. 일례로 제트블루의 승무원 스티븐 슬레이터는 회사를 그만두기로 마음먹고 2010년 8월에 비행기가 케네디 공항에 착륙하자 경악할 행동을 했다. 먼저 기내방송으로 승객들에게 한바탕 욕을 퍼붓고는 손에 맥주를 들고 정상적인 탑승구가 아닌 비상탈출 슬라이드를 타고 비행기를 빠져나간 것이다. 사실 회사를 그만둘 때에는 한바탕 본때를 보여주고 싶은 것이 인지상정이긴 하다. 하지만 모든 사람이 밀접하게 연결된 삶을 살아가는 오늘날에는 회사를 그만둘 때에도 전 직장과 모든 인연을 끊어선 안 된다. 왜냐하면 살면서 언젠가 당신의 현재 직장상사나 동료를 우연히 또 만나게 될지는 절대 알 수 없는 일이기 때문이다."

이처럼 실용적이고도 구체적인 생산력 비결은 과도한 업무에 치여 고통받고 긴박한 마감에 시달리며 직장과 가정에서 허둥대는 현대인에게 더없이 필요한 생존의 기술이기도 하다.

로버트 포즌 교수의 '생산력 향상' 법칙

① 최강의 생산력을 위한 3대 핵심 포인트
- 목표를 정하고 우선순위를 매겨라.
- 최종결과물에 집중하라.
- 사소한 일에 연연하지 마라.

② 일상 생활에서 실천하는 생산력 향상 기술
- 일상에서도 효율적 계획을 세워 움직여라.

- 출장은 평소 습관을 유지하며 가볍게 떠나라.
- 최소 인원으로 짧게 집중해서 회의하라.

③ 인간관계에서 생산력을 끌어올리는 기술
- 부하직원을 적극적으로 관리하며 팀워크를 공고히 하라.
- 부하직원의 좋은 의도의 실수는 빨리 용서하라.
- 상사의 업무방식과 성향을 파악하고 나를 맞추는 게 현명하다.
- 상사에게 반론을 제기할 때는 한 번 더 고심한 후 의견을 제시하라.

④ 삶의 질을 높이는 생산력 향상 기술
- 직장을 옮길 때는 기회를 극대화 할 수 있는 곳을 택하라.
- 변화는 수용하되 자신만의 원칙은 고수하라.
- 직장과 가정 사이의 균형을 유지하라.

함께 읽으면 좋은 책

- 《하버드 집중력 혁명》
  에드워드 할로웰 지음 | 박선령 옮김 | 토네이도

- 《왜 일하는가》
  이나모리 가즈오 지음 | 신정길 옮김 | 서돌

뇌 속에 잠든 '승리 스위치'를 켜라
《승자의 뇌》

이안 로버트슨 지음, 이경식 옮김, 알에이치코리아 펴냄

마이크 타이슨의 재기 도운 '토마토 통조림' 전략

　무하마드 알리와 마이크 타이슨을 키운 미국의 권투 프로모터 돈 킹. 그는 세계 3대 타이틀을 석권했다가 강간 혐의로 수감된 타이슨이 출옥하자마자 경기를 주선했다.

　그런데 아무리 '핵주먹'이라 해도 마음을 놓을 수 없었다. 그래서 생각해낸 것이 '토마토 통조림'이었다. '토마토 통조림'이란 장차 중요한 경기에 대비해 쉽게 이길 수 있는 약한 상대를 고를 때 쓰는 권투계의 은어다.

　그는 타이슨의 첫 번째 통조림으로 피터 맥닐리를 골랐다. 타이슨은 89초 만에 맥닐리를 간단하게 쓰러뜨리며 복귀 무대를 화려하게 장식했다. 두 번째 무대도 마찬가지였다.

세 번째 상대는 '토마토 통조림'이 아닌 WBC 세계 챔피언이었다. 하지만 타이슨은 3회전에서 그를 때려눕히고 다시 한 번 세계 챔피언 자리에 올랐다. 타이슨에게 일부러 약한 상대를 붙여주면서 더 강한 상대와 싸울 때보다 큰 자신감을 갖도록 해준 돈 킹의 전략이 맞아떨어진 것이다.

승리에 관한 5가지 미스터리를 밝혀내다

신경심리학계의 권위자인 이안 로버트슨 교수(아일랜드 트리니컬대학)는 《승자의 뇌》에서 이 같은 '승리'에 대한 5가지 미스터리를 뇌신경과학과 인지발달심리, 정치경제학적 관점에서 흥미롭게 풀어낸다.

이 책의 원제이기도 한 '승자 효과'는 생물학에서도 자주 쓰인다. 약한 상대와 싸워 쉽게 이긴 동물은 다음 싸움에서 강한 상대를 만나도 승리할 가능성이 높다는 것이다. 자기보다 덩치가 작은 녀석과 닷새 동안 생활한 물고기는 덩치가 큰 녀석과 생활한 물고기보다 더 강한 공격성을 보인다.

그런 점에서 돈 킹은 '승자 효과'를 본능적으로 알고 있었던 것 같다. 타이슨이 오랫동안 쉬었는데도 세계 챔피언을 꺾을 수 있었던 것은 첫 번째와 두 번째의 승리가 남성 호르몬인 테스토스테론 분출을 유발했기 때문이다. 공격적 성향을 반영하는 테스토스테론이 늘어나면 동기부여를 담당하는 남성 호르몬 수용체, 쾌락과 즐거움을 자극하는 도파민도 함께 증가한다고 한다.

영국 더람대학 연구진이 2004 아테네 올림픽에서 전력이 비슷한 두 선수가 빨간색 셔츠와 파란색 셔츠를 입고 싸우는 경기를 분석한 결과도 그렇다.

빨간색 선수의 승률은 62%였고 파란색 선수의 승률은 38%였다. 빨간색 셔츠를 입고 있다는 것만으로도 테스토스테론 수치가 높아진 것이다. 반대로 상대방은 빨간색에 위축돼 테스토스테론 수치가 떨어졌다.

경쟁사회에서는 시합의 승자가 돼야 살아남는다. 그렇다면 무엇이 승자와 패자를 결정짓는 걸까. 태어나면서부터 이기는 핏줄과 지는 핏줄이 정해지는 것일까.

특출하게 성공한 유명인의 자식들은 대체로 2가지로 나뉜다. 부모 후광으로 어느 정도 무난히 살아가거나, 부모의 그늘에 가려 평생 불행하게 산다.

아인슈타인의 첫째 아들은 저명한 수역학공학자였으며 워런 버핏의 자식들은 농부와 음악가로 활동하며 사회사업을 벌이고 있다. 하지만 대부분은 반대다.

미국 석유재벌 폴 게티의 아들은 유산도 제대로 받지 못한 채 자식이 납치되는 꼴을 속수무책으로 봐야 했다. 피카소의 아들은 아버지 집에 얹혀살며 술주정뱅이로 경멸을 받았다.

저자는 "천재 부모를 둔 사람일수록 자신의 기대치에 못 미칠 때의 스트레스가 매우 치명적이어서 잠재력을 키우는 데 오히려 해가 된다"고 말한다.

하버드대학의 데이비드 맥렐런드도 "본인이 추구하던 것을 다 성취한 사람은 골디락스(언제나 알맞은 정도를 선택하는 영국 전래동화 속 소녀)처럼 죽이 너무 뜨겁지도 않고 차갑지도 않은 걸 좋아한다"고 설명한다. 이들은 눈높이를 지나치게 낮거나 높게 잡지 않는다는 것이다. 그런데 유명한 부모의 자식들은 야망의 목표를 골디락스 영역에 설정하는 것을 어려워한다고 한다.

저자는 이를 상기시키면서 "아이를 칭찬할 때 '똑똑하다'고 하지 말라"고 말한다. 아이의 잠재력을 키워주려면 어떤 성과를 이루기 위해 얼마나 끈기 있게 노력했고 창의성을 발휘했는지를 말해줘야 한다는 것이다. 그저 '똑똑하다'고만 하면 '난 똑똑하니까 남보다 더 노력하지 않아도 돼'라는 유전자적 숙명론의 저주에 희생될 수 있다고 한다.

뇌는 승리의 쾌감을 기억한다

그런데 사람들은 왜 이토록 승리를 원할까. 저자의 표현에 따르면 인간의 뇌는 승리의 쾌감을 기억하기 때문이다. 노벨상이나 아카데미상 수상자들을 보자. 이들은 다른 사람들의 부정적인 평가 때문에 생기는 스트레스로부터 자신을 보호해줄 평생 보험을 가졌다.

상은 마음속 자아의 영구적 안전신호다. 이들 수상자가 후보에만 오른 사람보다 더 오래 사는 이유도 여기에 있다. 지위는 수명과 자아의식에 대한 놀라운 보호효과와 같다.

개코원숭이도 그렇다고 한다. 상류층 개코원숭이는 배우자를 선택할 때 빠르고 고민도 별로 안 한다. 가장 매력적인 암컷을 고르면 그만이다. 그러나 하층 원숭이들은 상류층이 선택하고 난 암컷들을 경쟁 끝에 차지해야 하기 때문에 극심한 스트레스를 겪는다.

이는 결국 '자신의 삶을 스스로 통제하고 있다고 믿느냐?' 하는 문제로 연결된다. 두 사람이 똑같은 직위에 있다고 하자. 한 명은 매사에 일이 많다며 불평하고, 또 한 명은 일에 시달리지 않고 퇴근 후 다른 삶을 즐긴다.

이는 통제의 차이 때문이다. 일에 치이지 않는 사람은 업무 흐름을 통제하고 조절한다. 어떤 업무는 자기가 하겠다고 동의하지만 어떤 업무는 남에게 맡긴다. 이렇게 함으로써 '통제력 상실' 상태를 극복한다. 온종일 일에 치이는 불평쟁이는 자기 업무를 통제하지 못하는 사람이다.

저자의 말처럼 작은 성공을 거두어본 사람일수록 더 크게 성공할 가능성이 높다. 많이 이겨본 사람이 잘 이긴다. 성공의 지표인 권력은 그것을 가진 사람의 뇌 상태를 바꾸고, 다른 사람을 대하는 태도와 세계관까지 바꾸어놓는다. 책에 나오는 타이슨과 사르코지, 오바마, 클린턴 등의 사례도 이를 입증한다.

승자는 권력의 편익을 즐긴다. 테스토스테론을 연료로 삼는 충동, 똑똑함, 창조성, 목표 집중성 등이 그런 것이다. 다른 사람들이 원하는 자원들을 나누어 줌으로써 영향력을 행사하는 것도 즐긴다. 이 가운데 진정한 승자는 자신의 이익을 중심으로 하는 '자아지향적 권력욕'만큼이나 '사회지향적 권력욕'을 많이 추구한다고 한다.

그러니 위대한 승리를 원한다면 자신의 편익뿐만 아니라 공동체적 편익까지 즐길 줄 아는 '승자효과'의 주인공이 되라는 게 이 책의 메시지다. '최고의 관리자는 부하의 뇌 속에 있는 내면적 동기의 비밀 스위치를 켜는 방법을 알고 있다'는 것도 그중 하나다.

함께 읽으면 좋은 책

- 《승자의 뇌구조》
  한스-게오르크 호이젤 지음 | 유영미 옮김 | 갈매나무

회사가 탐내는 인재들의 업무방식 100가지
《전략적 사고를 키우는 업무의 기술》

하마구치 나오타 지음, 강민정 옮김, 비즈니스세상 펴냄

"상사에게 질문할 때는 항상 타이밍을 생각해야 돼. 적절하지 않은 타이밍에 질문하면 업무에 방해가 되는 건 물론이고 너에 대한 평가도 낮아져 결국 미움을 받게 될 테니까 말이야."

《전략적 사고를 키우는 업무의 기술》을 쓴 하마구치 나오타가 일본에서 대학을 졸업하고 세계적인 컨설팅회사의 뉴욕 본사에 입사할 때 선배들에게 몇 번씩 들었던 말이다. 그 후로 그는 상사나 동료들이 지금 무엇을 하고 있는지, 또 무엇을 하려고 하는지 확인하고 나서 질문한다고 한다.

이렇게 작은 배려가 몸에 밴 덕분에 그는 승승장구했고 미국과 도쿄에 국제비즈니스·경영 컨설팅회사인 '주식회사 JCI'를 설립할 수 있었다.

20년 경험에서 터득한 노하우

그는 국내외에서 20년 넘게 일하며 얻은 경험을 바탕으로 '회사가 탐내는 인재들의 업무처리 방법' 100가지를 알려준다.

어찌 보면 새로운 것도 없고 복잡한 것도 아니다. 상사나 동료에 대한 작은 배려와 긍정적인 마음가짐만 있으면 당장 실천할 수 있는 것들이다. 그는 일에 방해될까 봐, 먼저 퇴근하는 게 미안해서 조용히 나가는 직장인들에게 "출퇴근 시 모두에게 큰 소리로 인사하라"고 조언하고, '아, 명함을 깜빡했네!'라는 세일즈맨들에게는 "'언제 어디서나 명함을 가지고 다녀라'고"충고한다.

툭하면 야근에 주말과 휴가까지 반납하면서 열심히 일해도 매번 승진에서 제외되거나 상사의 눈 밖에 난 직장인들이라면 반드시 참고해야 할 내용들이다.

그가 들려주는 얘기 중에서 가장 솔깃한 대목은 '마음을 설레게 만드는 일을 찾아라'다.

"직장에서 마음을 설레게 만드는 일은 항상 새로운 업무에 도전하는 것이다. 똑같은 일만 하다 보면, 타성에 빠지거나 눈 감고도 할 수 있는 일이라며 요령을 피우게 된다. 처음에는 편해서 좋을지도 모르지만, 머지않아 질리고 만다. 그렇기에 상사가 다른 내용의 업무나 좀 더 어려운 업무를 시키면, 사원들은 긴장감을 느끼면서 조금은 설레는 마음으로 일할 수 있다."

또 그는 '취미활동을 하거나 자신이 좋아하는 것, 정말로 배우고 싶은 것을 찾아서 설레는 마음으로 하루하루를 보내라'고 강조한다. 다양한 사람과의 만남도 자극이 될 것이며, 그렇게 하다 보면 업무 효율이 높아져 일에서도 성과를 낼 수 있게 되고, 회사 밖에서 느끼는 설렘이 회사까지도 이어진다는 것이다.

시키기 전에 일을 찾아 나서라

53번째 기술 '누가 시키기 전에 스스로 찾아서 일하라'도 눈여겨볼 대목이다.

"당신이 기대 이상으로 일을 하면, 그 대가로 월급이 올라가고 승진도 하게 된다. 그렇다면 항상 지혜와 센스를 발휘해서 상사가 무엇을 바라는지, 회사가 무엇을 요구하는지 등을 먼저 파악하고 일을 하는 편이 자신에게도 이득일 것이다. 무슨 일이든지 스스로 찾아서 하는 사람은 상사에게 인정받고, 주변에서도 높은 평가를 받는다. 이는 곧 자신에게도 큰 이익이다."

인간관계 때문에 고민하는 직장인들에게는 "다른 사람이 바뀌기를 바란다면 먼저 스스로를 바꿔라"고 말한다. 자신의 움직임에 따라 그림자가 움직이듯이 자신을 둘러싼 환경은 스스로의 마음 상태를 반영한다면서 먼저 스스로를 바꾸라는 것이다. 그는 "상대방보다 조금만 더 넓은 마음을 갖는 데는 정말 약간의 노력만 있으면 된다"고 거듭 말한다.

그는 또 미국에서 일할 때 비서에게 배운 '미소의 철학'을 소개하며 "항상 미소를 짓는 사람이 성공한다"고 덧붙인다.

"어떤 경우에도 미소를 지을 수 있다는 것은 항상 긍정적으로 생각하고 어떤 어려움에도 굴하지 않는 강인함을 가지고 있다는 증거다. 또한 열린 마음으로 사람들을 대하기 때문에 행운까지 불러온다. 반대로 뚱한 표정을 짓는 사람은 다른 사람들에게 사랑받지 못하고, 그런 사람에게는 아무도 부탁하지 않는다. 게다가 마음이 닫혀 있기 때문에 행운이 들어올 자리도 없고, 당연히 부탁한 일에서도 만족할 만한 결과가 나오지 않는다."

열린 마음은 행운을 부른다

저자의 맺음말도 긴 여운을 남긴다.

"다행히도 우리는 아무리 집이 가난하고 능력이 없어도 다양한 선택권을 가지고 있으며 노력 여부에 따라 얼마든지 성공할 가능성이 있다. 가난한 나라, 전쟁을 하는 나라의 국민은 상상조차 할 수 없는 일이다. 어떤가? 이젠 운이 좋다는 생각이 들지 않는가? 당신의 노력에 따라 다양한 길이 열릴 것이다."

전략에 강한 이공계가 성공 확률 높다
《T자형 인재》

조철선 지음, 아인북스 펴냄

"당신도 이공계 출신인 것을 후회하는가? 나 역시 그런 적이 있다. 미생물학과를 졸업한 순수 이공계 출신으로 사업부에서 전략기획 업무를 맡았다가 사업부장의 추천으로 그룹 경영기획실에 갈 기회가 있었다. 그런데 마지막 순간에 그 기회가 무산됐다. 바로 이공계 출신이라는 점 때문이었다. 나는 그때 참으로 많은 고민을 했다. '왜 내가 이공계를 갔을까'라는 후회에서부터 '이런 식이라면 나에게는 성공의 기회가 오지 않을 것'이라는 비관, '나의 꿈은 무엇일까'에 대한 의문까지 말이다. 하지만 결국 전략기획은 이공계 출신도 할 수 있는 일이며 '나는 전략 기획을 누구보다도 잘할 수 있다'는 생각으로 전략기획 전문가의 길을 택했고 지금에 이르게 됐다."

조철선 ㈜아인앤컴퍼니 대표가 《T자형 인재》에서 들려주는 고백이다. 그는 서울대학교 미생물학과와 동 대학원 석사과정을 졸업한 순수 이공계 출신으로 상품기획에서 전사기획 업무까지 15년간 경영기획을 해 온 전략기획 전문가다. SK에 '팡이제로' 상품기획 담당으로 입사한 후 SKM 신규사업 기획관리그룹 리더와 네오세미테크 전략기획팀장, 교보문고 기획실장을 거쳐 전문 컨설팅업체 아인앤컴퍼니 대표로 활동했다.

그는 이 책에서 기업과 국가를 이끄는 21세기 인재상으로 'T자형 인재'를 꼽는다. T자형 인재란 한 분야에만 정통한 I자형 인재와 달리 자기 분야는 물론 다른 분야까지 폭넓게 꿰뚫는 유형으로 기술력(I)과 통찰력(―)을 모두 가진 사람을 말한다. 이는 도요타가 회사 이름의 영문 첫 글자를 따서 명명한 이후 GE와 삼성그룹 등으로 확산된 개념이기도 하다.

그는 프랑스와 영국, 독일 상장기업의 최고경영자 중 55%가 이공계 출신이며 미국도 50%에 이른다면서 이들의 공통점이 곧 T자형 인재라고 역설한다. 최근에는 우리나라도 이공계 출신의 약진이 두드러지고 있다.

기술력과 통찰력 함께 갖춰야

어떻게 해야 T자형 인재가 될 수 있을까? 그는 "T자형 인재로 거듭나기 위해서는 전문성과 함께 전략기획 역량을 키워야 한다"고 강조한다. 전략기획 능력이 뛰어나야 성공할 확률이 높다는 것이다.

그는 또 '이공계가 전략에 강할 수밖에 없는 4가지 이유'를 들면서 "이공계 출신이 상경계나 인문계보다 더 유리하다"고 강조한다. 전문성에 기반한 현실 감각과 수리 능력을 토대로 한 논리적 분석력, 연구로 축적된 문제해결 능력과 남다른 창의력 덕분에 다른 사람들보다 전략기획을 더 잘할 수 있다는 얘기다.

그런데도 이공계 출신들이 기술 분야에만 얽매여 있는 이유는 뭘까? 그는 이를 '우리 사회와 이공계 출신들 스스로가 만든 장벽 때문'이라고 분석한다. 이 장벽을 극복하고 앞으로 나아갈 수 있어야 T자형 인재로 성공할 수 있다는 것이다.

전략적 미래기획 능력 길러라

T자형 인재의 전략적 사고와 경력관리에 대해서도 알려준다. 그는 "24시간 내내 일만 하는 사람보다 1~2시간만 일하더라도 회사가 원하는 결과를 내놓는 사람이 우대받는다"며 "무조건 일만 하는 것보다는 미래에 대한 불확실성을 최소화하고 전략적으로 미래를 기획할 줄 아는 사고체계를 갖추라"고 권한다.

'목적 지향적인 거시적 사고'의 힘을 거론할 때는 펩시와 코카콜라의 콜라 전쟁을 예로 든다. 펩시가 코카콜라보다 더 세련된 병을 만드느라 엄청난 자금을 쏟아부었는데도 매출이 늘지 않자 신임 회장은 목표를 전면적으로 바꿨다. 원점에서 시작하며 소비자 조사에 나서 '집으로 들고 가기 편한 콜라병'을 선호하는 것을 발견하고는 '들고 다니기 편한' 다양한 크기의 패키지 상품으로 대성공을 거뒀다.

여기에 '창의적 발상의 전환'과 '모든 가능성을 판단하는 열린 사고', '상대 입장에서 생각하는 자세', '수치로 판단하는 분석적 사고' 등을 겸비하면 최고의 T자형 인재가 될 수 있다는 것이다. 물론 기술 전문성과 전략적 사고 능력을 갖췄다고 해서 모두가 T자형 인재로 성공할 수 있는 것은 아니다. 능력보다는 경력을 어떻게 관리해 나가는지가 더 중요할 수도 있다.

이에 대해서는 "이공계 출신이라고 다른 것은 할 수 없다고 불평하지 말고 스스로 성공적인 경력을 쌓는 길을 개척하는 게 중요하다"고 설명한다. 또 "경력관리의 초점은 회사가 원하는 인재로 거듭나는 데 맞추라"는 충고도 잊지 않는다.

기획서 작성 5대 노하우 제시

전략기획 분야에서도 최고가 되는 비결은 무엇인가. 그는 "두루뭉술한 전략 이론보다는 결과물인 기획서 잘 쓰는 법을 배우는 게 낫다"면서 "기획서 쓰는 방법이 발전하다 보면 상사나 주위 동료들도 달라진 당신의 모습을 인정하게 될 것"이라고 말한다.

특히 •짧게 단순화시켜라 •핵심을 꿰뚫어라 •도표나 그림 위주로 정리하라 •문장은 간결하게 •용어는 정확하고 구체적으로 선택하라는 5대 노하우를 체화하라고 권한다.

스토리텔링 기업을 활용하라는 대목이 흥미롭다. 한 편의 영화 줄거리처럼 생각해보라는 것이다.

주인공이 악마의 마법으로 폐허가 된 왕국을 재건하기 위해 '마법의 공'을 얻어야 하는데 그 방법을 모른다. 천신만고 끝에 그는 남해의 진주와 동해의 반지, 서해의 목걸이를 백두산 천지에 던져 넣으면 된다는 것을 알게 되고, 이를 찾아 나서지만 악마의 무리들 때문에 고생하다 결국 친구들의 도움으로 악마들을 물리친 후 백두산 천지에 이 물건들을 던져 넣고 마법의 공을 찾아 왕국을 재건했다.

여기서 목표는 마법의 공, 성공 요소는 남해의 진주·동해의 반지·서해의 목걸이, 경쟁자는 악마의 무리 등으로 연계시켜 전략을 수립하면 좋다는 얘기다.

물론 가장 중요한 것은 이렇게 배운 내용을 바로 현업에 적용해보는 것이다. 마지막 장에서 "사업전략기획서 작성 방법은 서문, 외부 환경 분석, 내부 역량 분석, 사업 전략 수립, 맺는말 순으로 하라" 등의 구체적인 방법과 프레임워크별 실전 예문을 알려주는 이유도 여기에 있다.

함께 읽으면 좋은 책

- 《바보야, 이제는 이공계야》
  백일승, 김재정 지음 | 더하기BOOKS
- 《이공계 글쓰기 노하우》 김동우 지음 | 생능출판사

1%의 '하찮은 일'이 99%의 '큰일'을 좌우한다
《디테일의 힘 1, 2》

왕중추 지음, 허유영·홍순도 옮김, 올림 펴냄

#1. 황허黃河 부근에 사는 사람들이 홍수에 대비하기 위해 높은 둑을 쌓았다. 어느 날 늙은 농부가 그 옆을 지나다 둑에 개미굴이 갑자기 많아진 것을 발견했다. 개미굴 때문에 둑이 위험해질 수도 있다고 여긴 농부는 서둘러 마을 사람들에게 알려야겠다고 생각했다. 그런데 그의 아들이 이렇게 말했다. "이렇게 탄탄한 둑이 설마 그깟 작은 개미굴 몇 개 때문에 무너지기야 하겠어요?" 농부는 아들에게 이끌려 그냥 밭으로 갔다.

그런데 그날 밤 큰비가 오더니 강이 범람하기 시작했다. 거센 강물이 둑까지 차올랐다. 처음에는 별일 없을 것처럼 보였지만, 점점 개미구멍으로 물이 새어들더니 구멍이 커지면서 물이 분수처럼 뿜어져나왔다. 곧 둑이 터졌고 마을과 논밭은 물바다로 변해버렸다. "천리 둑도 개미구멍에 무너진다"는 속담이 여기에서 나왔다.

#2. 고향을 떠난 16세 소년 왕융칭은 작은 도시에서 쌀가게를 열었다. 그곳에는 이미 30여 개의 쌀가게가 있어서 살아남기가 쉽지 않았다. 그는 쌀의 품질과 서비스를 높이는 방법을 찾아나섰다. 그때만 해도 추수한 벼를 길가에 말린 다음 도정을 했기 때문에 모래와 잔돌이 쌀에 섞여 밥을 지을 때마다 쌀을 일어 돌을 골라내야 했다. 그는 동생들을 동원해 돌을 골라낸 뒤 쌀을 판매했다.

이 차별화 전략은 성공했다. 곧 배달 서비스까지 시작했다. 그는 손님 집에 배달할 때마다 그 집 쌀독 크기와 식구 수를 파악했다가 쌀이 떨어질 즈음 알아서 배달해줬다. 그리고 쌀독에 남아 있던 쌀을 모두 퍼내고 깨끗이 닦은 뒤 새 쌀을 먼저 담고는 남아 있던 쌀을 그 위에 부어 넣었다. 오래된 쌀이 변질되는 것을 막기 위한 배려였다. 이런 디테일 전략 덕분에 그는 훗날 대만 제일의 갑부가 됐다.

1%의 차이가 '디테일의 힘'

첫 번째 일화는 1%의 실수가 100%의 실패를 부른 경우다. 이 같은 예는 또 있다. 중국의 한 냉동새우 판매회사가 유럽 수입업체에 1000톤을 공급했다가 항생물질의 일종인 클로람페니콜 0.2g이 발견돼 통관불허 판정을 받고 손해배상까지 해야 했던 일이 있었다. 총 수출량의 50억 분의 1에 불과한 항생물질 때문에 수출이 좌절되고 회사 이미지에 치명적인 타격을 받은 것이다. 디테일을 무시한 대가다.

두 번째 얘기는 1%의 정성으로 200% 이상의 성공을 거둔 사례다. 작은 배려로 소비자의 신뢰를 얻고 거래를 늘림으로써 왕융칭은 단골을 확보할 수 있었고, 마침내 쌀가게 뒤편에 정미소까지 열어 대기업으로 성장할 발판을 마련했다. 디테일의 위력을 입증한 케이스다.

'디테일 경영'의 대가로 꼽히는 왕중추 중국 칭화대학 명예교수는 세계적인 베스트셀러《디테일의 힘 1, 2》에서 이 같은 예화들을 들려주며 디테일이 얼마나 중요한지를 거듭 강조한다. 사랑받는 사람이나 상품은 다른 사람이나 경쟁상품이 갖지 못한 1%의 차이를 갖는데, 이 1%의 차이가 곧 디테일의 힘이라는 것이다.

그가 성공한 비결도 디테일에서 나왔다고 한다. 양쯔강 중류 마을에서 태어나 사범대학을 졸업하고 7년간 중학교 국어교사와 공무원 생활을 하던 그는 1992년 덩샤오핑의 개혁개방 정책을 접하고는 세심한 준비 끝에 기업으로 발길을 옮겼다.

홍콩 형야, 칭화둥팡 등의 평사원에서 시작해 지역 매니저와 지사장, 마케팅 총괄, 사장을 거치며 풍부한 경험을 쌓았고 칭화대학에서 MBA 학위를 받았다. 이어 베이징대학 부설 디테일경영연구소를 설립해 경영 컨설팅과 강연으로 중국 기업에 개혁의 바람을 불러일으켰다. 2004년 출간한《디테일의 힘》을 비롯해 후속작《디테일의 힘 2》,《디테일 경영》등으로 중국을 비롯한 아시아 전역에 디테일 돌풍을 일으키면서 1000만 부 이상의 판매 기록을 세웠다.

파산하는 업종은 없지만 파산하는 기업은 있다

그는 자신이 관찰하고 겪은 현장 사례를 《디테일의 힘》에 풍부하게 담아냈다. 상하이 지하철 1, 2호선의 설계와 시공 차이도 그중 하나다. 독일 건축가가 설계한 1호선에는 역 출입구마다 3단으로 된 계단이 있어 누구나 여기를 올라갔다 내려가야 한다. 번거롭지만 어쩔 수 없다. 또 승강장 50cm 지점에 검은 블록을 깐 안전선이 있다. 스크린 도어도 빠짐없이 설치돼 있다.

그러나 이보다 뒤에 중국 사람이 설계한 2호선에는 이런 것이 없었다. 비용을 아낀다는 이유로 모두 다 생략했다. 그런데 비만 오면 희비가 엇갈렸다. 1호선은 3단 계단 덕분에 지하철로 빗물이 흘러 들어가지 않았지만, 2호선은 비가 올 때마다 침수사고로 막대한 경제적 손실을 입었다. 툭하면 승객이 선로에 떨어져 죽는 사고도 빈발했다.

독일 건축가보다 중국 건축가의 지혜나 재능이 부족했다기보다는 '세심함'에 대한 몰입이 부족했기 때문일 것이다. 베이징 버스 매표원으로 '전국 모범 근로자'에 뽑힌 리쑤리가 "성실하게 하면 일을 완수할 수 있을 뿐이고, 세심하게 해야 비로소 일을 잘해낼 수 있다"고 말한 것과 같은 이치다.

이 대목에서 그는 "파산하는 업종은 없다. 파산하는 기업이 있을 뿐!"이라고 말한다. 월마트의 성공과 케이마트의 파산, 미국 자동차를 따돌린 일본 자동차의 비밀도 바로 여기에 있다는 얘기다.

의과대학 교수의 소변 컵 얘기도 재미있다. 서양 유머를 패러디한 내용인데, 첫 시간에 "의사가 되기 위해 반드시 갖춰야 할 요건은 대담함과 세심함"이라고 말한 의사는 실험대 위의 소변이 든 컵에 손가락을 집어넣었다가 빼서 입속에 넣고 학생들에게 컵을 건넸다. 따라 한 학생들이 구토를 참느라 웩웩거리는 동안 교수는 이렇게 말했다. "좋아. 모두들 대담하군. 하지만 세심함이 부족해. 내가 컵에 넣은 것은 둘째 손가락이고 입에 넣은 것은 셋째 손가락이라는 걸 한 명도 못 알아차린 걸 보니 말이야."

이런 얘기들을 통해 그는 "작은 일에 최선을 다하고 섬세해야 큰 일도 대담하게 이룰 수 있다"는 진리를 일깨운다.

"작은 부주의 하나가 그 사람의 자질을 대변하고, 공들여 쌓은 탑도 벽돌 한 장 때문에 무너진다." "디테일을 중시하고 작은 일을 세심하게 처리하는 습관을 길러라. 성공은 바로 매일매일의 노력이 쌓여 계속 발전해나가는 과정이다." "사람을 힘들게 하는 것은 먼 곳에 있는 산이 아니라 신발 안에 있는 작은 모래 한 알이다."

'조급증'이 디테일을 소홀하게 만든다

《디테일의 힘 2》에서는 사람들이 디테일에 약한 근본 원인이 무엇인지, 어떻게 하면 디테일에 강해질 수 있는지를 좀 더 구체적으로 알려준다.

그는 사람들이 디테일에 약한 것은 사회에 만연한 '조급증' 때문이라고 진단한다. 단기간에 무언가를 이루어내고자 하는 다급한 심리가 작은 일보다 큰일에만 매달리게 한다는 것이다. 단번에 대박의 꿈을 실현하겠다는 욕심, 일부의 성공 사례를 맹목적으로 따라 하는 쏠림현상, 자리에 있을 때 뭔가 보여주어야 한다는 성과주의가 조급증을 낳고 디테일에 소홀하게 만든다. 또 '대장부는 사소한 일에 신경 쓰지 않는다'는 통념, '디테일이 아니라 전략이 성패를 결정한다'는 잘못된 인식이 디테일의 수준을 떨어뜨린다고 지적한다.

어떻게 해야 디테일에 강해질 수 있을까? 그는 한마디로 "디테일은 진지한 태도이자 과학정신"이라고 단언한다. 모든 일에 세심한 주의를 기울이면 디테일을 볼 수 있고, 그 안의 내재적인 연관관계를 파악해 디테일하게 처리할 수 있다는 것이다.

문제는 '어느 정도까지 주의를 기울일 것인가'다. 그는 여기에 일정한 '표준'이 있다고 말한다. 이는 '시장의 요구와 자신의 능력'에 따라 결정되는데, 요구 수준이 높아질수록, 능력이 커질수록 디테일의 정도도 달라진다.

결국 디테일 경영에 성공하려면 '규칙'에 초점을 맞추어야 한다고 그는 역설한다. 규칙을 '절대화'하여 모든 임직원이 이행하고 '최적화'하여 문제점을 개선하고 보완하며, '고착화'하여 지속가능한 경영의 표준으로 삼아야 한다는 것이다. 그가 극심한 경영난에 빠진 기업의 CEO를 맡아 1년여 만에 연매출을 23%나 늘렸는데 그때의 비결도 "잘난 척 무게를 잡은 게 아니라 지각, 흡연, 회의 때의 휴대전화 관리 등 '하찮은 일'만 틀어쥐었을 뿐"이라고 한다.

경영자도 실무적이고 디테일하게 일하자

"경영자도 실무적이고 디테일하게 일을 처리해야 한다. 어떤 상황에서 디테일하게 해야 할까? 한 가지 일만 처음부터 끝까지 상세하고 확실하게 짚고 넘어가면 된다. 기업 경영자가 모든 일을 상세하게 짚고 넘어간다는 것은 불가능하다. 그러나 한 가지 일을 확실하게 파악해 전후와 시말, 그 일에 대한 직원들의 진실한 태도를 파악하는 것은 할 수 있고, 반드시 그렇게 해야 한다. 이게 가장 강한 디테일 전략이다."

중간 중간에 나오는 '저자와의 대화', 부록에 실린 '비서에게 주는 20가지 충고', '딸에게 주는 36가지 처세의 디테일', '위기관리의 7가지 핵심 디테일'도 아주 구체적이고 현실적이다. 이런 섬세함 덕분에 국내에서도 주요 언론의 '올해의 책', 'CEO가 휴가 때 읽을 책' 등 추천도서 목록에 두루 올랐다.

그의 강연료가 비싼 이유도 평생 체득한 '디테일의 힘'에서 나오는 게 아닐까 싶다.

단순함으로 승부하라
《미친 듯이 심플》

켄 시걸 지음, 김광수 옮김, 문학동네 펴냄

스티브 잡스는 일할 때 불필요한 프레젠테이션을 가장 싫어했다. "말 한두 마디로 전할 수 있는 아이디어를 20개짜리 슬라이드로 만드는 것은 낭비다." 회의 멤버도 5명을 넘지 않았다. 회의 중 누군가 발표할 때에는 필기하는 것을 용납하지 않았다. 오로지 대화에 집중하고 아이디어를 개진하는 데 집중해야 한다고 생각했다. "적지 마. 정말 중요한 것이면 적지 않아도 생각이 날 거야." 이른바 심플 Simple의 법칙이다.

잡스는 마음에 들지 않는 일이 있으면 야수 같은 모습으로 변할 만큼 혹독했다. 애플 창업 멤버인 스티브 워즈니악과의 일화가 유명하다. 어느 날 잡스는 워즈니악에게 복잡한 코딩 작업을 당장 다음 날까지 마무리하라고 요구했다. 워즈니악은 불가능하다고 했지만, 잡스가 한 말은 "당신은 할 수 있어 You can do it"였다. 결국 워즈니악은 그날 밤을 새워 작업을 마쳤다.

잡스와 17년 넘게 크리에이티브 디렉터로 일해온 켄 시걸은 2014년, 한국에 왔을 때 이렇게 말했다. "애플을 스티브 잡스가 아닌 다른 인물이 경영했다면 똑같이 성공했을까. 1985년 이후 여러 사람이 애플을 맡았지만 악화일로를 걸었다. 잡스는 강력한 카리스마가 있고 엔지니어, 마케팅 전문가 등이 똑같은 목표를 위해 매진할 수 있도록 기회를 주는 동시에 박차를 가한다."

단순함을 향한 헌신적인 집착

켄 시걸은 잡스가 가장 신뢰한 애플의 조력자로 1997년 잡스가 고사 직전의 애플에 복귀했을 때 '다르게 생각하라 Think Different' 광고 캠페인으로 애플 부활을 알린 인물이다. '아이맥 iMac'이란 제품명을 고안해 애플 'i' 시리즈의 기반을 다진 주인공이기도 하다.

그는 《미친 듯이 심플》에서 똑똑한 인재들의 창의적 사고를 저해하는 위계질서와 복잡한 대기업형 프로세스를 철저하게 단순화하고자 한 잡스의 경영방식을 "단순함을 향한 헌신적인 집착"이라고 표현했다. "애플이 주도한 모든 혁신은 단순함을 향한 사활을 건 헌신에서 탄생했다!"

이 책에서 그는 잡스의 경영 원칙을 형상화한 상징물로 '심플 스틱 simple stick'을 언급한다. 심플 스틱은 애플 직원들이 자주 사용하던 말이다. 잡스가 어수선한 결과물을 내놓은 직원을 육두문자로 질타

할 때 직원들은 "심플 스틱으로 맞았다"고 표현했다. 회의에 불필요한 사람이 들어왔을 때, 제품 기능이나 디자인이 직관적이지 않고 복잡할 때, 두세 마디면 끝날 의견을 겉만 번지르르한 프레젠테이션으로 만들어 시간을 잡아먹을 때 어김없이 잡스의 심플 스틱이 날아들었다.

잡스는 남달리 생각할 줄 아는 인재들의 아이디어가 회사의 관료적인 구조 때문에 훼손되는 일이 없도록 업무 프로세스를 심할 정도로 단순화했다. '다르게 생각하라'를 가능하게 했던 잡스의 혁신적 경영무기가 곧 '심플 스틱'이었던 것이다.

시걸은 "잡스와 일하는 동안 기억할 만한 사례나 중요한 결정이 내려졌을 때마다 이를 기록해뒀는데, 그것을 정리해보니 일정한 원칙이 보였다"며 '미친 듯이 심플'한 경영원칙 11가지를 하나씩 설명한다.

그중 첫 번째가 바로 '냉혹하게 생각하라 Think Brutal'다. 단호하고 명확한 판단이 조직을 나아가게 한다는 것이다. 냉혈한이 되라는 게 아니라 팀이 최선의 결과를 거둘 수 있도록 할 말을 확실하게 하라는 얘기다. 잡스는 업무적 관계를 고려해 명확하게 의사를 밝히지 않고 두루뭉술하게 넘어가다 일이 잘못되는 것을 극도로 경계했다. 그래서 그릇된 방향 설정에 대해서는 혹평을 쏟아부었다. 그가 원하는 것을 명확하게 전달했기 때문에 직원들은 어떤 일을 해야 하는지 빠르게 알아챌 수 있었고, 그의 냉혹한 평가 덕분에 자신이 개선해야 할 점도 정확하게 알 수 있었다.

잡스의 냉혹함 때문에 애플과 협력사의 관계가 나빴을까? 그러나 "오히려 서로에게 솔직했기 때문에 문제가 생겨도 금방 해결됐고 이해관계도 쉽게 파악할 수 있었다"고 시걸은 말한다. 업계 사상 가장 성공적인 파트너십 사례로 알려진 애플과 광고대행사 TBWA샤이엇데이가 1984년 매킨토시 광고부터 2014년 아이패드 에어 광고까지 30년간 끈끈한 관계를 유지해온 것도 이 덕분이다.

두 번째는 '작게 생각하라 Think Small'다. 잡스는 대기업형 행동양식을 극히 싫어했다. 그 대안은 '똑똑한 사람들의 작은 집단'이었다. 뛰어난 인재들을 필요한 만큼만 최소로 배치하고 그 시스템을 유지했다. 인텔 같은 대기업들이 신뢰했던 다국적 포커스그룹이나 분석 시스템에 비용을 들이는 대신 직접 소통하는 작은 집단으로 승부한 것이다.

전 세계 애플 임원의 수를 100명으로 한정하고 연례회의 '톱 100'을 운영한 것도 마찬가지다. 100명이 넘으면 자신이 원하는 대로 통솔할 수 없다는 것이다. 이 대목에서 시걸은 "프로젝트가 중요할수록 인력을 많이 투입하려는 기업의 본성은 사실상 잘못됐다"면서 '똑똑한 사람들의 작은 집단'이 가장 효율적이고도 가장 빠르게 성과를 낸다고 강조한다.

제품군을 최소화하라

세 번째는 '최소로 생각하라 Think Minimal'다. 선택 범위를 최소화해야 회사도 고객도 명확하게 이해한다는 원리다. 이는 애플의 제품군에 그대로 적용됐다. 잡스는 1997년 애플에 복귀하자마자 20가지가 넘는 제품군을 개인용·전문가용 데스크톱과 노트북 PC 4가지로 단순화해버렸다. 20종에 가까운 컴퓨터 모델을 개인용 사업부와 업무용 사업부로 나눠 복잡하게 운영하다 죽을 쑨 델과 뚜렷이 대비되는 모습이었다.

애플이 단 4가지 제품만으로 벌어들인 이윤은 천문학적인 액수였다. 다양한 제품을 내놓는 기업들은 고객이 선택권을 원한다고 생각하지만 고객은 단순화된 구매 경험에서 회사를 더욱 신뢰하게 된다는 것을 그대로 보여준 사례다.

네 번째 '가동성을 생각하라Think Motion'는 프로젝트팀을 시간 손실 없이 지속적으로 가동하라는 것이다. 그래야 분명한 목표를 향해 창의적으로 사고하고 산만함을 최소화할 수 있다고 한다. 즉 넉넉한 시간이 프로젝트를 망치게 한다는 얘기다. 워즈니악에게 그날 밤을 넘기지 말고 코딩 작업을 마치도록 한 것도 이 경우다.

강력하고 단순한 상징을 이용하라

다섯 번째 '상징을 생각하라Think Iconic'와 여섯 번째 '표현방식을 생각하라Think Phrasal'도 인상적이다. 제품이나 아이디어의 장점을 상징하는 단순하고 강한 이미지로 고객 뇌리에 깊은 인상을 남겨야 한다는 것이다. "100가지를 나직이 속삭이지 말고 한 가지를 크게 부르

짖어라. 그러니 제품명은 회사의 본질을 단어 한두 개로 포착해 가장 단순하고 명확하게 지어라."

복귀한 잡스가 가장 먼저 컴퓨터(아이맥)에 다시 불을 붙였고, 음악(아이팟과 아이튠스)과 스마트폰(아이폰)을 혁신했으며, 나아가 컴퓨터 전반(아이패드)을 혁신한 것도 이 같은 네이밍 순환 효과의 심플 전략이었던 것이다.

이 밖에 '평소처럼 생각하라 Think Casual-화려한 프레젠테이션보다 솔직한 생각으로 믿음을 주라', '인간을 생각하라 Think Human-훌륭한 기술들을 구구절절 설명하기보다 인간적인 용어로 짤막하게 표현하라', '회의적으로 생각하라 Think Skeptic-전문가 의견이나 분석 수치는 참고만 하라', '전쟁을 생각하라 Think War-처음부터 압도적인 경쟁우위를 확보하고 동원할 수 있는 모든 무기를 이용하라', '앞서 생각하라 Think Ahead-단기 이익보다 미래를 생각하라'는 것도 귀담아들을 지침이다.

현대카드가 실본부장 100여 명에게 이 책을 한 권씩 선물했다. 이유는? '미친 듯이 심플 insanely simple'한 단순화 전략의 장점을 현장에 바로 접목하고 싶었기 때문이다.

잡스의 심플 경영 원칙 11가지

① 냉혹하게 생각하라 Think Brutal
② 작게 생각하라 Think Small

③ 최소로 생각하라 Think Minimal

④ 가동성을 생각하라 Think Motion

⑤ 상징을 생각하라 Think Iconic

⑥ 표현방식을 생각하라 Think Phrasal

⑦ 평소처럼 생각하라 Think Casual

⑧ 인간을 생각하라 Think Human

⑨ 회의적으로 생각하라 Think Skeptic

⑩ 전쟁을 생각하라 Think War

⑪ 앞서 생각하라 Think Ahead

함께 읽으면 좋은 책

- 《조녀선 아이브》
  리앤더 카니 지음 | 안진환 옮김 | 민음사
- 《단순함의 원리》
  잭 트라우트, 스티브 리브킨 지음 | 김유경 옮김 | 21세기북스

더 이상 '뺄 것'이 없을 때가 가장 완벽
《단》

이지훈 지음, 문학동네 펴냄

#1. '경영의 신' 마쓰시타 고노스케가 지방 출장을 갔을 때의 일이다. 그 지역의 명성 높은 노승에게 배움을 얻으려고 찾아갔더니 노승이 차를 준비해 기다리고 있었다. 인사 후 노승은 잔에 차를 따랐다. 그런데 마쓰시타의 잔에는 차가 흘러넘칠 때까지 계속 붓는 것이었다. "스님, 찻잔이 이미 넘치고 있는데 어찌 계속 따르십니까?" 그러자 노승이 미소를 머금으며 말했다. "그러게 말입니다. 이미 가득 찼는데 뭐 하러 계속 따르는 걸까요?" 이에 마쓰시타는 고개를 끄덕이며 감사해했다. 이미 세상의 경험과 지식으로 가득 찬 그의 머리에 무엇을 더 담을 수 있겠느냐는 무언의 가르침이었다.

#2. 미국의 유명 소설가 마크 트웨인이 출판사로부터 전보를 받았다. 거기에는 '이틀 내에 두 쪽짜리 단편 필요'라는 문구가 적혀 있었다. 긴급한 원고 청탁이었다. 이 전보를 받고 트웨인은 이렇게

회신했다. '이틀 내에 두 쪽짜리는 불가. 30쪽짜리는 가능. 두 쪽짜리는 30일 필요.' 짧은 글일수록 군더더기 없이 깔끔해야 하고 응축과 집약의 미학을 발휘해야 한다는 것을 잘 알기에 그는 거절할 수밖에 없었다.

'버리고, 세우고, 지키기'라는 부제가 붙은 책《단™》의 들머리와 중간에 나오는 일화다. 이 책은 표지부터 단순하기 그지없다. 야청빛 띠지를 벗기면 아무런 장식 없는 흰 바탕에 검은 먹글씨 하나가 새겨져 있다. 그 아래 작은 글씨의 부제와 무채색으로 눌러 박은 한자 제목™이 전부다. 눈 밝은 독자들은 이미 짐작했겠지만, 이 단순한 표지 디자인에 책 전체의 메시지가 담겨 있다.

단순할수록 특별하다

저자는 인터뷰를 통해 만난《총, 균, 쇠》의 저자 재레드 다이아몬드와 진화생물학자 에드워드 윌슨, 경영 구루 짐 콜린스, 스티븐 그린블랫 하버드대학 교수, 이본 슈나르 파타고니아 회장, 드루 휴스턴 드롭박스 창업자 등 대가들의 인터뷰에 예술·문화 코드를 접목하며 '단순함의 통찰'을 보여준다.

그에 따르면 GE와 이케아, 구글 같은 세계적인 기업들부터 인스타그램, 페이팔 같은 스타트업, 모스버거 같은 프랜차이즈까지 수많은 성공 기업들이 '단'을 추구하고 있다. GE의 제프리 이멜트 회장은 2014년 3월 주주들에게 보낸 연차 보고서에서 "GE의 진보는 단순화를 통해 더 강력해질 것"이라며 '단순화'를 화두로 내걸었다. GE 계열사인 GE캐피털은 단순화 운동을 통해 보고서 수를 크게 줄였다. 위험관리 보고서는 43%, 영업 보고서는 33%, 운영 보고서는 67% 감축했다. 이메일 없는 날을 지정하기도 했다.

구글은 달랑 직사각형의 검색창 하나 가지고 인터넷 세상을 제패했다. '오디오 산업의 애플'로 불리는 보스Bose는 창립 이후 50년 내내 '전원 버튼을 한 번 누르는 것만으로 최고 수준의 음악을 들려주는 것'을 목표로 삼고 있다. 스티브 잡스도 "단순함이야말로 궁극적인 차원의 정교함"이라고 강조했다.

미야자키 하야오 감독은 3D 영화를 만들지 않는다. 모든 것이 넘쳐나는 과잉의 시대이기 때문이라는 것이다. '너무 많은 양은 질 자체를 바꿔버리기 때문'에 양 대신 질에 집중하겠다는 얘기다.

대가들의 메시지는 하나로 귀결된다. 지금처럼 모든 것이 많고 넘치는 복잡한 세상에서는 단순한 것이 곧 특별한 것이다. 가장 심플한 '단單'이야말로 누구도 넘볼 수 없는 '독보獨步'의 자리에 이르는 방법이라는 것이다.

그가 "단순해질 각오가 돼 있는가?"라는 질문부터 하는 이유가 바로 이것이다. 우리가 단순해지지 못하는 이유부터 되짚어보자. 설렁탕집에서 돈가스나 칼국수까지 팔고, 은행·보험사 상품설명서가 암호문처럼 복잡한 것은 사람들이 '선택'을 싫어하기 때문이라고 한다. "설렁탕집에 온 손님이 돈가스를 먹고 싶어 할지도 모르고, 그런 손님을 놓치는 것은 리스크이기 때문에 돈가스를 만든다는 것이다.

은행의 상품설명서에도 나중에 혹시라도 '왜 설명해주지 않았느냐?'는 추궁을 피할 수 있기 때문에 온갖 설명을 다 집어넣는다. 다시 말해 책임지지 않기 위해 선택을 피하고, 그러다 보니 세상이 복잡해진다. 세상의 수많은 복잡함의 이면에는 '어떻게 하면 책임을 피할까' 하는 마음이 숨어 있다."

톰 피터스도 "오늘날 경영자들은 거의 모든 일을 만지작거린다. 마치 주의력 장애가 있는 12세 어린아이처럼 이 일에서 저 일로 옮겨가며, 끝없이 정보의 세례를 받는다"고 꼬집었다. 더 이상 이런 식으로는 안 된다. 아무 소득도 없이 바쁘기만 한 '어리석은 멀티태스커'가 되기 십상이다.

복잡한 세상을 타파하는 '단의 공식'

그러면 어떻게 해야 할까. 그가 '참을 수 없는 세상의 복잡함'에 맞서기 위해 만든 '단의 공식'이 곧 '버리고, 세우고, 지키기'다.

'버려라'는 중요한 것을 위해 덜 중요한 것을 버리는 것이다. '더 많이'를 버리고 핵심에 집중하는 것, 이것이 단순함의 첫 번째 공식이다. '세워라'는 왜 일해야 하는지 사명을 세우고, 내가 누구인지 정체성을 세우고, 어디로 가야 할지 길을 세우는 것이다. 그래야 쉽게 흔들리지 않고 올곧게 단순함을 추구할 수 있다. '지켜라'는 단순함을 구축한 뒤에는 어떤 유혹과 고난에도 굴하지 않고 오래도록 지켜야 한다는 것이다. 단순함의 핵심은 지속 가능에 달려 있다.

단기간의 구호나 전략에 지나지 않는 단순함은 힘을 발휘하지 못한다. 그렇기에 지킴은 단순함의 세 번째 공식이자 단순함의 마침표라고 그는 강조한다.

이 중 '버리기'가 가장 어렵다고들 한다. 이 대목에 '팩트 파인더'를 개발한 오미크론의 창업자 카스텐 크라우스가 바둑과 경영을 비교한 얘기가 나온다. 경영처럼 바둑에서도 버리는 것이 중요하다는 것이다. 그러고 보니 바둑 둘 때 마음에 새겨야 할 10가지 격언인 '위기십결圍棋十訣'에도 버리기에 관한 것이 4가지나 들어 있다.

"첫 번째가 '부득탐승不得貪勝'인데, '이기려면 먼저 이기려는 마음을 버리라'라는 의미다. 치열한 승부의 장인 바둑에서 이기려는 마음을 버리고서 어떻게 이길 수 있을까? 그런데 버려야 한다. 이기는 데만 집착하면 여유가 없어져 마음이 굳고, '지면 어쩌나?' 하는 불안이 커진다. 이는 통찰력의 싹을 잘라버린다. 또한 마음이 흐려져 나아갈 때 과감히 나아가지 못하고 물러설 때 물러나지 못한다."

'기자쟁선棄子爭先'도 그렇다. 작은 것은 버리고 선수先手를 잡으라는 것인데, 돌에 집착하는 하수와 달리 고수는 과감하게 버린다는 말이다. 작은 것을 버리고 큰 것을 취하라는 '사소취대捨小取大', 위기에 닥쳤을 때는 과감하게 버리라는 '봉위수기逢危須棄' 또한 마찬가지다. 삶도 그렇다. 무엇을 버리고 무엇을 취할 것인지를 빨리, 제대로 결정하는 사람과 기업만이 승기를 잡을 수 있다.

'세우기'에 대해서는 업의 근본인 '왜'를 제대로 세우는 것이 얼마나 중요한지를 알려준다. 파산 직전의 일본항공을 회생시킨 이나모리 회장과 오니시 사장 등의 사례가 잇달아 등장한다. 풀리지 않는 문제를 혁신적으로 풀어주는 3M, 인류 건강을 지키고 향상시키는 머크(세계 2위 제약회사), 여성에게 무한한 기회를 제공하는 메리케이, 진보 기술을 대중에게 제공하는 소니 등이 여기에 해당한다.

'지키기' 또한 여러 회사의 경험을 통해 의미를 되새기게 한다. 즉석 수제 햄버거로 유명한 모스버거도 '지키기' 원칙을 잘 보여주는 기업이다. 이 회사의 사쿠라다 사장은 "빨리 만들어내는 것으로는 맥도날드를 이길 수 없다. 우리는 맥도날드처럼 빨리 만들 수는 없어요. 하지만 그 대신 '갓 만든' 상품을 제공한다는 것을 모토로 일하고 있다"고 말한다.

얼핏 보면 단순한 것 같지만 이런 얘기를 이렇게 심플하고 명료하게 할 수 있는 사람도 드물다. 경제학 박사이자 베테랑 저널리스트인 저자의 통찰과 균형감이 돋보인다. 비즈니스맨이나 기업뿐 아니라 '참을 수 없는 존재의 복잡함'에 질린 일반 독자에게도 권할 만한 책이다.

함께 읽으면 좋은 책

- 《혼창통》 이지훈 지음 | 쌤앤파커스
- 《미친듯이 심플》 켄 시걸 지음 | 김광수 옮김 | 문학동네

특정 지식에 의존 말고 창조적 사고력 길러라
《지두력》

호소야 이사오 지음, 홍성민 옮김, 이레 펴냄

인터넷 시대의 병폐 가운데 하나가 '카피페족'이다. 인터넷에서 검색한 내용을 그대로 '복사해서 붙여넣는Copy&Paste' 방식으로 리포트를 작성하는 사람들을 말한다. 이들은 정보의 홍수와 검색도구의 편리성이라는 '유혹적인 늪'에 빠져 스스로 생각하는 힘을 잃어간다. 이른바 '카피페 사고'의 틀에 갇히게 되는 것이다. 그래서 방대한 정보를 선별해 부가가치를 높이고 새로운 차원의 사고 영역을 개척하는 '창조적 사고력'이 더욱 중요해지고 있다.

일본의 유명 컨설턴트인 호소야 이사오는 이처럼 '생각하는 힘'의 토대가 되는 지적 능력을 '지두력地頭力'이라고 정의한다.

지두地頭는 원래 '타고난 머리'를 의미하지만, 특정 지식에 의존하지 않고 수많은 정보를 자유자재로 활용하면서 문제를 해결해나가는 능력을 가리킨다.

결론부터, 전체로, 단순하게

지두력의 핵심은 '결론부터' 생각하는 가설 사고력, '전체로' 생각하는 프레임워크 사고력, '단순하게' 생각하는 추상화 사고력의 3가지로 요약할 수 있다.

가설 사고력은 왜 필요한가. 결론부터가 아니라 과정부터 설명하면 장황해진다. 결론을 알고 싶은 상대는 초조해진다. 여러 번 회의를 해도 의견만 난무할 뿐 결론이 나지 않는 경우도 여기에 속한다. 늘 최종 목적을 의식한 상태에서 결론부터 생각하는 습관을 가지면 이런 일은 최소한으로 막을 수 있고, 회의도 효율적으로 진행할 수 있다.

프레임워크 사고력은 일종의 조감도와 같다. 전체로 생각하지 못하고 곁가지부터 설명하면 상대가 '대체 무슨 얘기지?' 하고 고개를 갸웃거리게 된다. 처음부터 전체상을 공유하고 토론을 진행하면 더 큰 효과를 얻을 수 있다.

추상화 사고력은 간단명료한 대답을 쉽게 찾도록 도와준다. 단순하게 전달하지 못하고 중언부언하면 '그래서 한마디로 뭐야?'라는 짜증을 부르게 된다. 문제를 단순화시키면 의사통일도 쉽게 이룰 수 있다.

이처럼 '결론부터, 전체로, 단순하게' 생각하는 힘이 커뮤니케이션의 오해를 최소화하고 문제를 해결하는 지름길인 것이다.

페르미 추정을 활용하라

지두력을 키우는 방법은 무엇인가.

저자는 '페르미 추정'을 활용하라고 권한다. 페르미 추정이란 단번에 파악하기 어려운 수량을 추정논법으로 산출하는 방법이다. 대기업이나 외국계 기업의 면접시험 때 주로 활용된다. 예를 들면 '도쿄에 있는 신호등은 전부 몇 개일까', '서울역의 하루 이용객 수는 몇 명일까', '세계에서 하루 동안 소비되는 피자는 몇 판일까' 등의 질문을 던지고 이에 대한 추정치를 답하게 하는 방식이다. 노벨물리학상을 받은 엔리코 페르미가 시카고대학에서 강의시간마다 학생들에게 이러한 과제를 냈다고 해서 붙여진 이름이다. '시카고에 피아노 조율사는 몇 명이나 있을까'가 페르미 추정의 고전으로 알려져 있다.

사실 "맨홀 뚜껑은 왜 둥근가?" 같은 질문을 받으면 누구나 머릿속이 멍해진다. 대개의 경우 이런 문제를 생각해본 적도 없다. 사실 이 질문의 정답은 없다. 그런데 왜 회사 면접시험에서 이런 질문을 할까. 그것은 이러한 문제를 통해 지원자의 생각하는 힘, 즉 지두력을 테스트하기 위한 것이다. 저자의 표현에 따르면 '질문 내용이 명쾌하고, 정답이 없으며, 문제해결의 축소판인 사고 능력을 측정하는 함축적인 방법'이기 때문이다.

페르미 추정과 지두력의 응용 관계를 살펴보자.

'가설 사고'의 경우 적은 정보로도 가설을 세우는 자세, 전제조건을 설정해 앞으로 나아가는 힘, 시간을 정해 일단 결론을 내리는 힘이 키포인트다. 이는 성공한 인물들이 "목표를 세우고 그 목표로부터 역산해서 꼭 해야 할 일을 하나씩 생각하라"고 말하는 것과 같은 이치다.

실제로 미국 프로야구의 메이저리그나 해외에서 프로 스포츠 선수의 꿈을 이룬 인물들은 늦어도 고등학생 때부터 '해외에서 활약한다'는 미래상을 갖고 그것을 실현하기 위해 하루도 거르지 않고 노력한 덕분에 성공했다.

'가설 사고'에서부터 출발

《성공하는 사람들의 7가지 습관》을 쓴 스티븐 코비는 경력 향상뿐 아니라 인생 자체도 가설 사고로 생각하라고 권한다. '인생설계를 자신의 장례식에서부터 생각하라'는 대목이 압권이다. 장례식에 누가 와주면 좋을까, 가족과 직장동료들은 나를 어떻게 평가할까, 이웃은 어떨까 하는 것들을 생각해보면 그것이 곧 자신이 살고 싶은 인생의 참모습이며 가치관이라는 것을 발견하게 된다는 것이다. 가치관이 명확해지면 그렇게 하기 위해 어떻게 할까 자연스레 숙고하게 된다.

'프레임워크 사고력'에서는 • 전체에서 부분으로의 시점 이동 • 절단면 선택 • 분류(덧셈의 분해) • 인수분해(곱셈의 분해) • 보틀넥(병목) 사고를 통해 응용력을 키울 수 있다. 한 도시의 전봇대 수를 계산할 때 어느 한 지역의 전봇대 간격을 샘플로 세는 작업에서 그칠 것이 아니라 전체적인 아웃풋의 정확도를 추정해내는 작업까지 병행해야 '나무'와 '숲'을 동시에 볼 수 있다.

'추상화 사고력'에서는 •대상의 가장 큰 특징을 추출해 단순화·모델화한 후에 •추상화 수준에서 일반적인 경우를 나타내는 해답을 끌어내고 •그것을 다시 구체화해서 개별적인 답을 구하는 3단계 사고 유형을 활용할 수 있다.

여기에는 적절한 비유와 수수께끼 같은 유추 능력, '30초 브리핑' 등의 핵심 커뮤니케이션이 뒤따라야 한다.

별똥별에게 3번 소원 빌려면…

저자가 마지막 부분에서 인용한 '별똥별' 얘기가 이 모든 것을 함축한다. "별똥별에게 3번 소원을 빌면 반드시 이뤄진다"는 말이 있다. 그러나 별똥별은 아주 짧은 시간에 나타났다가 사라지기 때문에 그사이에 소원을 3번 빌기는 쉽지 않다. 시간에 쫓기는 사장이 엘리베이터를 타고 있는 30초 안에 당신의 프로젝트를 간단명료하게 설명하는 상황과 같다. 그래서 '결론부터, 전체로, 단순하게' 생각하는 사고방식을 익혀야 한다는 얘기다.

《지두력》은 일본에서 출간되자마자 일본 아마존 종합 베스트 1위에 올랐고 새로운 인재 모델의 트레이닝 매뉴얼로 각광받았다. 이 책은 일상생활뿐 아니라 비즈니스 현장, 기업이나 일선 교육현장, 취업, 전직, 창업, 자녀교육 등 다양한 분야에 적용되며 사고회로를 180도 전환시키는 패러다임의 변혁을 가져왔다.

특히 문제해결 능력을 길러야 하는 직장인과 생각하는 힘을 키우고 싶은 학생·연구원, 취업이나 창업을 꿈꾸는 사람들의 창조적 사고력 향상에 큰 도움을 준다.

함께 읽으면 좋은 책

- 《페르미 추정 두뇌 활용법》
  도쿄대학 케이스스터디 연구회 지음 | 에이지21
- 《비주얼 로지컬 씽킹》
  와타나베 다카시 외 지음 | 장인주 옮김 | 경향미디어

좋은 습관이 행복을 만든다
《습관의 힘》

찰스 두히그 지음, 강주헌 옮김, 갤리온 펴냄

하버드대학 MBA(경영학석사) 출신의 〈뉴욕타임스〉 기자 찰스 두히그는 미국 언론인이 받을 수 있는 거의 모든 상을 휩쓴 스타다. 그러나 그에게도 어쩔 수 없는 단점이 있었다. 초콜릿칩 쿠키의 유혹을 끊지 못해 매일 먹는 것이다. 그 유혹은 오후 3시에서 3시 30분 사이에 늘 찾아왔다. 그 바람에 살이 쪘고 아내의 잔소리에 시달려야 했다. 습관을 끊으려고 하루에도 몇 번씩 다짐하고 "쿠키는 이제 그만!"이라고 쓴 포스트잇을 모니터 앞에 붙여놓기도 했다. 하지만 그는 매일 쿠키의 유혹에 넘어가고 만다. 나쁜 습관은 왜 이렇게 끊기가 어려운 걸까.

찰스 두히그는 습관이 왜 이렇게 강력한지, 쉽게 바꾸려면 어떻게 해야 하는지 알아내려고 취재를 시작했다. 700여 편의 학술논문과 다국적 기업들의 비공개 연구자료를 파헤쳤고 300여 명의 과학자와 경영자를 인터뷰했다. 그 과정에서 그는 습관이 개인적인 삶을 넘어 조직과 기업, 사회에까지 매우 큰 영향을 끼치고 있다는 것을 발견했다.

그의 책《습관의 힘》은 미국에서 출간되자마자 전 언론의 집중 조명을 받았다. 인터넷서점 아마존에서 종이책, 전자책, 오디오북이 나란히 경제경영 분야 1, 2, 3위를 차지하는 등 선풍적인 인기를 끌었다.

신호, 반복행동, 보상… 3단계 고리를 연결하는 습관

그에 따르면 습관은 '신호, 반복행동, 보상'이라는 3단계 고리로 이루어져 있다. 이 3단계를 순환하게 만드는 게 '열망'이다. 따라서 각 요소에 해당되는 게 뭔지 파악하고 이를 대체할 수 있는 행동을 찾으면 문제를 해결할 수 있다.

"첫 단계는 신호다. 신호는 우리 뇌에게 자동 모드로 들어가 어떤 습관을 사용하라고 명령하는 자극이다. 일종의 방아쇠다. 다음 단계는 반복행동이다. 반복행동은 몸의 행동으로 나타나기도 하고 심리상태나 감정의 변화로도 나타날 수 있다. 마지막 단계는 보상이다. 보상은 뇌가 이 특정한 고리를 앞으로도 기억할 가치가 있는지 판단하는 기준이 된다."

저자에게 '신호'는 오후 3시의 쿠키였다. 그다음 단계의 반복행동은 쿠키가 먹고 싶어서 엘리베이터를 타고 뉴욕타임스 건물 14층에 있는 카페로 가서 쿠키를 사 먹으며 동료들과 수다를 떠는 것이다. 마지막 단계의 보상은 뭔가. 그는 쿠키를 먹는 습관이 어떤 보상을 주는지 알아내기가 쉽지 않았다고 한다. 그래서 이런저런 실험을 해봤다. 쿠키가 먹고 싶을 때 카페로 가는 대신 동네를 한 바퀴 돌기도 했고, 쿠키 대신에 초콜릿을 먹어보기도 하고, 또 아무것도 먹지 않고 동료들과 수다를 떨기도 해봤다. 그 결과 그의 습관은 쿠키와 아무 상관이 없었다. 사실은 사람들과 어울리고 싶었던 것이다.

이렇게 신호, 반복행동, 보상의 비밀을 알아낸 그는 자신의 습관을 새롭게 디자인했다. 3시 30분쯤 자리에서 일어나 사무실을 둘러보고 친구가 보이면 그리로 가서 10분 동안 수다를 떨다가 돌아온다. 신호와 보상을 그대로 둔 채 반복행동만을 바꾼 것이다. 덕분에 쿠키의 유혹은 완전히 사라졌고 새로운 행동이 습관으로 자리 잡게 됐다. 그 덕분에 몸무게도 4kg 줄었고 아내의 잔소리도 사라졌다. 이렇듯 습관을 정확하게 파악할 수 있다면 얼마든지 당신 자신을 원하는 대로 바꿀 수 있다고 그는 강조한다.

그가 습관의 놀라운 힘을 처음으로 목격한 것은 2000년 종군기자로 이라크에 머물 때였다고 한다. 당시 바그다드에서 150km 떨어진 쿠파라는 곳에서 평화롭게 시위대를 해산시킨 한 미군 장교의 획기적인 이야기를 들었다. 그 장교는 쿠파 시장에게 부탁해 늘 격렬한 시위가 벌어지는 모스크 앞 광장의 노점상을 모두 철거시켜버렸다. 광장에는 늘 사람들이 몰려 있었고 누군가의 선동에 군중은 쉽게 성난 시위대로 돌변했지만 노점상을 철거시킨 이후 군중의 결집력은 눈에 띄게 약화됐다. 배가 고픈 단순 가담자들이 일찍 귀가하자 선동가들이 아무리 떠들어도 사람들이 잘 모이지 않았다.

개인의 삶이나 조직활동에 연쇄반응을 일으키는 핵심습관

아주 사소한 습관 하나만 바뀌어도 상상도 못 한 극적인 변화가 일어날 수 있다는 것을 보여준 사례. 그는 이것이 바로 '핵심습관'이라고 설명한다. 개인의 삶이나 조직활동에서 연쇄반응을 일으키는 습관을 뜻한다. 가장 좋은 예는 운동이다.

"1주일에 한 번이라도 규칙적으로 운동하는 습관을 갖게 되면 삶의 패턴이 상당히 많이 바뀐다. 운동을 하면 좀 더 좋은 음식을 먹으려 하고, 아침에 운동을 하는 경우에는 조금 더 일찍 출근하게 된다. 흡연자는 담배도 줄게 되고 지구력이나 인내심도 향상된다. 그래서 불필요한 물건을 사는 쇼핑 충동을 조금 더 억제할 수 있게 되고, 경제적인 스트레스도 줄게 된다. 모두가 이런 패턴을 따르는 것은 아니지만 많은 사람이 운동이라는 핵심습관을 통해 삶이 바뀌는 것을 경험했다. 올림픽 역사상 최다인 22개의 메달(금메달 18개)을 따낸 마이클 펠프스는 매일 잠들기 전 머릿속에 비디오테이프를 틀어놓듯이 자신의 경기 장면을 상상하는 핵심습관으로 최악의 상황에서 세계 신기록으로 금메달을 땄고, 경영위기에 놓인 알루미늄 회사 알코아는 안전이라는 핵심습관에 집중하여 5배 이상 성장했다."

그는 핵심습관이 우리 삶의 거의 모든 부분에 영향을 미칠 수 있다고 말한다. 핵심습관을 바꾸면 그 밖의 모든 것을 바꾸는 것은 시간문제일 뿐이라는 것이다. 그런데 핵심습관을 분석해보면 모든 일을 빠짐없이 올바로 한다고 성공하는 게 아니라고 한다. 오히려 우선적으로 고려해야 할 것들을 찾아내서 강력한 수단으로 만들 수 있느냐, 없느냐에 성공 여부가 달려 있다는 얘기다.

"많은 연구에서 밝혀졌듯이 저녁식사를 함께하는 습관을 지닌 집안에서 자란 아이들은 숙제하는 능력이 뛰어나고 성적도 좋으며, 감정 조절도 잘하고 자신감이 넘친다. 매일 아침 자신의 손으로 침대를 정리하는 습관은 생산성, 행복지수, 예산을 통제하는 절제력 등과 상관관계가 있다. 가족과 함께하는 식사나 깔끔한 침대가 좋은 성적이나 절제된 삶의 원인은 아니지만 이런 작은 변화가 연쇄 반응을 일으키며 다른 좋은 습관이 몸에 배도록 자극한 것만은 확실하다."

4단계 법칙으로 갖는 좋은 습관

우리의 성공을 결정하는 핵심습관인 '의지력'에 관한 연구 결과를 보자. 펜실베이니아대학 연구진이 중학교 2학년생 164명을 대상으로 조사한 결과, 의지력이 높은 학생들이 좋은 성적을 받았고 능력에 따라 학생을 뽑는 선발제 학교의 입학 허가를 받는 확률이 높았다. 그런 학생들은 결석률이 낮았고 텔레비전 앞에서 보내는 시간은 적은 반면 숙제에 할애하는 시간은 많았다. 연구진의 결론에 따르면 자제력이 강한 청소년이 지능지수가 높은 청소년보다 학문적 성과도 높다. 이렇게 볼 때, 의지력을 강화하도록 학생들을 돕는 가장 효과적인 방법은 의지력을 습관화하는 것이다.

자, 우리도 한번 시도해보자. 좋은 습관을 갖기 위한 4단계 법칙을 익히는 것이다. 반복행동을 찾아라. 다양한 보상으로 실험해보라. 신호를 찾아라. 계획을 세워라.

함께 읽으면 좋은 책

- 《좋은 습관은 배신하지 않는다》
  거둬 지음 | 김진아 옮김 | 정민미디어
- 《습관의 재발견》
  스티븐 기즈 지음 | 구세희 옮김 | 비즈니스북스

데이터를 '정보'로 바꿔라
《분석의 힘》

삼일PwC컨설팅 기업인텔리전스그룹·유태준·한광희 지음, 교보문고 펴냄

기업의 성패를 좌우하는 '데이터 분석'

미국 금융시장이 호황일 때 투자은행IB들은 정보기술IT에 집중해 프로세스 효율화와 데이터베이스DB 구축에 열을 올렸다. 하지만 이를 활용할 방법을 찾지 못한 채 그저 정보를 쌓아놓기만 했다. 그런데 골드만삭스는 달랐다. 수집한 정보를 세밀하게 분석해 투자은행의 본령인 위험헤지에 적극적으로 활용했다.

그 결과 금융위기의 폭풍이 몰아칠 때 다른 금융회사가 줄줄이 무너지는 와중에도 탄탄한 수익률을 기록했다. 이들이 금융위기를 헤치고 좋은 성적을 낼 수 있던 원동력은 뛰어난 정보 분석과 활용 능력이었다.

데이터가 끊임없이 생산되는 시대에는 기업의 성패가 어떻게 결

정될까. 이 책은 최소 비용으로 최대의 가치를 창출하기 위해서는 기업과 조직 모두가 '데이터 분석'이라는 목표를 중심에 두고 움직이라고 강조한다. 과거의 고객 데이터는 물론 SNS의 데이터까지 분석해 최신 트렌드와 경향을 읽어야만 여론 파악은 물론 경영전략을 펼칠 수 있다는 것이다. 저자들은 이 책에서 기업의 혈관에 살아 있는 정보를 공급하는 '분석의 힘'을 적용 방법과 함께 제시한다.

데이터의 숨은 가치를 찾아내 성공한 기업들

사양산업으로 불리던 패션업계에서 '패스트패션'이란 말을 만든 자라ZARA는 본사와 각 매장에 쌓인 데이터를 분석함으로써 시장을 선점했다. 매장별 판매와 재고 데이터를 바탕으로 각 매장의 최대 매출이 아니라 전 세계 매장의 매출을 더한 것이 최대가 되는 분배 알고리즘을 개발했다. 이는 기업의 매출 신장으로 금방 이어졌다.

제일모직도 그렇게 해서 성공을 거뒀다. 고객 데이터를 분석한 결과 고정고객의 상위 20%가 전체 매출의 63%, 상위 40% 고객이 전체 매출의 80%를 올린다는 사실을 알아냈다. 신규고객을 확보하는 것보다 기존고객을 유지하는 것이 더 중요하다는 것도 알게 됐다. 그래서 기존고객을 유지하며 신규고객을 고정고객으로 만드는 방법을 찾고자 했다. 먼저 고객의 구매 데이터를 바탕으로 등급을 새로 조정했다. 그런 다음 기존고객과 신규고객의 특성에 따른 맞춤형 마케팅을 진행했다. 그랬더니 고정고객 수가 2배나 늘어나는 '기적'

이 일어났다.

삼성생명 역시 데이터의 숨은 가치를 발굴해 성장을 일궈냈다. 고객 데이터를 통합하고 동일 정보를 전사적으로 활용할 수 있는 기반을 마련했다. 주소 등 변경된 정보를 50% 이상 확보할 수 있었고 다양한 고객 분석을 통해 매출을 늘렸다.

삼일PwC컨설팅 기업인텔리전스그룹의 전문가들은 《분석의 힘》에서 이 같은 사례를 제시하며 '데이터'를 '정보'로 바꾸는 분석 경쟁력을 키우라고 강조한다. 이들은 20여 년간 삼성그룹과 LG그룹, SK그룹, 두산그룹, 신한금융그룹 등에서 수행한 프로세스 혁신작업을 바탕으로 확인한 '정보 활용 및 분석을 통한 경영성과 개선' 방법을 가르쳐준다. 빅데이터로부터 최대한의 가치를 끌어내기 위한 분석기술과 관리 프로세스, 조직적인 차원으로 데이터를 구축하고 관리하는 방법, 데이터에서 가치를 도출하는 노하우도 알려준다.

일본 최고의 부자인 손정의 소프트뱅크 회장은 '전체를 조망하며 전략을 세우고 70%의 승률이 예상되면 싸움을 벌이는 과감한 승부사'다. 하지만 그 속에는 '데이터 분석'이라는 치밀한 계산이 깔려 있다고 한다. 그의 경영철학 가운데 '1000중 체크'라는 게 있다. 기업 경영상황을 살펴볼 때 1000개의 지표를 확인하고 분석한 결과를 바탕으로 의사를 결정하는 것이다.

이는 기업을 인수할 때 더 큰 힘을 발휘한다. 1995년 컴덱스를 인수할 때 그는 타당성을 검토하기 위해 2만 쪽 분량의 시뮬레이션을 보고 내용을 철저히 분석했다. 2006년 보더폰 일본법인 인수 때에는 3000회의 시뮬레이션 결과를 바탕으로 판단을 내렸다.

저자들은 이처럼 데이터 경제시대를 이해하고 최소 비용으로 최대의 가치를 창출하기 위해서는 기업과 조직원 모두가 '분석'이라는 목표를 중심에 두고 움직여야 한다고 조언한다. 데이터가 끊임없이 생산되는 시대에는 기업이 보유한 정보를 어떻게 활용하느냐에 따라 성패가 갈린다는 것이다.

데이터는 21세기의 원유

글로벌 컨설팅 그룹들도 '데이터는 21세기의 원유이며 미래의 경쟁우위를 좌우한다. 이를 효과적으로 분석하면 세계가 직면한 환경·에너지·식량·의료 문제도 해결할 수 있다'고 강조한다. "산업혁명에서는 철과 석탄, IT혁명에서는 인터넷이 세계 경제 변화의 핵심 요인이었듯이 다가올 스마트혁명에서는 데이터 분석이 경제의 핵심 자원 역할을 할 것이다."

소셜 네트워크 데이터를 마케팅에 활용하는 기업도 늘고 있다. 블로그와 트위터 등의 데이터를 분석해 최신 트렌드와 경향을 찾아내고 이를 제공하는 서비스를 이용하는 것이다. 정보를 바탕으로 SNS에서의 여론을 파악하고 사전에 위기를 예방할 수 있는 마케팅 전략도 펼칠 수 있다. 게다가 사진과 동영상, 소셜 미디어 등 소통 정보의 방식이 다양해졌다. 일정한 양식에 따라 정제된 데이터를 주로 취급하던 과거와는 환경이 달라진 것이다.

미국의 넷플릭스는 DVD영화 대여라는 감성 마케팅에 첨단 분석 시스템을 도입해 새로운 시장을 개척했다. 이 회사는 인기 배우가 출연하는 할리우드 영화를 앞세워 홍보하는 게 대여 수익률과 재고 관리에 도움이 되지 않는다는 것을 알고 수치화하기 힘든 고객의 취향을 분석하기로 했다. 수학자와 컴퓨터 공학자, 인공지능 엔지니어 등을 영입해 가입 회원의 DVD 클릭 패턴, 검색어, 실제 대여목록, 시청한 영화에 관한 평점 등의 데이터를 기반으로 회원들의 취향을 분석했다. 이를 통해 고객을 위한 DVD를 자동으로 추천하는 시스템 '시네매치'를 만들어냈다. 덕분에 고객 만족도를 높이면서 시장 1위인 블록버스터를 밀어내고 업계 최고로 떠오를 수 있었다.

데이터의 분석과 활용은 스포츠에도 해당된다. 2000년대 초반 메이저리그의 부자구단 LA 다저스와 텍사스 레인저스, 뉴욕 메츠 등이 수천억 원의 연봉을 지급하면서도 가난한 구단인 오클랜드 애슬레틱스에 참패한 것은 분석의 힘을 갖추지 못했기 때문이다. 애슬레틱스는 메이저리그가 손대지 않은 '먼지 묻은 데이터'에 집중했다. 출루율과 장타율, 사사구 비율 등을 분석해 거기에 맞는 최고의 선수들을 최적의 금액으로 영입했고, 메이저리그에서 가장 가난한 구단을 2000년대 최강의 팀으로 변신시켰다.

그러나 아직도 주요 의사결정의 약 40%는 경영자의 직관에 의지한다고 한다. 복잡하고 불확실한 환경, 지나치게 많거나 적은 정보가 야기하는 혼란 속에서 중요한 의사결정을 직관에 의존하는 것은 위험하다 못해 무모하기까지 하다. 오랜 경험에서 나온 직관이 모호한 데이터보다 신속하고 우수한 성과를 낳기도 하지만 과거의 경험에 사로잡혀 기업을 함정에 빠뜨릴 수도 있다. 따라서 수많은 환경 변화와 소비자의 니즈를 반영하는 잠재 정보를 분석하고 활용하는 것이 중요하다고 이 책은 거듭 강조한다.

분석의 힘으로 성공한 사례뿐만 아니라 이를 기업에 적용하려면 어떻게 해야 하는지도 알려준다. '의사결정 프로세스를 표준화하라', '물류와 재무의 흐름을 일치시켜라', '겉만 살피지 말고 썰어서 내부를 확인하라', '경영 이슈 중심으로 필요 정보를 수집하라', '경영진을 위한 주요 분석 정보를 제공하라', '집요한 분석으로 성공 체험을 만들고 확산하라' 등이 키포인트다. 뒷부분에는 삼일PwC컨설팅이 기업 현장에서 활용하는 50여 개 분석 틀 중 실무에 곧바로 적용할 수 있는 '정보 활용 및 분석 트레이닝'도 실려 있다. 단계별 적용 방법과 체크 포인트까지 들어 있어 유용하다. 이 모든 것을 하나로 요약한 것이 바로 '기업의 혈관에 살아 있는 정보를 공급하라'는 카피다.

함께 읽으면 좋은 책

- 《빅데이터 활용서 1》 김경태 외 지음 | 시대인
- 《Do it! 쉽게 배우는 R 데이터 분석》
  김영우 지음 | 이지스퍼블리싱

유쾌한 창조력… '에디톨로지' 시대
《에디톨로지》

김정운 지음, 21세기북스 펴냄

목차를 넘기자마자 알몸 여인의 사진이 두 쪽에 걸쳐 펼쳐진다. 모래밭에 누운 여인은 풍만한 가슴을 두 팔로 감싸고, 배꼽 아래 그곳은 아슬아슬하게 가렸다. '그곳'을 가린 '그것'은 손바닥만 한 아이팟이다. 누구나 그곳, 아니 그것을 뚫어지게 본다. 아니라고? 그렇다면 당신은 '변태'다! 그걸 본 게 변태가 아니라 안 본 게 변태라니, 황당한가?

톡톡 튀는 문화심리학자인 김정운 전 명지대학교 교수는《에디톨로지》의 첫 장을 이렇게 시작하면서 "이런 변태야말로 창조적 인간"이라고 말한다. 생식기에 집중하는 것은 동물적 본능을 가진 인간의 자연스러운 현상이다. 그러나 그 본능 너머의 것을 볼 수 있는 인간이어야 남들과 다른 창조적 인간이 될 수 있다는 것이다.

창조는 이미 존재하는 것들의 '편집'이다

그에 따르면 창조란 별게 아니라 이미 있는 것들을 구성하고, 해체하고, 재구성한 것의 결과물이다. 세상의 모든 창조는 이미 존재하는 것들의 또 다른 편집이라는 것이다. 그 편집의 구체적인 방법론을 그는 '에디톨로지Editology'라고 명명했다.

에디톨로지(edit+ology)는 한마디로 '편집학'이다. 단순히 섞는 것이나 그럴듯한 짜깁기가 아니라 구체적이며 주체적인 인간의 편집 행위를 말한다. 즐거운 창조의 구체적인 방법론(지식×편집=창조)이 곧 에디톨로지라고 그는 말한다.

말콤 글래드웰이 "편집이야말로 스티브 잡스식 창조성의 핵심"이라고 했듯이, 21세기 가장 창조적인 인물로 손꼽히는 스티브 잡스의 탁월한 능력도 따지고 보면 '편집 능력'이라는 것이다. 그래서 그는 "이제 아는 것이 힘인 시대는 지났다. 정보의 홍수 속에서 양질의 정보를 선별하고 그것을 바탕으로 새로운 지식을 생산해낼 줄 알아야 한다"고 강조한다.

1부에서는 '마우스'라는 도구의 발명이 인간 의식에 가져온 변화를 중심으로 지식과 문화가 어떻게 편집되는지를 재미있는 사례들과 함께 설명한다. 2부에서는 원근법의 발견이 가져온 공간 편집과 인간 의식의 상관관계를 다룬다. 3부에서는 심리학의 대상이 되는 인간, 즉 개인이 어떻게 역사적으로 편집되었는지를 살핀다.

도구의 발명으로 편집의 시대가 도래하다

그는 먼저 도구의 발명이 인간 의식에 가져온 변화를 중심으로 지식과 문화가 어떻게 편집되는지를 관찰한다. 그 매개의 극적인 대상은 바로 컴퓨터의 마우스다.

"오늘날 컴퓨터를 사용할 수 있게 되면서 보통사람들도 천재처럼 생각할 수 있게 되었다. 신이 일부 천재들에게만 부여한 '날아다니는 생각'을 이제 보통사람들도 할 수 있게 되었다는 말이다. 바로 '쥐' 때문이다. 그건 컴퓨터의 '마우스'다. 역사상 처음으로 인간은 생각을 날게 하는 도구를 갖게 된 것이다. 컴퓨터 화면을 들여다보다가 관심 있는 곳을 클릭하면 생각은 바로 다른 곳으로 날아간다. 방금 전의 맥락과는 전혀 상관없는 곳이다. 이건 엄청난 혁명이다."

이런 '생각의 비상'은 에디톨로지의 첫 번째 토대를 형성한다. 그는 마우스의 발견과 같은 첫 번째 충격을 일찍 겪었다. 독일로 유학 갔을 때다. 면담 신청을 한 뒤 몇 달을 기다려 겨우 만난 지도교수의 첫 질문은 "네 이론은 뭔가?"였다. 논문 계획서는 읽어보지도 않았다. 그때까지 그는 한 번도 자기 이론을 생각해본 적이 없었다. 당신의 이론을 배우러 왔다고 하자 나가라고 했다. 석박사 논문을 쓰겠다는 학생이 어찌 자기 생각이 없을 수가 있느냐는 거였다. 스스로 제시하고 싶은 이론의 방향을 생각해서 다시 오라고 했다.

이는 곧 주체적인 시선으로 공부하고 있느냐, 학문적 문제의식이 있느냐는 질문이기도 했다. 그래서 그는 공부하는 방법부터 근본적으로 바꿔야 했다. 그 과정에서 새로운 편집학의 의미를 체득했다. 김정운식 독서법과 데이터베이스 관리 노하우가 거기에서 나왔다.

"내가 독일에서 배운 것을 한마디로 요약하라면 이렇다. '공부는 데이터베이스 관리다.' 나는 독일에서 심리학의 구체적인 내용을 공부하지 않았다. '공부하는 방법'을 익혔다. 지도교수를 비롯한 독일의 다른 교수들에게서 배운 것이 아니다. 독일 베를린의 숱한 도서관, 박물관, 아키브라 불리는 각종 자료실을 찾아다니며 발로 배웠다. 독일에서 철학을 비롯한 인문사회과학이 발달한 것은 바로 이 자료 축적의 문화 때문이다."

공부한 자료를 노트가 아닌 카드에 정리하는 방법도 특이하다. 그는 '한국 학생들은 노트를, 독일 학생들은 카드를 쓴다'는 비교를 통해 '편집 가능성'의 차이를 이야기한다. 카드는 필요에 따라 다양한 편집이 가능한 반면 노트는 편집이 불가능하기 때문이다.

"우리나라 학생들이 독일 학생들에 비해 훨씬 더 많이 공부한다. 그러나 한국 학생들이 따라갈 수 없는 결정적 차이가 있었다. 자기 생각이다. 독일 학생들은 모은 카드를 자신의 생각에 따라 다시 편집한다. 편집할 수 있기 때문에 카드를 쓰는 것이다. 예를 들어 '발달'이라는 개념과 관련된 프로이트, 피아제, 비고츠키, 융의 이론을 자기 기준에 따라 다시 정리한다. 이때 정리는 그저 알파벳 순으로 하는 것이 아니다. 자신이 설정한 '내적 일관성'을 가지고 카드를 편집하는 것이다. 이렇게 편집된 카드가 바로 자신의 이론이 된다."

그는 귀국한 뒤 교수생활을 할 때에도, 일본의 한 대학에서 그림 공부를 하고 있는 요즘에도 모든 정보기술IT 수단을 이용해 자신이 접한 자료를 데이터베이스화하고 있다. 갤럭시 노트의 스크랩 기능을 통해 자료를 긁어모으고, 에버노트를 통해 모든 자료를 축적하면서 어느 순간, 어떤 장소에서든 그걸 바탕으로 글을 쓸 준비가 돼 있다. 그의 에버노트에는 수천 개의 노트가 저장돼 있다고 한다. 그러면서도 이어령 선생의 에버노트에는 1만 4000여 개나 저장돼 있다며 여든 노인의 데이터베이스를 부러워한다.

그는 이런 에디톨로지의 세계에서 데이터 공유 기능으로 자료를 서로 공유하고 아이디어를 교환하면 시간을 절약할 뿐만 아니라 '집단지성'의 새로운 즐거움까지 얻을 수 있다고 강조한다. 지식+편집=창조의 이른바 '에디톨로지 경영'까지도 이 같은 구체적 데이터 공유를 통해 이룰 수 있다고 그는 귀띔한다. 유쾌하고 발랄한 문체로 우리 생각을 말랑말랑하게 해주는 책이다.

함께 읽으면 좋은 책

- 《커뮤니데아》 유영만, 오세진 지음 | 새로운제안
- 《탁월한 아이디어는 어디서 오는가》
  스티븐 존슨 지음 | 서영조 옮김 | 한경BP

지식경영 핵심은 '분류-정리-정보화'
《다산선생 지식경영법》

정민 지음, 김영사 펴냄

　유배생활 18년간 500권의 저술을 남긴 다산 정약용의 공부법을 소개한다. 작업의 핵심가치에 맞게 자료를 나누고 분석해낸 정보를 유용한 지식으로 가공하는 '지식경영'이 다산의 비법이다. 우리 역사에서 전무후무한 탁월한 지식 편집자로 꼽히는 다산이 어떻게 지식을 경영하고 정보를 조직했는지 알아보자.

　200여 년 전 정조는 화성 신도시를 건립하기로 하고 수원, 광주, 용인 등 여덟 고을에 나무를 심도록 명했다. 1789년부터 1795년까지 7년 동안 식목 보고문서는 수레에 가득 싣고도 남을 정도로 쌓였다. 서류가 하도 많고 복잡해서 어느 고을이 무슨 나무를 심었는지, 모두 몇 그루나 되는지 정확하게 알 수가 없었다.

　정조는 이 자료를 파악하고 정리하는 작업을 다산 정약용에게 맡겼다. '소가 땀을 흘릴 정도로 많은' 서류더미를 '한 권을 넘기지 말고' 정리하라는 것이었다. 이에 다산은 가로로 열두 칸, 세로로 여덟 칸의 도표를 만들어 칸마다 수량을 적고 총수를 헤아렸다. 7년을 12차로 배열하고 여덟 고을을 8칸으로 구분한 것이다. 그랬더니 소나무와 상수리나무 등이 모두 1200만 9772그루였다. 산더미 같은 서류를 단 한 장의 도표로 정리한 것을 보고 정조는 벌어진 입을 다물지 못했다.

다산이 쓴 〈식목연표 발문跋植木年表〉이라는 글에 이야기가 상세하게 적혀 있다. 어떻게 이런 생각을 할 수 있었을까. 《다산선생 지식경영법》의 저자인 정민 한양대학교 교수는 이를 "작업의 핵심가치에 맞게 자료를 나누고 분석해낸 다산식 지식경영의 쾌거"라고 말한다.

정보를 모아서 나누고 분류하여 모아라

그는 이 같은 사례를 통해 다산의 공부법을 소개하며 '정보를 조직하라-모아서 나누고 분류하여 모아라'는 가르침을 일깨운다. 또 다산의 '천자문 공부법'을 예로 들면서 '단계별로 학습하라'는 지침과 '묶어서 생각하고 미루어 확장하는 촉류방통법'의 노하우를 알려준다.

당시 아이들은 '천지현황天地玄黃(하늘은 검고 땅은 누르다)'으로 시작되는 천자문 공부를 지겨워했다. 하늘은 푸른데 검다고 하니 연결이 되지 않고 '천지' 다음엔 '일월', '성신' 같이 연결되는 글자를 배워야 하는데 '현황'이 나오니 그럴 수밖에 없었다. 이에 다산은 비슷한 것끼리 묶어 연쇄적으로 가르치는 〈아학편兒學編〉을 지었다. 맑을 청淸자로 흐릴 탁濁자를 깨치고, 가까울 근近으로 멀 원遠자를 터득하며, 얕을 천淺으로 깊을 심深을 알게 한 것이다.

그는 이런 얘기를 들려주며 다산의 공부법 10개를 큰 줄기로 정리하고 세분화된 방법론 5개씩을 각각 붙여 설명한다. '메모하고 따져보라', '토론하고 논쟁하라', '설득력을 강화하라', '적용하고 실천하라', '권위를 딛고 서라', '과정을 단축하라', '정취를 곁들여라', '핵심가치를 잊지 말라' 등의 '다산치학 10강編'에 여박총피법(파 껍질을 벗겨내듯 문제를 드러내라), 분수득의법(역할을 분담하여 효율성을 확대하라) 등 50개의 지식경영법 노하우를 곁들인 것이다.

"18년간 유배지에서 500권의 저술을 남긴 다산 정약용은 지식·정보 경영의 대가였다. 18세기 지식인 사회와 지금의 정보화 사회는 놀랄 만큼 닮았는데 방대한 자료 속에서 유용한 정보를 찾고 핵심가치를 재구성해낸 다산이야말로 최고의 정보 CEO요 탁월한 논술 선생이었다."

다산은 뛰어난 행정가와 시인이었으며 예학, 경학, 교육학, 사학, 법학, 지리학 등 인문사회 전 분야를 넘어 화성 축성과 기중기 제작 등 토목·기계공학까지 아우른 전방위적 지식경영자였다. 그 많은 분야에서 탁월한 성취를 이룩할 수 있었던 비결은 무엇일까. 그는 "엄청난 자료를 필요에 따라 분석하고 통합하는 정보조직의 귀재였기 때문"이라며 "한마디로 세계의 정보를 필요에 따라 요구에 맞게 정리해낼 줄 알았던 통합적 인문학자이기에 가능한 일이었다"고 평가했다.

다산은 독서에서 '푹 젖어듦'의 중요성을 강조했다고 한다. "소나기가 휘몰아쳐 땅 위에 갑자기 도랑이 생길 지경이 되어도 날이 갠 뒤 흙을 파보면 금세 마른 땅이 나온다. 빨리 많이 읽기만 힘쓰고 의미를 살펴보고 따져보아 깊이 젖어들지 않는다면 소나기가 잠깐 땅 위를 휩쓸고 지나간 것과 다름이 없다는 것이다. (…) 무엇보다 공부하는 사람은 실마리를 잡아야 한다. 엉킨 실타래를 풀어내는 단서를 잡아야 한다. 여기에는 거듭되는 훈련과 끊임없는 노력이 요구된다."

문제를 회피하지 말고 끊임없이 탐구하라

또 "문제를 회피하지 말고 정면으로 돌파하며 끊임없는 의문을 가지고 탐구해 들어가라"고 가르쳤다. 처음에 우열을 분간할 수 없던 정보도 이 과정에서 점차 분명한 모습을 드러내고 거기에서 실마리가 잡힌다는 것이다. "무슨 일이든 작업에 들어가기 전에 먼저 전체 그림을 그려보라"고도 했다. 생각의 뼈대를 세우고 정보를 교통 정리하라는 얘기다. 뼈대가 제대로 서지 않으면 작업을 진행해나갈 수가 없고 목차가 정연하지 않으면 생각도 덩달아 왔다 갔다 하게 마련이다.

"글에는 많은 종류가 있다. 과문科文이 가장 어렵고 이문吏文이 그다음이다. 고문古文은 쉽다. 그러나 고문의 지름길을 통해 들어가는 사람은, 이문이나 과문은 따로 애쓰지 않아도 파죽지세와 같다. 과문을 통해 들어가는 사람은 벼슬하여 관리가 되어도 공문서 작성에서 모두 남의 손을 빌려야 한다. 서문序文이나 기문記文 혹은 비명碑銘의 글을 지어달라는 사람이 있으면, 몇 글자 쓰지도 않아서 이미 추하고 졸렬한 형상이 다 드러나버린다. 이로 볼 때 과문이 정말 어려운 것은 아니다. 하는 방법이 잘못되었을 뿐이다."

이 대목에서 다산은 예전에 아들 학연에게 과시科詩를 가르친 경험을 예로 든다.

"먼저 한위의 고시부터 하나하나 모의하게 하고 나서 점차 소동파나 황산곡의 문로를 알게 했다. 그랬더니 수법이 점점 매끄러워지는 것을 알 수 있었다. 그에게 과시 한 수를 짓게 했더니 첫 작품에서 이미 여러 선생의 칭찬을 받았다. 그 뒤로 남을 가르칠 때도 이 방법을 썼더니 학연과 같지 않은 경우가 없었다."

이에 대해 저자는 "다산이 말하는 지름길이란 남들이 보기에는 돌아가는 길이다. 목표가 과문에 있는데 과문은 버려두고 고문만 하라니 아무도 귀 기울여 들을 사람이 없다. 하지만 결과로 보면 다산이 옳다"고 얘기한다.

유배지에서 18년간 500여 권의 저서를 집필하며 공부에 몰두하느라 복사뼈에 3번이나 구멍이 났던 다산. 그의 집념과 열정을 21세기 정보화 시대의 새로운 지식·정보 경영 패러다임으로 활용하는 방법은 무엇일까. "내가 옛것에서 배울 것은 생각하는 방법뿐, 내용

그 자체는 아니다. 옛사람의 발상을 빌려와 지금에 맞게 환골탈태하라. 점철성금, 쇠를 두드려 황금을 만들어라. 옛길을 따라가지 마라. 나만의 색깔로 나만의 목소리를 낼 수 있어야 한다. 나는 나다."

다산치학 10강

① 단계별로 학습하라
② 정보를 조직하라
③ 메모하고 따져보라
④ 토론하고 논쟁하라
⑤ 설득력을 강화하라
⑥ 적용하고 실천하라
⑦ 권위를 딛고 서라
⑧ 과정을 단축하라
⑨ 정취를 깃들여라
⑩ 핵심가치를 잊지 말라

역사 속 전쟁에서 경영 전술·전략을 배운다
《한국사 전쟁의 기술》

한정주 지음, 다산초당 펴냄

광개토대왕이 18세에 즉위했을 때 삼국의 주도권을 잡고 있던 나라는 백제였다. 고구려는 20여 년 전 평양성 전투에서 고국원왕이 전사한 이후 백제에 대한 패배의식을 떨쳐버리지 못하고 있었다. 그런 상황에서 애송이가 임금이 됐으니 백제는 고구려를 얕잡아보고 별다른 방비도 하지 않았다.

그러나 광개토대왕은 즉위한 지 두 달 만에 백제의 방심과 안일을 무참히 짓밟기라도 하듯 군사 4만 명을 거느리고 쳐들어가 10개 성을 함락하고 한강 유역까지 점령해버렸다. 그는 또 북쪽의 거란을 쳐서 남녀 500명을 사로잡고 예전에 잡혀간 고구려 백성 1만여 명을 데리고 돌아왔다.

몇 달 뒤에는 다시 백제를 공격해 깎아지른 절벽과 바다로 둘러싸인 난공불락의 관미성을 함락했다. 이로써 오랫동안 고구려를 괴롭혀온 패배의식과 콤플렉스를 말끔히 씻어내게 되었다. 얼마 후 그는 백제와 거란을 동시에 공격하는 교란작전으로 적의 허를 찌르며 대제국 고구려의 위상을 확립했다. 이 모든 것은 기마군단의 기동력과 기습작전을 십분 활용한 전략의 승리였다.

한국사의 판도를 바꾼 36가지 책략 소개

《한국사 전쟁의 기술》의 저자는 이를 '일단 전쟁을 개시했으면 절대로 시간을 끌지 말라'는 손자의 병법과 결부시켜 설명한다. 동서양을 막론하고 광활한 영토를 정복해 대제국을 건설한 정복왕들은 대개 속도전의 귀재였다는 것이다. 여기까지만 보면 전쟁의 기술과 손자병법을 병치시킨 생존전략서쯤으로 읽힌다. 그러나 저자는 이를 개성 상인 임상옥의 경영전략과 연계한다.

"속도전의 원리를 '빠르게 더 빠르게'라는 기동성에서만 찾는다면 그 사람은 '하류 전략가'에 불과하다. 최고의 전략가는 적군을 순식간에 제압할 수 있는 속도전을 구사할 때 반드시 체계적인 준비태세를 갖춘 다음 상대방의 약점을 찾아서 재빠르게 공격해 끝낸다. 이 같은 속도전의 전략은 '천천히, 천천히, 빠르게, 빠르게'의 과정으로 나눠 살펴볼 수 있다. 임상옥이 청나라 상인들의 인삼불매동맹을 깨고 예전보다 더 비싼 값에 인삼을 판매한 사건이 대표적인 예다."

인삼은 베이징 상인들이 가장 탐내는 조선의 특산물이었다. 임상옥이 베이징에 도착해보니 상인들이 조선 인삼을 싼값에 매입하기 위해 일제히 불매동맹을 맺어 거래가 이뤄지지 않았다. 사신을 따라온 조선 상인들이 돌아갈 때가 되면 인삼을 다시 갖고 갈 수밖에 없다는 약점을 이용한 것이다. 시간이 지날수록 조선 상인들은 초조해졌다. 그러나 임상옥은 베이징 상인들 역시 초조해하고 있다는 사실을 간파했다. 인삼 거래가 안 되면 그들도 한 해 사업을 망칠 게 뻔하기 때문이었다.

임상옥은 조선 상인들의 뜻을 하나로 모아 베이징 상인들과 쉽사리 타협하지 못하게 하고는 이에 따르지 않는 조선 상인들의 인삼은 자신이 몽땅 사들였다. 이렇게 체계적으로 공격 준비를 갖춘 그는 "모월 모일 모시에 인삼을 모두 불태워버리겠다"는 말을 유포했다. 그들의 불안감이 커질 무렵 그는 실제로 인삼에 불을 지르는 기습공격을 감행했다. 혼란에 휩싸인 북경 상인들은 임상옥의 말이 단순한 협박이 아니라는 것을 알고 그를 만류해 불매동맹을 깨고 종전대로 거래하자고 제의해 왔다.

전쟁은 생사를 건 투쟁인 만큼 전략과 전술도 급박한 상황에 따라 변화하고 이는 인간사에도 그대로 적용된다. 전쟁터의 군사전략이 정치전략이 되고, 시장 속의 경영전략과 인간관계의 전략, 리더십의 전략, 조직운영의 전략이 되기도 하는 이유가 바로 이것이다.

그러자 임상옥은 '재빠르게' 그들이 예상하지 못한 조건을 내놓으며 전보다 훨씬 높은 가격에 인삼을 모두 팔았다. 이는 '빠르게'라는 전략도 '천천히'라는 단계를 준비한 후에 써야 된다는 것을 일깨워주는 일화다.

다른 예를 보자. 흔히 삼국시대 최고의 전략가로 김유신을 떠올리지만 저자는 백제의 성충을 최고 전략가로 꼽는다. 성충은 백제, 고구려, 신라, 당나라 간에 얽힌 군사·외교적 이해관계를 통해 고구려의 연개소문과 동맹을 맺고 신라의 사신으로 간 김춘추를 볼모로 잡는 데 성공했다.

또 김유신에게 포섭된 백제 관리의 모함으로 유배객 신세가 됐음에도 탄현과 기벌포를 막으면 나당 연합군의 공세를 꺾을 수 있다는 마지막 전술적 판단을 놓지 않았다. 이처럼 성충은 거시적인 정세파악 능력과 세부적인 전술활용 능력을 갖추고 있었기 때문에 삼국 최고의 전략가가 됐다는 것이다.

강동 6주의 반환을 이끌어낸 서희와 소손녕의 담판은 또 어떤가. 그동안에는 서희의 기개와 담력이 이뤄낸 결과로 알려져 왔지만, 사실은 송나라와 요나라, 여진 등 동아시아의 복잡한 관계를 이용해 이로움과 해로움을 동시에 수반하는 양면 협상전략을 쓴 덕분이었다는 게 저자의 분석이다. 협상의 이면에 치밀한 전략적 숙고와 판단이 있었기에 가능했던 외교적 승리라는 것이다.

청야전술淸野戰術로 대표되는 고구려군의 지연술과 고려군의 게릴라 전술, 왕좌를 되찾기 위해 분열 전술을 폈던 고려 인종의 사례, 인정 때문에 김용의 반란을 막지 못했던 공민왕의 패착, 일제강점기의 '황금 대왕' 최창학의 선점전략도 마찬가지다.

임진왜란 때 이순신 장군이 보여준 원거리 포격전(옥포해전)과 지휘부를 집중 타격하는 공격술(당포해전), 적의 전략 본거지를 격파하는 전면전(부산해전), 적군의 공포심리를 활용한 방어전(견내량 봉쇄) 등에서는 '전투 상황과 적의 형세에 따라 변화무쌍하게 행동하라'는 교훈을 발견할 수 있다.

현대에서도 여전히 유용한 역사 속 전쟁의 기술

그는 이처럼 우리나라 전쟁사의 씨줄과 날줄을 손자병법의 36가지 전략에 비춰 새롭게 직조해내면서 '최선의 승리란 싸우지 않고 이기는 것, 적을 온전히 두고서 승리하는 것'이라고 거듭 강조한다. 이는 손자병법 전반에 흐르는 철학이자 동서고금의 전쟁사가 확인시켜준 진리이기도 하다.

전쟁은 생사를 건 투쟁인 만큼 전략과 전술도 급박한 상황에 따라 변화하고, 이는 인간사에도 그대로 적용된다. 전쟁터의 군사전략이 정치전략이 되기도 하고, 시장 속의 경영전략과 인간관계의 전략, 리더십의 전략, 조직운영의 전략이 되기도 하는 이유가 여기에 있다.

따라서 그는 과감함보다 신중함을, 결단력보다 인내력이 더 중요하다고 역설한다. 나와 상대방이 동시에 승리할 수 있는 '윈윈 전략'이야말로 최고의 선택이라는 것이다. 특히 현대사회에서는 감정적인 분노를 전략적으로 통제하면서 상대방을 가슴에 품어 안을 수 있는 사람이 최후의 승자가 될 수 있다는 얘기다.

페이지를 넘기다 보면 수백, 수천 년 전의 현인들도 지금 우리와 비슷한 문제 때문에 고민했다는 것을 알 수 있다. '깊게 생각하고 멀리 내다보라', '전투의 승패는 기세와 타이밍에 달려 있다', '시스템과 네트워크와 커뮤니케이션으로 승부하라' 등의 구체적인 가르침이 '온라인 연재 조회수 10만 기록'이라는 인기 비결을 확인케 해준다.

함께 읽으면 좋은 책

- 《손자병법-시공을 초월한 전쟁론의 고전》
  손자 지음 | 김원중 옮김 | 휴머니스트
- 《갈리아 원정기》
  가이우스 율리우스 카이사르 지음 | 천병희 옮김 | 도서출판 숲

독서, 몰입으로 가는 첫 관문
《네트로피》

한지훈 지음, 은행나무 펴냄

학습의 몰입도를 높이는 네트로피 공부법

"공부를 시작하려면 거창한 계획을 세우기보다 지금 당장 책상에 앉아 책을 펴라. 일단 시작하고 그다음 계획하라." "공부는 30분 단위로 끊어서 하라. 집중적인 긴장감을 주면서 하는 공부가 진짜 공부다. 30분 간격으로 10분씩 휴식하며 집중하라. 최소 네 번 이상 반복하라." "책을 손에 쥐고 있거나 언제든 가까이에 두라. 우리 뇌는 언제나 귀찮음과 짜증을 유발하는 노르아드레날린을 분비하는데 이 녀석을 잡아야 공부를 할 수 있다. 이때 재빨리 책을 펴라." "보다 강해지고 멋있어지고 싶다는 생각을 하라. 끊임없이 생각하라. 죽는 순간까지 책을 손에서 놓지 말라. 건전한 생각을 하면 얼굴이 멋있어진다." "뇌에 좋은 영양제는 걷기와 웃기다. 하루 3km 이상 걸어라.

많이 웃고 재미있는 얘기를 많이 하라. 한 번 웃으면 영어단어 50개는 덤으로 얻는 선물이다."

엔트로피 상태에서 벗어나라

학습법 전문가 한지훈 씨가《네트로피》에서 알려주는 몇 가지 공부방법이다. 학습동기 부여와 언어영역 강사로 이름을 떨쳐온 그는 오랜 경험에서 체득한 새로운 공부법을 제시한다. 그 핵심이 바로 책 제목이기도 한 '네트로피'다. 네트로피netropy란 네거티브 엔트로피negative entropy의 줄임말이다. 엔트로피는 '모든 물질이 점점 무질서를 향해 간다'는 원리를 말하는 것으로 과학·사회 현상 등에서 자주 쓰는 용어다. 네트로피란 이 엔트로피의 반대 개념이다. 즉 무질서가 아닌 질서를 향해 간다는 것이다.

그는 이렇게 물리학 법칙을 공부에 적용해 네트로피 상태를 지향한다면 우리의 심리와 두뇌를 최적의 공부 상태로 유지할 수 있다고 강조한다. 열심히 공부하는 것처럼 보이지만 제대로 성적이 오르지 않는 학생들은 대부분이 엔트로피 지수가 높다는 점에 그는 주목했다. 엔트로피 상태에서는 공부에 관한 관심과 집중도가 낮아지기 때문에 빨리 이 상태를 벗어나게 만들어 학습의 몰입도를 높이는 게 중요한데 이것이 네트로피 학습법의 본질이다.

1~2장에서 엔트로피와 네트로피에 대한 이론을 설명하고, 3~4장에서는 네트로피 단계로 진입하기 위한 실천적 방법을 제시

한다. 자신의 엔트로피 상태를 측정할 수 있는 테스트와 남학생과 여학생을 위한 각각의 맞춤 공부법 등도 수록했다. 학생뿐만 아니라 직장인 등 남녀노소 누구나 실생활에 적용할 수 있어 유용하다.

"오르지 않는 성적을 탓하기 전에 자신의 엔트로피 지수부터 점검하라. 공부를 열심히 하는데도 성적이 오르지 않는 것은 잘못된 공부 습관 때문이다. 물이 위에서 아래로 떨어지는 자연의 법칙을 무시할 수 없듯이 만약 우리의 뇌가 엔트로피 상태에 놓여 있다면 작은 유혹에도 쉽게 굴복하며 순간의 쾌락만을 찾게 된다. 따라서 엔트로피 상태에서는 누구도 공부를 잘할 수 없다. 지금 공부에 집중할 수 없고 주의가 산만하다면 엔트로피 상태가 아닌지 한번 점검해볼 필요가 있다."

결국 네트로피 상태에서야 온전하게 몰입할 수 있다는 얘기다. 그는 네트로피 상태로 가는 것을 '집을 치우는 것'과 같다고 한다. 한번 어지럽혀진 집을 치우지 않고 방치하면 나중에 더 많은 수고를 들여 치워야 하지만 즉시 청소를 하면 관리가 쉬워지는 것과 같은 원리라는 것이다.

"공부를 하기 위한 주변 정리와 안정된 습관을 들여놓고 계속해서 시행해나간다면 어떤 유혹에도 굴하지 않고 공부에 몰입할 수 있다. 청소를 하다 보면 어느 순간 청소에 집중하고 있는 자신을 발견할 수 있듯이 공부 역시 머릿속을 정리하는 기분으로 꾸준히 차근차근 해나가면 어느새 몰입하고 있는 자신을 발견하게 될 것이다."

그는 뇌를 네트로피 상태로 바꾸는 공부법칙을 크게 3가지로 나눈다. 첫째, 끊임없이 읽고 또 읽어라. 네트로피 상태로 진입하기 위한 첫 단계가 '읽기'라는 것이다. 읽기를 통해 의식에 질서를 부여할 수 있다. 둘째, 진정으로 심사숙고해서 자신의 인생 최종 목표를 설정하라. 최종 목표가 있다는 것은 막연한 삶을 구체적으로 정리할 수 있다는 것을 뜻한다. 셋째, 엔트로피 상태를 벗어나서 네트로피를 향하도록 생활 패턴을 바꾼다. 일상생활에서 엔트로피 상태를 급격히 촉진하는 분노, 즉흥적인 유흥, 의미 없는 만남, 말다툼 등에서 벗어나라는 것이다.

네트로피로 진입하는 방법의 첫 번째가 '끊임없는 독서'라는 대목이 신선하다. 독서는 우리 마음의 불안을 잠재우고 지식을 쌓게 함으로써 무의식적으로 최선을 선택할 수 있도록 이끈다는 것이다. 인생의 최종 목표를 세우고 생활습관을 바꾸는 데에도 도움이 된다고 한다. 이를 위해서는 텔레비전, 게임, 웹서핑, 무의미한 만남을 가급적 금하고 분노와 의심, 거짓말도 삼가라는 조언도 들어 있다. 원대한 꿈을 이루기 위한 목표에 대해서는 '탐구 본능'과 '열정'을 강조한다.

우선 원대한 목표와 열정을 가져라

"행복한 공부를 하기 위해 전제가 되어야 할 것은 원대한 인생목표다. 행복한 공부를 하기 위해서는 첫 번째, 자신의 탐구적 본능을 깨워주어라. 학문은 보물이 가득한 동굴과 같다. 동굴을 탐구할 본능이 없으면 동굴 속에 들어갈 수 없다. 탐구본능은 사람이면 기본적으로 지니는 천성이다. 단지 주변 환경 때문에 탐구에 대한 본능이 줄어들거나 없어질 뿐이다. 두 번째, 공부의 즐거움을 느끼기 위해서는 열정을 가져라. 열정은 지혜나 이성보다 앞서야 한다. 이성은 차갑고 냉철하지만 감성이 없고, 지혜는 현명하지만 쓰지 않으면 무용지물이다. 이성이나 지혜는 공부를 하기 위한 필수요소다. 이 요소들을 갖추기 위한 기본이 바로 열정인 것이다. 열정은 나이가 적으나 많으나 상관없이 인간을 움직이게 하고 활동하게 하는 에너지다. 열정은 용광로와 같이 뜨거워서 때로는 실수도 하지만 그 실수가 바로 공부의 즐거움을 깨닫게 하는 원천이 된다."

생활 패턴을 바꾸는 방법도 알려준다. 걱정과 불안 때문에 엔트로피 상태가 지속되면 공부에 집중할 수 없고 학습 능력도 떨어진다. 이럴 때는 어떻게 해야 할까. 그는 '흔들리지 않는 집중'이 치유법이라고 얘기한다.

"이것을 극복하는 유일한 방법은 집중이다. 흔들리지 않아야 걱정과 불안이 없어진다. 그리고 하루 1시간 완벽한 의미의 집중은 당신을 걱정과 불안에서 벗어나게 해줄 수 있다. 당신이 지금 현재 걱정과 불안에 싸여 있다면 우선 종이와 펜을 꺼내서 정확한 걱정의 원인을 적어라. 그리고 그 걱정의 원인이 해결될 수 있는 간단한 것이라면 빨리 해결하고, 쓸데없는 망상에 불과하다면 일단 생각을 접어라. 그리고 머릿속에 다른 질서를 잡아주기 위해 공부를 시작하라. 집중할 때 공부만큼 빨리 효과를 보는 것은 없다."

공부에 몰입할 때 얻어지는 좋은 느낌 6가지도 참고할 만하다. 목표가 분명해지고, 어려운 과제와 높은 공부수행 능력 사이에 균형을 유지할 수 있으며, 집중력이 강화되고, 몰입 직전 30초와 직후 5분 동안의 효과가 커지며, 자기통제가 쉽고, 시간에 대한 감각이 달라진다는 게 키포인트다.

저자의 다른 책

- 《스페로 스페라》 한지훈 지음 | 42미디어콘텐츠
- 《야생적 창조》 한지훈 지음 | 무한

무엇이 우리의 지갑을 열게 하는가
《소비 본능》

개드 사드 지음, 김태훈 옮김, 더난출판사 펴냄

DNA 속에 감춰진 소비 본능

뷔페에 가면 왜 과식을 하게 될까. 왜 남성은 고급 자동차에 열광하고 여자는 명품 쇼핑에 미칠까. 왜 외할머니의 손자 사랑은 남다를까. 남성이 바람을 많이 피우는 이유는 뭔가. '지름신(충동구매 욕구를 뜻하는 인터넷 용어)'은 대체 어디에서 솟아 나오는 걸까. 머리일까, 마음일까.

캐나다 컨커디어대학교 경영대학원의 마케팅 교수인 개드 사드는 《소비 본능》에서 진화생물학을 토대로 이 같은 소비욕의 정체를 파헤친다. 그는 "우리의 소비 행동이 이성적인 판단보다 유전자를 타고 내려온 진화 본능에 따라 결정된다"며 '소비 본능'을 4가지 분야로 나눠 설명한다.

소비행동, 살아남기 위한 본능적 행동

첫째는 '생존'이다. 머리로는 건강에 좋지 않은 줄 알면서도 고칼로리 음식에 탐닉하는 게 수렵채취 시절부터 영양분을 몸에 축적해놓으려던 생존 본능 때문이라는 분석이다.

"대부분의 종이 직면하는 2가지 핵심적인 생존 문제는 음식 채집과 포식자 회피다. 소비 맥락에서 많은 현상들은 근래의 생존 문제들에 대한 적응적인 해결책의 표현이다. 고칼로리 식품에 대한 우리의 보편적인 선호는 칼로리가 부족하고 확보 여부가 불확실한 환경을 극복하려는 적응의 결과이다."

우리가 몸에 좋지 않다는 햄버거나 지방이 가득한 베이컨, 고열당 탄산음료 등을 좋아하는 이유도 생존을 위한 적응전략의 일환이라고 그는 설명한다. 인류는 고지방 음식을 선호하도록 진화했고, 이에 따라 기업들이 생리적 선호를 충족시키기 위해 제품을 생산하면서 소비자도 이를 더 적극적으로 소비하게 된다는 것이다.

뷔페에서 충분히 먹었는데도 달콤한 초콜릿 케이크의 유혹을 뿌리치기 힘든 건 '다양성 효과' 때문이라고 한다. 맛이나 향이 같아도 색깔이나 형태가 늘어나면 누구나 더 먹는다는 것이다.

실험을 통해 초콜릿 엠앤엠M&M의 색깔과 수를 늘리고 파스타 모양을 각기 다르게 하자 섭취량이 최대 77% 늘어나고, 잼 종류를 6가지에서 24가지로 늘리자 시식대 앞에 멈추는 고객이 20% 증가했다는 결과도 소개한다.

소비자가 다양성 효과에 취약한 이유는 바로 인간이 '잡식동물'이기 때문이라고 한다. 인간은 필요한 영양소를 고루 섭취하고 단일 음식에 있을지 모를 독소를 피해가기 위해 여러 가지 음식을 먹으면서 생존해왔다는 얘기다.

선택받기 위한 인간의 과시적 소비

둘째는 '번식'이다. 남자들이 폼 나는 고급 승용차를 갖고 싶어 하는 것도 번식 본능의 하나다. 이는 자신의 사회적 지위를 드러내기 위한 행동이다.

즉 여자들이 성공한 남자에게 매력을 느끼는 것을 알기 때문이다. 수컷 공작이 짝짓기할 때 꼬리를 펼쳐 보이는 것과 같은 이치다.

여성들이 하이힐에 열광하는 것 역시 진화론적 번식 본능 때문이라고 한다. 하이힐을 신으면 엉덩이가 약 20도에서 30도 위로 올라간다. 하이힐은 중력 때문에 처지는 몸을 탄력 있고 더 젊게 보이도록 돕는다. 짝짓기할 준비가 된 포유동물의 자세와 비슷해서 남성에게 매력적으로 비친다는 분석도 있다.

"꽃을 받는 사람들은 대개 꾸미지 않는 미소로 표현되는 본능적이고 긍정적인 기분을 느낀다. 꽃을 소비하는 동기를 고려할 때 짐작할 수 있는 한 가지 가능성은 꽃을 받은 후에 느끼는 이 같은 감정이 생명애의 발현이라는 것이다. 이 사실은 잠재적 배우자를 끌어들이기 위해 꽃으로 둥지를 꾸미는 수컷 집짓기새 같은 다른 종들

뿐만 아니라 다양한 문화적 환경에서 꽃이 구애의식의 핵심적 소품인 이유를 설명해준다."

셋째는 '혈연 선택'으로 인간이 가족 부양을 당연하게 받아들이는 게 여기에 해당한다. 진화라는 것 자체가 애초에 유전자의 전달을 중시한다는 사실을 감안하면, 같은 유전자를 공유한 존재(부모, 자식, 사촌)에게 투자하는 것은 전적으로 타당하다는 설명이다.

소비에서 발견되는 호혜적 연대

넷째는 '호혜적 이타성'으로 형제나 부모, 자식보다 친구에게 더 비싼 선물을 해주는 경우다. 이것은 왜 그럴까. 그는 코스타리카의 흡혈박쥐들을 사례로 든다. 흡혈박쥐들은 밤 사냥 후에 빈손으로 돌아오기도 하는데, 그럴 때는 다른 비혈족 박쥐가 굶주린 박쥐의 입에 피를 넣어준다고 한다.

이처럼 타인에게 베푸는 호혜적 이타성은 기아에 대비한 일종의 보험과 같은 수단으로 진화했을 가능성이 높다고 그는 풀이한다.

"호혜적 연대는 가까운 친구에게 주는 선물, 이질적 문화들에서 발견되는 환대의 전통, 경제적 거래에 내재된 신뢰, 내 집단 소속 여부를 알리고 싶은 욕구(유행하는 옷을 입거나, 문신을 하거나, 스포츠팀을 응원하는 것 등)처럼 수많은 소비적 맥락에서 발견된다. 최근에 두드러진 소셜 네트워킹 사이트(페이스북, 트위터, 유튜브, 브랜드 커뮤니티 등)의 급성장은 상호 연결성에 대한 인간의 욕구를 추동하는 진화적 힘을 말해준다."

그는 성호르몬과 손가락 길이, 키 등 진화의 중요한 단서로 비즈니스 세계를 설명하기도 한다. 월스트리트에서 남성 호르몬인 테스토스테론 수치가 높은 트레이더일수록 수익률이 높았고, 손가락 길이 비율이 남성적인 사람이 더 나은 실적을 올렸다고 한다. 또 미국 대선에서는 거의 언제나 키가 더 큰 후보가 승리했다고 한다.

그에 따르면 남성 호르몬은 혁신을 이끄는 엔진으로 작용했지만 금융위기를 초래하는 내분비적 원동력을 제공하기도 했다. 엔론, 월드콤, 베어링은행 사건 등 지난 20년 동안 기업 스캔들을 일으킨 사람은 대부분 남성이었다.

테스토스테론이 더 큰 위험을 감수하게 하고 충동적인 행동을 불러일으킨다는 것이다. 카지노에서 섹시한 미녀들이 일하는 것도 남성들이 예쁜 여성 앞에서 더 많은 위험감수 경향을 보이기 때문이다.

진화심리학을 이용한 기업 마케팅 필요

결국 우리의 지갑을 여는 것은 손이나 머리가 아닌 DNA라고 그는 말한다. 그래서 "기업들도 이러한 진화심리학을 기초로 마케팅 전략을 짜야 한다"고 제안한다.

그동안 '차별화'란 단어 아래 특수하고 다른 것에만 주의를 기울여온 마케팅 전문가들에게는 "변하지 않는 트렌드들이 무엇인지 먼저 파악해라. 그러면 자연스럽게 새로운 트렌드가 보일 것이다. 진정한 마케팅 아이디어는 이런 변하지 않는 트렌드에서 나온다"고 조언한다. 변하지 않고 이어지는 트렌드나 현상들은 바로 인간의 기본적인 속성을 반영하고 있으며 이것이 곧 본능이라는 것이다.

"인간의 소비 본능은 양날의 검과 같다. 우리의 무거운 생태적 족적의 중심에는 무절제한 소비 욕구가 있다. 동시에 우리는 자연계의 공손한 관리인이 될 수 있는 타고난 역량을 갖고 있다. 궁극적으로 지구의 미래는 이 2가지 본능적인 힘 사이에 적절한 균형을 유지할 수 있는 우리의 능력에 달렸다."

함께 읽으면 좋은 책

- 《소비의 역사》 설혜심 지음 | 휴머니스트
- 《진화심리학》
  데이비드 버스 지음 | 이충호 옮김 | 웅진지식하우스

당신을 최고로 만들어줄 빛나는 가르침
《이 한 줄이 나를 세일즈 왕으로 이끌었다》

김동범 지음, 다산북스 펴냄

"그저 흘러가는 대로 따라가는 사람은 정말로 고귀한 원칙을 지향하지 못한다. 이런 사람은 이상도 없고 신념도 없다. 단지 이 세상의 미미한 조각일 뿐이다. 살아 움직이는 것이 아니라 단지 움직여지는 그런 존재에 불과하다."

스위스 철학자 아미엘이 한 말이다. 이 말은 한 소년의 가슴에 깊은 울림을 줬다. 소년은 가정 형편이 어려워 스스로 학비를 벌어야 했기에 잡지 세일즈로 대학 등록금을 모으기로 하고 집집마다 찾아다니며 잡지 구독을 권유하던 중에 이 명언을 접했다. 원래 수줍음이 많은 데다 말재주도 없어 문전박대를 당하기 일쑤이던 그는 책에서 발견한 이 한마디에 힘을 얻어 꿈을 키울 수 있었다.

힘들 때마다 불굴의 의지로 자신을 일으켜 세우면서 열심히 일한 결과, 그는 많은 실적을 올리고 그 돈으로 대학에 입학해 경제학을 공부했다. 졸업한 다음에는 월스트리트로 진출해 기업가치가 낮게 평가된 주식들만 골라내는 뛰어난 안목으로 큰돈을 벌었고 대공황을 극복하는 데에도 일조했다. 용기를 심어준 긍정의 말 한마디가 소년을 미국에서 가장 성공한 부자로 만들어줬던 것이다. 그 소년이 바로 월스트리트의 전설로 불리는 존 템플턴이다.

톱 세일즈맨들의 인생을 바꾼 명언을 한곳에

《이 한 줄이 나를 세일즈 왕으로 이끌었다》의 서문에 나오는 얘기다. 이 책은 어떤 순간에도 좌절하지 않고 도전정신과 용기로 자신을 무장해야 하는 세일즈맨에게 보내는 멘토들의 명언을 모은 것이다. 톱 세일즈맨들의 경험에서 나온 깨달음을 7가지 주제로 엮었다. 1200여 개의 주옥같은 글을 모은 세일즈 명언집이라 할 수 있다.

긍정의 마인드를 심어주는 것부터 까다로운 고객을 응대하는 법, 클로징을 결정짓는 단 한마디, 하루와 한 해의 목표를 세우고 달성하는 노하우, 고객을 설득하는 비결, 니즈 환기와 구매 욕구를 불러일으키는 비법, 슬럼프에서 벗어나게 해주는 격려의 말 등 빛나는 어록이 책갈피마다 박혀 있다.

시간이 날 때 어느 페이지를 펼쳐 읽어도 좋다. 엮은이는 마케팅 전문 컨설턴트이자 보험회사 점포장으로 근무하면서 전국 꼴찌 점포를 2년 만에 상위권으로 끌어올린 현장 리더이기도 하다. 그는 이 책에서 철강왕으로 유명한 앤드루 카네기의 일화도 소개한다. 카네기가 집집마다 방문하면서 학습교재와 생활용품을 세일즈하던 젊은 시절, 업적이 형편없어 절망에 빠졌을 때 그에게 용기를 심어준 사건은 다름 아닌 모래사장 위에 볼품없이 놓인 낡은 나룻배를 그린 한 폭의 그림 아래에 쓰여 있던 "반드시 밀물 때는 온다"는 한마디였다. 이후 그는 이 말을 평생의 생활신조로 삼았다고 한다.

주방기구 세일즈로 크게 성공한 지그 지글러는 어떤가. 그는 젊은 시절의 수많은 난관을 상기하면서 "적절한 순간의 진실한 말 몇 마디가 인생에 얼마나 큰 영향을 줄지는 아무도 모른다"고 했다. 지그 지글러뿐만 아니라 위대한 업적을 남긴 모든 판매왕은 뚜렷한 목표의식뿐만 아니라 목표를 지탱해주는 한 줄의 좌우명을 가슴에 새기고 더 큰 성공의 발판을 구축해나갔다.

전 세계 보험업계 별들의 모임인 MDRT(백만 달러 원탁회의)의 회장을 지낸 조지 피켓은 35년 이상 보험 세일즈를 하면서 터득한 경험을 바탕으로 "급변하는 환경에서 살아남아 소득을 많이 올릴 수 있는 비결은 톱 세일즈맨들의 살아 있는 경험을 벤치마킹하는 것"이라고 했다.

승자는 성공한 사람들의 목소리에 귀를 기울인다

더 빨리 성공하고 싶다면 자타가 공인하는 톱 세일즈맨들의 실천 노하우를 배우고 롤모델로 삼아 세일즈 인생을 가다듬어 나가는 게 중요하다는 것이다. 엮은이는 "이를 통해 경험을 쌓고 실패를 최소화하고 성공 확률을 높여 더 빨리 목적을 달성할 수 있는 엔진을 얻을 수 있기 때문"이라고 말한다.

그는 "승자들은 성공한 사람들의 목소리에 더 많이 귀를 기울이며 그들의 말을 공유하려 노력한다. 고객과 밀접한 관계를 갖고 있는 기업에서도 세일즈는 아주 중요한 전략이므로 대업을 이룬 기업가들의 명언도 함께 실었다"고 설명했다.

자동차 판매왕 조 지라드의 성공도 한마디의 '빛나는 가르침'에서 시작됐다. 고등학교에서 퇴학당하고 간신히 마련한 직장에서 번번이 쫓겨나 일자리를 40여 군데나 옮긴 그는 '35세까지 세상에서 가장 실패한 낙오자'였다고 고백할 정도로 처참했다.

마음먹고 시작한 사업마저 사기를 당해 벼랑 끝으로 몰린 그는 수많은 실패를 거울삼아 세일즈 전략을 연마하며 대성공을 거두었다. 그가 터득한 세일즈의 명언은 "순간의 목마름을 적셔줄 물 한 모금을 찾기보다 '소개'라는 영원히 마르지 않는 샘을 파라"였다. 그 결과 13년 동안 자동차 1만 3001대를 판매하는 대기록을 세웠고 '세계 1위 세일즈맨'으로 기네스북에 12년간이나 연속 선정됐다.

이 같은 사례뿐만 아니라 엮은이가 좌우명으로 삼는 '불광불급 不狂不及(미치지 않으면 결코 도달할 수 없다)'도 눈길을 끈다. 우리나라 보험업계 최초로 10년 연속 보험판매왕에 오른 삼성생명의 예영숙 씨가 평소 후배들에게 강조하는 말이라고 한다. 일에 미치도록 열중하지 않으면 성공에 도달할 수 없다는 것은 비즈니스의 정석이다. 그는 "이왕 하는 일, 피할 수 없으면 즐기면서 하고 미친 듯이 하자"는 말을 하루에도 몇 번씩 되새기면서 마음의 끈을 동여맨다고 한다.

이 책에는 "노No를 거꾸로 쓰면 전진을 뜻하는 온On이 된다. 모든 문제에는 반드시 문제를 푸는 열쇠가 있다. 끊임없이 생각하고 찾아내라. 그것을 발견할 수 있다고 확신하라"(성공 컨설턴트 노먼 빈센트 필), "시간은 모든 것을 데리고 가버린다. 사람의 마음마저 가져가버린다"(로마 시인 베르길리우스 마로), "성공하는 신제품과 서비스의 아이디어 10개 중 8개는 고객에게서 나온다"(마케팅 전문가 돈나 그레이너) 등의 간결한 어록이 페이지마다 5~6개씩 펼쳐져 있다.

"인내는 용기로 무장해 성공의 씨앗을 뿌리내리게 해주는 마음의 쟁기다"(목사 캐서린 폰더), "만약 아름다운 눈썹 밑에 눈물이 괴어 넘치려 하거든 그것이 흘러내리지 않도록 굳센 용기를 갖고 견뎌라"(작곡가 베토벤) 등의 명언도 새겨들을 만하다.

마지막 페이지에 있는 셰익스피어의 말이 더욱 긴 여운을 남긴다. "세상의 일은 시작도 중요하지만 끝이 더 중요하다. 마지막에 웃는 자가 진정으로 웃는 자다."

함께 읽으면 좋은 책

- 《세일즈, 말부터 바꿔라》 황현진 지음 | 비즈니스북스(주)
- 《미친 세일즈》 차미경 지음 | 라온북

4장
남과 다르게 생각할 수 있는 용기

같은 생각, 그 위험한 끌림
《우리는 왜 극단에 끌리는가》

캐스 R. 선스타인 지음, 이정인 옮김, 프리뷰 퍼냄

《넛지》의 저자로 유명한 캐스 R. 선스타인 교수가 2005년 흥미로운 실험을 했다. 그는 미국 콜로라도의 한 도시에서 진보적 성향을 지닌 주민들과 보수적 성향을 지닌 주민들끼리 소그룹을 구성해 동성 간 결혼 등 몇 가지 사회적 이슈에 대해 토론하게 했다.

토론 결과 각 그룹 구성원들은 토론 전보다 더 극단적인 입장을 보였다. 진보 성향의 주민들은 동성 간 결혼에 대한 지지 입장을 더욱 굳혔고 보수 성향의 주민은 반대 입장을 더 강하게 표명했다. 이른바 그룹 내부의 동질감이 크게 강화된 것이다. 하지만 다양성은 놀라울 정도로 억제됐다. 그 결과 상대 집단과의 격차는 훨씬 더 크게 벌어졌다.

선스타인 교수는 '같은 생각을 가진 사람들이 빠지기 쉬운 집단사고의 위험성'을 여러 사례를 통해 보여준다.

사고방식이 비교적 유연한 것으로 평가되는 프랑스 사회에서도 이런 현상은 똑같이 나타났다. 몇 년 전 많은 프랑스 국민이 여러 소집단으로 나뉘어 자국 대통령에 대해 평가하고, 해외원조와 관련한 미국 정부의 숨은 의도에 대한 견해를 교환했다.

의견을 교환하기 전에 참가자들은 자국 대통령에 호의적인 반면 미국 정부의 의도에 대해서는 불신하는 경향을 갖고 있었다. 이들이 각각 자신들의 소집단에서 의견을 교환한 다음에 벌어진 현상은 콜로라도 사례와 거의 동일했다. 자국 대통령을 좋아하는 사람들은 호감의 정도가 훨씬 더 강해졌고, 미국에 대한 불신의 정도는 더 심해졌다. 사람들의 성향이 더 극단적으로 변한 것이다.

토론 결과 이들은 자기 지도자에 대해 더 열렬한 지지자가 됐고, 미국에 대해서는 더 부정적인 생각을 갖게 됐다. 한자리에 모여 의견 교환을 하지 않은 프랑스인들에게서는 찾아볼 수 없는 극단화 증상이 나타난 것이다.

비슷한 사람이 뭉치면 '집단 극단화'되기 쉬워

선스타인 교수는 《우리는 왜 극단에 끌리는가》에서 이런 '집단 극단화group polarization'가 정치뿐만 아니라 가족, 기업, 교회, 학생조직 등 여러 곳에서 똑같이 나타난다고 말한다. 재판부조차 비슷한 성향의 판사들이 함께 모이면 더 과격한 판결을 내리게 된다는 것이다.

"비슷한 생각을 가진 사람들은 함께 토론하고 나서 평소에 자기

들이 생각해온 것보다 더 극단적인 생각을 갖는 경향을 보였다. 이런 점을 염두에 두고 다른 집단들로부터 고립되고, 반항적이고, 폭력적인 성향을 가진 집단을 한번 가정해보자. 다른 집단들로부터 격리된 집단은 더 극명하게 폭력적인 방향으로 나아간다."

저자에 따르면 1930년대 파시즘의 부상, 1960년대 과격 학생운동, 1990년대 이후 격렬해진 이슬람 테러리즘, 1994년 르완다에서 벌어진 인종청소, 아부그라이브 수용소에서 미군이 자행한 고문과 가혹행위 등도 집단 극단화와 무관하지 않다. 정치적 극단주의는 집단 극단화의 산물인 경우가 많고, 사회적 격리는 이런 극단화를 유발하는 도구인 셈이다.

극단주의를 부추기는 '사회적 폭포 현상'

극단주의를 부추기는 요인은 여러 가지다. 그중에서도 집단 극단화와 더불어 소수의 믿음과 관점이 다수의 다른 사람에게로 확산되는 '사회적 폭포 현상social cascades'이 가장 위험하고 파장도 크다. 사회적 폭포 현상이란 자신이 실제로 아는 정보를 근거로 판단을 내리는 게 아니라 다른 사람들의 생각에 근거해 판단하는 것이다.

이는 특히 인터넷 세상에서 큰 영향을 미친다. 저자도 이번 책에서 "인터넷 토론방이 극단주의자들을 끌어모으고 이들의 사고와 행동을 더욱 극단화시키는 역할을 한다"고 지적한다.

"일부 네티즌들은 자신의 입장과 잘 들어맞는 토론방을 선택하고, 자기 생각과 다른 방은 버리면서 동질감을 확인하고 분노를 키운다. 이런 집단에선 온건한 입장을 가진 구성원은 밀려나고 열렬한 신봉자들만 남는데, 이렇게 되면 정말 위험한 상황이 벌어지게 된다. 구성원 간의 애정과 연대감이 최우선시되고, 폐쇄적인 극단주의가 만개한다."

'사회적 폭포 효과'와 '집단 극단화'라는 두 경로를 통해 전파되는 것 중 하나로 '루머'가 있다. 저자는 전작 《루머》에서 "많은 사람들은 두려움이나 희망 때문에 거짓 루머를 받아들인다"고 분석했다. 사람들은 알카에다를 두려워하기 때문에 자기가 사는 곳 가까이에서 알카에다 요원들이 공격 음모를 꾸미고 있다는 루머를 믿는 식이다.

반면 자신이 좋아하는 기업이 번창하기를 바라는 마음을 갖고 있기 때문에 그 기업이 내놓은 신상품이 반드시 성공을 거두고 기업 전망도 계속 좋아질 것이라는 루머를 믿는다.

루머는 어떤 사람들에게는 두려움을 부추기고 어떤 사람들에게는 두려움을 덜어준다는 것이다. 따라서 하나의 루머를 놓고 사람들이 전혀 다른 반응을 보이는 것은 불가피한 일이다.

저자는 2008년 세계 경제를 강타한 금융위기도 극단화라는 키워드로 설명한다. 부동산 가격은 반드시 오른다는 잘못된 믿음이 거품을 초래하고, 이것이 재앙으로 이어졌다는 것이다. 주가 폭등과 폭락도 이러한 극단화의 산물이라고 진단한다.

극단주의를 이기는 것은 다양성에 기초한 '민주적 문화'

물론 극단주의가 다 나쁜 것은 아니다. 빈곤이나 범죄와 같은 지역 문제에 무관심하던 사람들이 집단 극단화를 통해 이런 문제에 깊은 관심을 갖게 된다면 집단 극단화가 긍정적인 힘을 발휘한다. 그래서 저자는 테러리즘처럼 극단주의가 문제를 일으키는 것을 막기 위해 내부 견제와 균형, 표현의 자유, 다양성 등의 중요성을 강조한다.

"극단주의를 이기는 것은 다양성과 표현의 자유로 무장한 민주적인 문화다. 링컨 행정부의 '라이벌들의 팀'이 한 해법이다. 링컨은 자신의 생각에 이의를 제기할 수 있는 다양한 입장을 가진 사람들을 의도적으로 선택하고, 이들의 주장을 경청해 가장 합리적인 판단이 나오도록 했다."

이에 반해 부시 행정부는 어땠는가. 부시는 '라이벌 아닌 사람들의 팀'을 만들었고, 내부 다양성이나 반대 의견은 충성심 부족으로 간주했다. 그 결과 이라크전 등에서 집단 극단화가 활개를 쳤고, 부시 행정부 지도자들은 그에 맞설 아무런 조치도 취하지 않았다. 극단주의와 자기 확신이 일사불란함을 부추긴 것이다. 저자의 충고를 우리 사회에 적용해보면 어떨까. '신명'과 '끼'가 유독 많은 우리에게 '집단 극단화'와 '사회적 폭포'의 또 다른 모습은 없는가.

사람들을 움직이는 '공유지식'의 힘
《사람들은 어떻게 광장에 모이는 것일까?》

마이클 S. 최 지음, 허석재 옮김, 후마니타스 펴냄

게임이론으로 본 조정 문제와 공유지식

"'공유지식common knowledge'에 대한 관심 때문에 이 책을 선정했다. 소셜 미디어는 개인에게 특화된 경험을 서로 교환하며 넓은 경험을 만들어간다. 이를 디자인하는 데 공유지식은 매우 중요한 발상이다. 미래 발전에도 기여하는 바가 클 것으로 기대한다."

마크 저커버그 페이스북 최고경영자CEO가 '저커버그 북클럽'의 새 도서로 《Rational Ritual: Culture, Coordination, and Common Knowledge》를 선정하면서 그 이유를 이렇게 밝혔다.

이 책은 게임이론으로 다양한 사회현상을 풀이한 것이다. 2001년 프린스턴대학 출판부에서 초판이 출간됐고 2013년 개정판이 나왔다. 국내에는 2014년 《사람들은 어떻게 광장에 모이는 것일까?》라는 제목으로 번역됐다.

저자는 한국계 미국인 마이클 최Michael Chwe다. 노스웨스턴대학과 캘리포니아공과대학에서 경제학을 전공한 그는 시카고대학에서 경제학, 뉴욕대학에서 정치학을 가르쳤으며 현재 UCLA 정치학과 교수로 일하고 있다. 그는 게임이론으로 사회적 관계와 통화이론, 집단행동, 소수자 권리, 물리적 폭력 등의 현상을 설명하는 연구를 이어 왔다. 게임이론이란 이해관계가 다른 사람이나 집단 사이의 전략적 상호작용을 수학적으로 분석한 것이다. 다른 참여자의 행위에 따라 이해관계가 달라지는 게임 참가자들이 자기 이익을 극대화하기 위해 내리는 의사결정 과정과 결과를 분석한다.

내가 안다는 사실을 너도 알고 나도 안다

저자에 따르면 '내가 안다는 사실을 너도 알고, 네가 안다는 사실을 나도 아는 상태'가 곧 공유지식이다. 일례로 슈퍼볼 광고주가 기꺼이 비싼 광고비를 감수하는 것은 순식간에 상품을 '공유지식'으로 만들 수 있기 때문이다. 같은 슈퍼볼 중계방송에 시선이 꽂힌 시청자들에게 동시에 '너도 알고 나도 아는' 상품을 각인시킬 수 있다는 것이다.

그는 인터넷기업이나 금융회사, 맥주회사들이 슈퍼볼 경기 광고에 목을 매는 이유를 비롯해 사람들이 독재체제에 순응하고 저항하는 과정에서도 공유지식이 얼마나 중요하게 작용하는지를 일깨

위준다. 싼값에 더 좋은 물건을 사려는 소비자와 이런 선호를 고려해서 더 좋은 값에 더 많은 물건을 팔려고 하는 생산자 간에 일어나는 상호작용도 게임 상황이다.

공유지식의 형성에 중요한 역할을 하는 것이 '의례ritual'다. 예를 들어 왕정에서 왕실 행차는 모든 사람에게 '이 사람이 왕'이라는 공유지식을 알리는 역할을 했다. 아프리카 부족의 의례, 프랑스혁명기의 축제 방식도 마찬가지다. 또 고대 아테네 원형 극장, 근대 국가의 원형 스타디움은 대중의 시선이 한곳으로 몰리도록 해 쉽게 공유지식을 형성할 수 있게 했다.

이런 의례들이 언뜻 봐선 비합리적이고 불필요해 보이지만 실제로는 지배에 대한 동의를 이끌어내는 데 필요한 공유지식 산출 기능을 한다. 체제에 대해 내가 순응하듯이 다른 사람도 순응하고 있고, 우리 모두가 그러고 있다는 사실을 서로 알게 만든다는 얘기다.

광고도 그렇다. 슈퍼볼 광고를 시청하는 사람들은 다른 많은 이도 그들이 보는 것과 똑같은 것을 본다는 점을 알고 있고, 그 사람들은 많은 다른 사람들 역시 그 광고를 시청하고 있다는 점을 알고 있다. 순식간에 공유지식이 형성되는 것이다. 합의consensus에 의존하는 상품을 파는 광고주들이 황금시간대 광고를 위해 기꺼이 어마어마한 돈을 지불하려는 것도 이 때문이다. 취임식을 비롯한 매우 다양한 의례와 의식들은 모두 이와 같은 방식으로 작동한다.

이 책에서 특히 주목하는 게임 상황은 어떤 선택에 직면한 개인이 다른 사람들도 같은 선택을 해야만 바람직한 결과를 얻을 수 있는 때다. 사람들 간의 행위 선택에 이른바 조정coordination이 필요한 상황이다.

체제에 대한 저항도 공유지식을 기반으로 한다

체제에 대한 저항운동도 조정 문제다. 많은 사람이 분노하는 것만으로는 집단행동에 나서기가 어렵다. 그러나 내가 참여할 것이란 사실을 다른 사람이 알고, 다른 사람이 참여할 의사가 있다는 걸 내가 알고 있다는 사실이 연쇄적으로 꼬리를 물며 퍼지면 집단행동의 성공 가능성은 커진다. '재스민 혁명' 역시 페이스북 등의 소셜 미디어를 통한 공유지식 덕분에 가능했다.

"합리성에 관심이 있는 사람들은 시장에 관심을 가진다. 문화에 관심이 있는 사람들은 의례를 본다. 하지만 나는 이 서로 다른 세계가 별개로 존재한다고 생각하지 않는다. 원자적 개인들만의 세계도 없고, 순수하게 사회적인 집단만의 세계도 존재하지 않는다. 효과적인 사회제도들은 모두 개개인으로 하여금 상호 이익을 위해 협력하도록 만든다. 심지어 좁은 의미에서 합리적인 호모 이코노미쿠스조차 조정 문제를 풀 경우에는 공유지식을 형성해야만 한다."

집단적 반발을 막기 위해 권력자들이 공유지식을 차단하는 경우도 있다. 1977년 이집트의 빵값 폭동 사례가 이를 단적으로 보여준다. 사다트 대통령은 세계은행으로부터 차관을 받으면서 약속한 빵에 대한 보조금 철폐를 단행하려다 거센 반발에 직면하게 됐다. 그러자 정부는 빵의 크기를 점점 줄이고 밀가루에 값싼 옥수수를 섞는 편법으로 빵값을 서서히 올리는 기법을 썼다.

이런 전략은 기대 이상의 효과를 발휘했다. 사람들은 저마다 빵의 크기와 맛이 달라지고 있다는 것을 느꼈지만, 다른 사람도 똑같이 느꼈을 것이라는 점을 확신하지 못했기 때문에 적극적으로 저항하지 않았다. 빵 크기와 재료의 변화가 공개되지 않아 저항에 참여할지를 서로 알 수 없었던 것이다. 대중이 어떤 사안을 알고 있는 것에서 나아가 모두가 같은 것을 알고 있음을 인지하는 것이 관건이라고 것을 잘 보여준 사례다.

제러미 벤덤이 고안한 '원형 감옥'도 마찬가지다. 감독관은 중앙의 감시탑에서 원형으로 펼쳐진 감방의 죄수들을 모두 볼 수 있지만 죄수들은 감시탑의 흐린 유리 때문에 감독관을 볼 수 없다. 서로 간에도 시야가 막혀 있다. 감방 사이에 놓인 칸막이가 죄수들을 분리해 그들끼리의 의사소통을 막고 있다. 그러므로 그들은 조정 문제를 해결하기는커녕 집단행동조차 할 수 없다. 물론 이 경우에도 죄수들끼리의 공유지식은 있다. 그들은 각각 떨어져 있지만 자신이 홀로 감시당하고 있다는 사실과 다른 죄수들 또한 마찬가지로 취급되고 있다는 사실 정도는 알고 있다. 그렇기에 죄수들은 늘 감시당하고 있다는 것을 알고 그에 맞춰 행동할 수밖에 없다.

저자는 이 같은 공유지식 개념을 통해 집합행동과 정치적 권위, 대중문화와 의례, 소셜 네트워크와 소비자 행태, 건축과 조형, 광고 등 다양한 사회현상을 설명한다. 복잡한 수식 없이 아주 단순하고 명료한 이치를 통해 다른 분야에 관한 연관 아이디어까지 제공한다. 그 결과 게임이론이 얼마나 폭넓은 분야에 적용될 수 있는지 보여주는 새로운 시도라는 찬사를 받았다. 소셜 미디어의 미래에 관심이 많은 저커버그가 '꽂힐' 만하다.

함께 읽으면 좋은 책

- 《괴짜사회학》 수디르 벤카테시 지음 | 김영선 옮김 | 김영사
- 《직관펌프, 생각을 열다》
  대니얼 데닛 지음 | 노승영 옮김 | 동아시아

법은 왜 우리의 도덕과 상식에 역행하는가
《법은 왜 부조리한가》

레오 카츠 지음, 이주만 옮김, 와이즈베리 펴냄

법과 현실 사이의 응급순위 순환론

의사가 한 명밖에 없는 응급실에 사고로 다친 부부가 실려 온다. 남편은 두 다리를 모두 잃을 수 있는 중상을 입었고 부인은 집게손가락 하나만 심하게 다친 상태다. 그런데 남편은 의사에게 자신의 치료를 포기하고 피아노 치는 것이 삶의 희망인 부인의 손가락을 치료해달라고 강력하게 요구한다. 의사가 손가락을 치료하려는 순간 다리 한쪽을 다친 환자가 들어온다. 그는 손가락보다 더 심각한 자신의 다리를 먼저 치료해야 한다고 주장한다. 그러자 남편은 자신에게 치료 우선권이 있다며 아내의 치료를 요구한다. 다리 한쪽을 다친 환자는 손가락보다 자신의 다리가 더 응급상황이라고 주장한다. 이때 의사는 누구를 먼저 치료하느냐를 두고 딜레마에 빠지게 된다.《법은 왜 부조리한가》를 쓴 펜실베이니아대학 로스쿨의 레오 카츠 교수는 이 같은 상황을 '응급순위 순환론'으로 설명하면서 법과 현실 사이의 부조리를 얘기한다. 그러면서 법이 상충하는 여러 기준과 대안 사이에서 딜레마에 빠지지 않고 최상의 선택을 하기 위해 어떤 것을 왜 포기하거나 금지해야 하는지를 생각하게 해준다.

히틀러가 제정한 지체부자유자 강제 안락사법도 응급순위 순환론과 맞닿은 한 사례다. 이 법안이 통과되자 관련 기관에서 근무하던 의사들 중 일부는 사임했고 일부는 마지못해 법을 준수했다. 이를 훼방하려고 병원에 남은 의사들도 있었다. 이들은 가족들이 환자를 데려가도록 적극 권하는 등의 노력을 기울였다. 물론 그 와중에 어쩔 수 없이 안락사에 가담하기도 했다. 이후 전범재판에 회부된 의사들은 긴급피난의 항변을 들어 무죄를 주장했다. 안락사시킨 사람보다 살려낸 사람이 더 많다는 것이다. 하지만 법원은 이를 인정하지 않았다. 사임한 의사들은 남부끄러운 행위를 피할 수 있었지만 동시에 그곳에 남아 있어야만 수행할 수 있었던 인명구조의 기회를 회피했다. 누가 더 좋은 의사이고, 누가 더 나쁜 의사일까.

이런 판결을 보고 일반인은 의아해하면서 법과 현실 사이의 넘을 수 없는 벽을 절감한다. 이처럼 법의 부조리한 측면은 도처에서 발견할 수 있다.

살인에 대한 판단 잣대도 문화권에 따라 판이하다. 그에 따르면 사람을 죽인 행위가 살인죄로 판명 나려면 살인범이 그가 사람을 죽였다는 생각을 하고 있어야 한다. 피해자가 '사람'이라는 살인범의 믿음이 기준이라는 것이다. 수단 원주민이 이웃 부족을 마녀나 귀신이라 여기고 살해한 사건을 보자. 법정은 '귀신'을 죽였다고 믿는 경우에는 고의적으로 '사람'을 죽였다고 볼 수 없다는 판결을 내렸다.

하지만 '마녀'를 죽였다고 생각하는 사람과는 구분했다. 귀신은 사람의 형상을 지닌 초자연적 존재이지만 마녀는 초자연적 힘을 지닌 사람이라는 것이다. 이런 식으로 비슷한 형태의 미신 사이에서 둘을 분명하게 구분하는 것을 보고 사람들은 어이없어 한다. 하지만 여러 법정 사례는 귀신 살해범과 마녀 살해범을 이분법적으로 구분하는 것을 지지하고 있다.

허점 많은 모순이 존재하는 법

대체 법은 왜 우리의 도덕과 상식을 배반할까. 유죄냐 무죄냐의 이분법적 잣대를 버리고 복잡하게 얽힌 현실을 감안해서 절충적인 판결을 내릴 수는 없을까. 법은 왜 좀도둑질처럼 사소한 행위는 처벌하면서 물에 빠진 사람을 구조하지 않은 수영선수는 처벌하지 않을까. 왜 성매매나 대리모 계약처럼 양측이 모두 만족하고 누구에게도 피해가 없는 거래를 금지할까.

저자는 법의 모순이 근본적으로 한 가지 원인에서 비롯된다고 말한다. 그것은 경제적인 것도, 철학적인 것도, 정치적인 것도, 심리적인 것도 아닌 지극히 논리적인 것이다. 투표제의 모순과 문제점을 연구한 사회선택이론에 해답이 있다.

가장 민주적인 절차라고 여기는 다수결 투표제도에 어떤 문제가 감춰져 있는 걸까. 투표제도의 모순을 처음 연구한 사람은 18세기 프랑스 수학자 장 샤를 드 보르다였다. 그는 민주적이고 공정한 방식이라고 생각하는 다수결 투표제도가 사실은 우리의 선호도를 무시하고 엉뚱한 사람을 뽑을 수 있는 모순을 내포하고 있다는 걸 수학적으로 증명했다.

예컨대 A·B·C 후보를 두고 선거를 치른다고 하자. 사전 지지도 조사 결과에서 유권자들은 B후보보다 A후보를 더 선호했고, C후보보다는 B후보를 더 선호했다. 이런 결과를 토대로 우리는 투표에서 A후보와 C후보가 맞붙을 경우 A후보가 당선될 것이라고 예상한다. 그러나 우리의 예상이나 바람과는 달리 C후보와 A후보에 대한 다수결 투표에서 C후보가 당선되는 일이 벌어지기도 한다는 것이다. 수학자 마리 장 드 콩도르세는 사람들이 선거에서 자신이 선택하려는 후보와 무관한 후보의 정보를 듣고 선택을 바꾸는 비합리적인 행동을 한다는 사실까지 밝혀낸다.

20세기 들어 경제학자 케네스 애로는 대중의 바람을 그대로 반영할 수 있는 이상적인 투표제나 결함 없는 투표제도는 아예 존재할 수 없다는 것을 입증해 노벨경제학상을 받았다.

그는 이런 연구를 토대로 대중의 바람이 고스란히 반영된 '완벽한 집단의사'란 허구일 뿐이라는 걸 확인시켜줬다. 그라시엘라 치칠니스키 등 사회선택이론가들도 어떤 종류의 투표제도든 입력값이 미묘하게만 변동되어도 출력값이 엄청나게 바뀔 수 있는 취약한 구조를 갖고 있다고 지적했다.

선택기준·대안 많을수록 완벽한 선택이란 없어

저자 또한 투표제도가 '순위를 매기고 종합하는 의사결정 과정'에서 생겨나는 모순이며 법의 제정과 집행, 물건 구매행위까지 그런 원리로 진행될 수 있다고 말한다. 이는 여러 개의 대안을 놓고 순위를 매겨 하나를 선택하는 '다기준 의사결정' 행위이므로 선택기준과 대안이 늘수록 완벽한 선택이나 결과가 없어진다는 것이다. 사실 사회선택이론은 경제학에서도 통계학·수학·논리학·사회학적 지식이 조합된 어려운 이론이다. 그래서 이를 법의 문제에 효과적으로 비유하기 위해 그는 다양한 상황극을 동원하며 독자의 이해를 돕는다.

신장을 필요로 하는 사람에겐 생명이 걸린 일이고, 자발적으로 신장을 파는 사람에겐 금전적 이득과 생활 자체가 걸린 일인데 이런 거래를 금지하는 것도 부조리한 법의 양면적인 속성 때문이다.

실제로 미국에서는 신장을 기증받지 못해 매일 사람이 죽어가는데 중국에서는 신장 밀매 대기자들이 줄을 서 있다. 의학전문 사이트가 공개한 암시장 장기 매매가를 보면 신장은 26만 2000달러(약 2억 9560만 원), 간은 15만 7000달러(1억 7000만 원)이다. 미국에서만 약 11만 3100여 명이 장기이식을 기다리고 있는데, 2011년 장기기

증은 1만 4144건에 불과했다. 매일 장기기증을 기다리며 죽어가는 사람이 18명꼴이라고 한다.

저자는 사회철학자 칼 마르크스가 널리 알려진 그의 업적과는 달리 사생활에서는 주변인들에게 범죄와 다름없는 배은망덕하고 악랄한 행위를 일삼았지만 왜 법적으로 처벌받지 않았는지 등 역사적 사례도 풍부하게 인용한다. 인간이 받는 실질적인 자극과 감각기관 및 뇌가 해석하는 자극의 강도 차이까지 아우르는 통섭적 시각이 돋보인다.

함께 읽으면 좋은 책

- 《법은 사회의 브레이크인가, 엔진인가》
  에마뉘엘 피라 지음 | 이충민 옮김 | 모티브북
- 《법의 정신》 몽테스키외 지음 | 이재형 옮김 | 문예출판사
- 《법의 지도》 최승필 지음 | 헤이북스

우리가 몰랐던 의지력에 얽힌 비밀
《의지력의 재발견》

로이 F. 바우마이스터·존 티어니 지음, 이덕임 옮김, 에코리브르 펴냄

보통 사람들은 깨어 있는 시간의 4분의 1, 즉 하루에 4시간 정도를 욕망과 싸운다고 한다. 잘 알려진 대로 사람들이 저항하고자 하는 욕망은 식욕과 수면욕, 일에서 벗어나 쉬고자 하는 휴식 욕구, 성욕 등이다.

그런데 잠이나 섹스, 소비 욕구 등을 누르는 데는 비교적 강하지만 일하다 TV를 보거나 웹을 둘러보는 등의 욕망을 누르는 데는 자주 실패한다. 자신의 의지를 바탕으로 이런 유혹을 이겨낼 확률은 절반에 불과하다고 한다. 의지와 욕망, 정신과 감정의 관계에는 어떤 비밀이 얽혀 있을까. 특히 인간의 정신적인 에너지가 혈관 속 포도당을 활성화한다는데 이건 또 무슨 얘기일까.

미국 플로리다주립대학 심리학 교수인 로이 F. 바우마이스터와 칼럼니스트 존 티어니는 《의지력의 재발견》에서 "인간 행동을 결정짓

는 배후가 의지력willpower"이라며 "이는 포도당과도 밀접한 관계가 있다"고 말한다. 또 저혈당 환자들이 보통 사람에 비해 '집중'과 '부정적 감정 조절'에 더 큰 어려움을 겪는다고 설명한다. 범죄자나 폭력적인 사람 중 저혈당 증세를 보이는 경우가 많은 것도 이 때문이라고 한다.

코미디언 짐 터너의 사례를 보자. 그는 몸에 포도당이 떨어지면 흥분하기 시작하는데 그것을 알아채는 사람은 그의 아내뿐이었다. 아내가 주스를 건네주면 다시 침착해졌다. 주스 속 에너지가 몸 안에서 포도당을 만들면 안정을 되찾는 것이었다. 단 음식뿐 아니라 온갖 음식에 다양한 형태로 들어 있는 포도당은 혈관을 통해 온몸으로 퍼진다. 이는 근육과 심장, 간에도 전해져 의지력에 영향을 미친다.

여성들의 생리전증후군도 마찬가지라고 한다. 특정 행동이나 각종 문제를 증폭시키며 자기절제의 경계를 무너뜨리는 생리전증후군. 이에 시달리는 여성의 결근율이 두 배나 된다. 그러나 이는 외적인 충동과는 관계가 없다고 한다. 황체기라는 생리 전 주기에 여성의 몸은 에너지의 많은 부분을 난소에 보내거나 여성호르몬을 분비하는 데 쓴다. 많은 에너지와 포도당을 재생산 시스템에 투입하느라 다른 부분에 사용할 에너지가 부족해지면 우리 몸은 더 많은 연료를 갈구하게 된다. 그럴 때 먹는 점심의 양은 평소보다 170kcal 정도 더 많은 것으로 알려져 있다.

이것은 다이어트 실패 요인과도 직결된다. 이 책의 마지막 장 '다이어트에서 최악의 상황'에 나오는 얘기지만, 오프라 윈프리의 다이어트는 그녀의 의지력과는 상관없이 완벽하게 실패로 끝났다. 하지만 저자는 자기 절제와 체중 감소의 상관관계가 사람들의 통념보다 훨씬 적다고 강조한다. 그러면서 체중 때문에 고민하는 사람들에게 절대로 초콜릿이나 다른 음식을 포기한다고 선언하지 말고, 자신이나 다른 사람을 판단할 때 과체중과 의지력 부족을 동일시하지 말라고 권한다.

저자는 사람들의 다이어트 실패 이유를 '아무렴 어때 효과'로 정리한다. 전문용어로는 '역규제적 섭식 경향'이라고 한다. 다이어트 하는 사람들은 하루 섭취량을 일정한 목표로 정하는데 어느 날 예상치 못한 이유로 목표치를 초과하면 다이어트에 실패한 것으로 간주하고 그다음엔 아무래도 상관 없다고 생각한다. 그 결과 '아무렴 어때, 오늘은 즐기자'며 평소보다 많이 먹게 된다는 것이다.

의지력의 원천은 '포도당'

미국 컬럼비아대학 조너선 레바브 교수팀의 죄수 가석방 관련 연구도 흥미롭다. 연구팀은 1000여 건의 가석방 심리 과정을 분석한 결과 '판사가 아침에 무엇을 먹었는지'에 따라 가석방률이 달라진다는 것을 알아냈다. 아침식사 후 심사를 받은 죄수의 가석방 통과율은 65%에 달했지만, 오후 늦게 심사를 받은 경우에는 10%도 되지 않았다. 점심식사 전인 12시 30분에 통과된 비율은 20%에 불과했고 점심을 먹은 후에는 60% 이상으로 늘어났다.

판사들의 의지력이 포도당에 따라 요동치는 시점마다 가석방 확률이 달라졌다는 얘기다. 체내 포도당이 상대적으로 떨어져 의지력이 낮아지는 오후엔 판사들이 어려운 판단을 회피하고 죄수를 그대로 감옥에 두는 '안전한' 선택을 내린다고 연구팀은 분석했다.

두 저자는 이 같은 사례를 소개하며 의지력이 배터리처럼 몸속에서 충전됐다가 고갈되는 과정을 반복한다고 표현한다. 그러면서 의지력의 범주를 4가지로 나눈다.

첫째는 생각의 조절이다. 우리는 훈련을 통해 집중하는 법을 배우며 동기가 강할 때 그 효과는 커진다. 둘째는 감정 조절이다. 기분에 특히 집중하는 것을 심리학자들은 정서 조절이라고 부르는데 의지로 기분을 바꾸는 것은 쉽지 않다. 셋째는 충동 조절로 이는 사람들이 의지력과 가장 많이 연관시키는 영역이다. 넷째는 수행 조절이다. 현재 일에 에너지를 집중해 속도와 정확성을 높이고 시간관리를 잘하며 그만두고 싶을 때도 강한 의지를 발휘하는 범주다.

의지력을 키우는 일상생활 속 실천방법

그렇다면 의지력도 훈련을 통해 키울 수 있을까. 물론 감정을 통제하는 훈련은 의지력 강화에 도움이 되지 못하지만, 몇 가지 방법은 있다고 한다. 저자는 날마다 곧은 자세를 연습하거나 식단을 기록하는 것이 의지력 강화에 큰 도움을 준다고 말한다.

실험 결과 올바른 자세를 연습한 집단의 효과가 눈에 띄게 좋아졌다. 학생들이 구부정한 습관을 고침으로써 자신의 의지력을 강화할 수 있었고, 자세와 상관없는 다른 과제까지 더 잘해냈다. 과제 해결 능력뿐만 아니라 체력 테스트에서도 비슷한 효과가 나타났다. 자녀의 자존감과 자기절제 능력을 키워주는 방법도 이 같은 의지력의 원리와 같다.

단백질을 보충하면 의지력이 오른다

저자는 또 다른 의지력 실천방안으로 단백질을 보충할 것, 단순작업을 할 때는 시간제한을 둘 것, 부정적인 욕구를 잠시 미뤄두는 '긍정적 미루기' 습관을 들일 것 등을 제안한다.

심리학과 사회과학의 경계를 오가며 발견한 의지력의 원천이 포도당이었다는 걸 알고 나면 의아해할 독자도 있을 것이다. 그러나 뒤집어 생각하면 포도당 덕분에 의지력이 강해질 수 있다는 의미이기도 하다. 오, 신비로운 '정신의 묘약'이여!

포도당이 떨어지고 정신적 에너지가 약해질 때는 무슨 일이든 함부로 결정하거나 판단하지 말라는 충고도 새겨들어야 한다.

"의지력이 고갈되면 평소보다 강한 좌절감을 느끼게 될 것이다. 그러니 에너지가 고갈된 상태에서는 구속력 있는 결정을 내리는 것을 조심하라."

2011년 아마존 올해의 책에 선정된 베스트셀러다.

우리는 지금 무엇을 모방하고 있나
《모방의 법칙》

가브리엘 타르드 지음, 이상률 옮김, 문예출판사 펴냄

사회 전체를 형성하는 원천, 모방

러시아 문호 톨스토이의 《부활》에도 이름이 2번이나 등장할 정도로 유명하던 프랑스 사회학자, 판사와 법무부 범죄통계국장을 거쳐 명문 콜레주 드 프랑스에서 이름을 날린 철학교수, 19세기 말 에밀 뒤르켐과 함께 사회학계를 뜨겁게 달군 논쟁적 인물…. 오랫동안 잊힌 비운의 사회학자 가브리엘 타르드(1843~1904년) 얘기다.

그는 자신의 사상을 계승할 제자를 남기지 않고 세상을 떠나는 바람에 반대파의 비판 대상으로만 각주 속에 등장할 정도로 매장을 당했다. 출간한 책들도 절판돼 없어졌다.

그런 그가 철학자 질 들뢰즈의 재평가로 100여 년 만에 화려하게 부활했다. 들뢰즈는 그를 '미시사회학의 창시자'라고 극찬했다. 이런 열기에 힘입어 프랑스에서 타르드 전집이 잇달아 나오고 미국에서도 선집이 곧 나올 예정이다.

1890년에 출간된 《모방의 법칙》은 그의 저서 중 최고로 꼽힌다. 그는 이 책에서 인간은 본질적으로 모방적인 존재이며, 모방이 사회를 형성하는 원동력이라고 주장한다. 모방은 사회 일부에서만 벌어지는 행위가 아니라 오히려 사회 전체를 형성하는 원천이라는 것이다. 그에 따르면 예술이나 문학 등 창조적 모방뿐만 아니라 국가, 종교, 도덕, 관습, 언어 등에서 나타나는 연속적인 역사 흐름도 모방의 법칙에 의해 움직인다. 심지어 생물의 진화나 유전자 변이 같은 물리적인 세계에서도 마찬가지다.

그가 정의한 모방은 '한 정신에서 다른 정신으로의 원거리 작용, 즉 어떤 뇌 속에 있는 음화를 다른 뇌의 감광판에 거의 사진처럼 복제하는 것처럼 이뤄지는 작용'이다. 이는 의도된 것이든 아니든, 수동적인 것이든 능동적인 것이든 정신 간에 이루어진 사진 촬영의 모든 흔적을 뜻한다.

그는 모방과 창조의 연쇄고리를 다양한 시각으로 확장하면서 "가장 모방적인 자가 어떤 면에서는 혁신자"라고도 얘기한다.

"모든 것은 원초적인 상상 행위와 관련되어 있으며, 모든 사회적 유사는 이 원초적인 행위를 대상으로 삼았던 그 최초의 모방에서 유래한다."

누구나 이전의 모든 것에 영향을 받고 그것을 모방해 더 나은 쪽으로 발전한다는 것을 그는 개미 행렬을 통해서도 보여준다. 개미들은 먹이를 찾거나 일하러 갈 때 줄을 맞춰 움직인다. 부분적 창의성을 지닌 리더가 길을 발견하고 주변의 개미들은 리더의 행동을 모방하며 따라간다.

모방을 이끄는 원리는 믿음과 욕망

모방의 원리를 이끄는 심리의 기저는 무엇일까. 그는 '믿음'과 '욕망'이라는 2가지 요소에 관심을 갖는다. 독재자를 모방하려는 심리에도 우상을 향한 믿음과 욕망이 깔려 있다고 본다. 어떤 권위적인 지도자를 닮고 싶은 욕망을 한 사람이라도 갖고 있다면 그 욕망이 엄청난 전파력으로 사람들에게 전염된다는 점도 일깨운다.

이럴 때 사람들은 그가 옳기 때문이 아니라 스스로의 우상에 복종하려는 욕망 때문에 서로를 모방하고 전파한다는 것이다. 여론과 이성의 불일치가 생겨나는 이유도 여기에 있다.

"복종과 신뢰, 즉 인정받는 우월자에 대한 내면적인 모방은 헌신적이며 애정이 담긴 찬미를 원동력으로 하는 데 반해 논란이 있거나 인정받지 못하는 우월자에 대한 외면적인 모방은 질투 섞인 비웃음에서 나온다는 것에 주목해야 한다."

이 대목은 싸이 신드롬을 떠올리게 한다. 그의 지적처럼 '우월해 보이는 옷'을 입은 사람이 보여주는 '우월하지 못한 춤'에 사람들은 조소를 보내거나 열정적으로 복종하면서 연쇄적으로 모방한다. 그가 "사회는 모방이며 모방은 일종의 몽유 상태"라고 한 것도 이런 연쇄반응 때문이다.

이는 이성적으로 설명되지 않는 유행이나 문화 존속 등 미시적인 사회관계망을 규명하는 분석틀로 유용하다. 오늘날 디지털 사회의 비이성적인 결속과 믿음도 모방에 의한 사회적 몽유현상이라고 볼 수 있다.

그래서 "사회 상태란 최면 상태와 마찬가지로 꿈의 한 형식에 불과하며 이는 조종받은 꿈이자 활동하고 있는 꿈"이라는 표현도 나온다. "자발적으로 사고하는 것은 다른 사람을 통해 사고하는 것보다 언제나 더 피곤하다. 또한 사람이란 활기찬 환경, 즉 항상 새로운 광경과 콘서트, 대화와 독서 등을 제공하는 긴장되고 변화 많은 사회에서 살 때마다 점점 더 모든 지적인 노력을 그만둔다. 그의 정신은 점점 둔해지는 동시에 점점 더 지나치게 흥분되어 최면 상태에 들어간다. 이것이 바로 대다수 도시인에게 고유한 정신 상태다."

그는 또 "모든 열정은 단순한 식욕보다 모방적 전염성이 더 강하며 모든 사치 욕구도 원초적인 욕구보다 모방적 전염성이 더 강하다"고 말한다. "열정 중에서 감탄, 신뢰, 사랑 및 단념은 경멸, 불신, 증오, 질투보다 그 모방적 전염성이 강하다고 말할 수 있는가?" 일반적으로는 그렇다. 만일 그렇지 않다면 사회는 존속하지 못할 것이다.

"이와 똑같은 이유에서, 또 빈번히 패닉에 전염됨에도 불구하고 희망은 공포보다는 확실히 더 전염적이다. 게으름도 역시 야심보다 더 전염적이다. 인색, 즉 절약벽은 식탐보다 더 전염적이다. 그리고 이것은 사회 평화를 위해 매우 다행이다."

모방 최고의 법칙은 무한 진전

그러면 용기는 비겁함보다 더 전염이 잘 되는가? 이것은 앞의 경우만큼은 확실하지 않은데, 호기심이 특별한 위치를 차지하기 때문이라고 한다.

"종교, 정치, 예술, 산업에서 혁명을 수행하려는 사람들의 무리가 모두 처음에는 호기심이라는 이 감정의 영향으로 형성된다. 예전에는 무시했던 것에 어떤 사람이 호기심을 갖는다면 사람들은 곧 그것을 알고 싶어 하게 되며, 이러한 움직임은 매우 빨리 퍼진다."

이쯤 되면 "모방의 최고 법칙은 무한한 진전의 경향"이라고 강조한 의미도 알 수 있다. 발견이나 발명도 마찬가지라고 한다. 1세기 전에 벌써 심리학과 형이상학 등 다양한 분야를 사회학과 접목하며 이렇듯 획기적인 사상을 정립했다는 점에서 그의 성과는 놀랍다.

그러나 이 책이 나온 3년 뒤 라이벌인 뒤르켐이 박사학위 논문 〈사회분업〉에서 "모방 그것만으로는 아무것도 설명할 수 없다"며 그에게 도전장을 던졌다. 이후 둘은 11년에 걸쳐 서평과 논문, 토론회를 통해 공방을 펼쳤다.

뒤르켐은 대표작 《자살론》에서도 모방이 자살률에 큰 영향을 미친다는 증거가 없거나 미미하다고 주장했다. 이후 뒤르켐과 그의 학파는 프랑스 사회학계의 중심이 됐고 제자가 없던 타르드는 서서히 잊혀갔다.

그가 다시 학계의 관심을 끈 것은 사회과학 연구의 패러다임이

사회학이라는 한 영역뿐만 아니라 철학, 인류학, 경제학 등 다방면으로 확대되고 있기 때문일 것이다. 이는 학문뿐만 아니라 실물경제의 패러다임 변화와도 닮았다.

함께 읽으면 좋은 책

- 《모방의 경제학》
  칼 라우스티아라 외 지음 | 이주만 옮김 | 한빛비즈
- 《모방의 힘-창조가 쉬워지는》 김남국 지음 | 위즈덤하우스

자연, 인간, 사회를 꿰뚫는 유쾌한 통찰
《통찰》

최재천 지음, 이음 펴냄

통섭, 자연과학적 관찰과 인문학적 성찰의 묘미

역시 최재천답다. 그는 이 책 《통찰》에서 자유로운 경계 넘기로 유쾌한 깨달음의 세계를 펼쳐 보인다. 통섭의 렌즈로 세상을 통찰하는 그의 눈을 따라가면 자연과학적 관찰과 인문학적 성찰의 묘미를 맛볼 수 있다. 작은 생명체의 움직임부터 인간과 생태계의 공존 문제까지 인식의 지평을 넓혀가는 과정에서 지적 쾌감까지 느낄 수 있다.

예를 들어 1부 '생명'에서는 인간과 함께 사는 지구 생명들의 놀라운 모습을 보여준다. 단풍의 화려한 색깔은 나무가 해충들에게 보내는 일종의 경계신호라는 대목부터 그렇다. 단풍 색소를 만들려면 상당한 비용이 들기 때문에 건강한 나무라야 더욱 화려한 색을 만들어낼 수 있다고 한다. 이는 해충들에게 "너희가 내 몸에 알을 낳으면 내년 봄에 내가 만들 독한 대사물질에 고생할 네 자식들을 걱정해야 할걸"이라고 말하는 것과 같다. 그래서 건강한 나무들이 고운 가을을 만든다고 그는 설명한다.

그는 또 "육지에서 늑대와 호랑이 등이 이른바 '신의 괴물'로 낙인찍혀 사라지고 있다면 바다에서 그런 꼴을 당하는 건 상어"라며 "무분별한 어획으로 전 세계 상어의 3분의 1이 멸종 위기에 놓였다"고 말한다. 최근 우리 근해에 백상아리, 청상아리, 귀상어 등 대형 상어들이 심심찮게 나타나는데 해녀와 피서객의 안전 때문에 보이는 족족 다 잡아 죽이는 것은 자연의 섭리에 어긋난다는 지적도 빠뜨리지 않는다.

2부 '인간'에서는 우리 몸이 어떤 자연적인 이유와 법칙에 따라 만들어졌는지를 알려준다. 그동안 과학으로는 설명할 수 없다고 믿었던 인간의 마음과 인간이 만들어낸 사회까지도 자연법칙의 연원을 갖고 있다는 것이다. 인간의 이타적 성향 또한 자연선택의 원리에 따른 것이라고 한다.

창의적 사고로 새로운 기술을 개발하는 위대한 인간동물

"2004년 우리는 자연계에서 최초로 자신의 유전자가 몇 개인지를 알게 된 동물이 되었다. 그런데 그 첫 앎의 경험은 참으로 충격적이었다. 우리의 유전자 수가 초파리(약 1만 3000개)나 꼬마선충(1만

9000개)보다는 많지만 애기장대(2만 5000개)라는 식물보다도 조금 적은 2만~2만 5000개로 밝혀졌기 때문이다. (…) 하지만 어쩌랴? 매일 우리의 배를 든든하게 채워주는 쌀(벼)이 우리의 두 배 이상인 5만~6만 개의 유전자를 갖고 있는걸."

여기서 그는 "침팬지와 인간의 DNA 염기서열이 98.7% 동일하고 쥐도 인간과 거의 90% 일치하지만, 중요한 것은 유전자 자체가 아니라 유전자의 조절 메커니즘과 조합"이라고 강조한다. "겨우 1% 남짓의 유전자 차이가 만들어낸 생물학적 차이는 실로 엄청나다. 그 짧은 기간에 인간은 직립하여 아프리카에서 지구 전역으로 이주하며 침팬지는 상상도 하지 못할 눈부신 기계문명을 일으켰다. '생활의 달인'들은 한결같이 창의적으로 사고하며 끊임없이 새로운 기술을 개발하려 애쓰는 위대한 인간동물들이다."

이는 셰익스피어의 희곡들이 비슷한 개수의 단어들로 이뤄져 있지만 각기 다른 감흥을 주는 것과 마찬가지라고 한다. 사용된 단어들의 배열과 조합이 다르기 때문이다. "3만여 개의 단어로 쓰인 희곡이 모두 《맥베스》가 되는 게 아닌 것처럼 비록 숫자는 같더라도 우리 유전체에는 뭔가 특별한 게 있다."

3부 '관계'에서는 개별 생명체들이 서로 어떻게 엮여 살아가는지를 얘기한다. 이들의 생존방식은 경쟁이나 포식, 기생 등으로 다양한데, 이는 곧 생존 문제와 직결된다. 그래서 모든 생명체가 다양하게 공존하려면 무엇보다 인간이 먼저 생명 사랑의 습성을 체득해야 한다고 그는 강조한다.

'통섭'을 통해 '통찰'하다

4부 '통찰'에서는 통섭적 사고를 통해 우리 삶을 바라보는 새로운 시각과 해법을 제시한다. 다루는 대상도 핼리 혜성부터 포드 자동차, 애플 컴퓨터, 제인 구달, 비틀스, 2PM, 선거까지 다양하다.

한류와 관련해서는 '조권 효과'라는 말로 한국 아이돌 그룹의 세계적인 성공을 분석한다. 2AM의 멤버인 조권으로 치자면 2567일의 최장기 연습생 생활을 이겨낸 성공 신화의 주역이 아닌가. 어느 날 불쑥 신데렐라처럼 데뷔하는 많은 외국 가수와 달리 이처럼 오랜 훈련 기간을 거쳐 정교하게 다듬은 전천후 실력자가 빛을 보게 돼 있다는 말이다. 그는 "우리 아이돌 스타들이 노래와 춤뿐만 아니라 교양과 인성 교육까지 받기 때문에 성공확률도 그만큼 높다"고 덧붙인다.

"준비했다고 반드시 성공하는 것은 아니지만 성공은 준비된 곳에서만 일어난다. 나는 우리 아이돌 연습생 중에서 이다음에 우리 사회 각계에서 두각을 나타낼 인재들이 속속 등장할 것이라고 믿는다. 설령 끝내 조권이 되지 못한다 하더라도 조권 효과는 어딘가에서 화려하게 꽃필 것이다. 면밀한 준비란 그저 마침맞게 하는 게 아니라 넘치도록 하는 것이다."

그는 또 대표적인 통섭적 지식인으로 스티브 잡스를 꼽으면서 "우리 사회에서도 잡스 같은 통섭형 인재들이 더 많이 배출돼야 한다"고 역설한다.

"잡스가 처음 아이폰을 소개하던 무대를 기억하는가? 검정 티셔츠에 청바지를 입은 그의 곁에는 커다란 이정표 하나가 서 있었다. 자신의 아이폰은 과학기술technology과 인문학liberal arts이 교차하는 지점에서 탄생했다며 너스레를 떨던 그의 모습이 잊히지 않는다. 아이폰은 분명히 과학기술의 산물인 기계일 뿐이다. 하지만 사람들은 자발적으로 그 속에 들어가 제가끔 무언가를 만들어 올리며 그들만의 새로운 사회를 구축하고 있다. 인문학과 자연과학의 경계를 두려워하지 않고 유연히 넘나드는 '통섭형' 인재들이 지금 세상을 주무르고 있다."

소통의 3가지 덕목 '비움, 기울임, 받아들임'

이 얘기를 다룬 부분의 소제목이 '숙제하는 사람, 출제하는 사람'이다. 적극적으로 통섭하고 통찰하는 사람은 '출제'를 하지만 그렇지 못한 사람은 '숙제'를 하게 된다는 말이다. 그의 설명에 따르면 통합은 물리적인 합침이고 융합은 다분히 화학적인 합침이다. 그런데 통섭은 생물학적인 합침이다. 합침으로부터 뭔가 새로운 주체가 탄생하는 과정을 의미한다. 그는 이를 "남남으로 만난 부부가 서로 몸을 섞으면 전혀 새로운 유전자 조합을 지닌 자식이 태어나는 과정과 흡사하다"고 표현했다.

"통합이든, 융합이든, 통섭이든 우리가 원하는 것은 서로 어울려 갈등을 없애고 화목해지는 것이다. 소통은 3가지 덕목을 필요로 한다. 비움, 귀 기울임, 받아들임이다. 결론을 손에 쥐고 남을 설득하려 들면 그건 통치 또는 통제에 가깝다. 우선 나를 비워야 한다. 그리고 상대의 말에 귀를 기울이며 좋은 것은 받아들여야 한다."

이처럼 그는 자연과학에 대한 해박한 지식과 폭넓은 독서를 통한 인문학적 감성으로 우리 삶을 돌아보게 하면서 깊이 있는 통찰과 통섭형 인재가 되는 방법을 동시에 일깨워준다.

> **함께 읽으면 좋은 책**
>
> • 《지식의 통섭-학문의 경계를 넘다》
>   조대호 외 지음 | 최재천, 주일우 엮음 | 이음
>
> • 《붓다와 다윈이 만난다면》
>   이한구 외 지음 | 서울대학교출판문화원
>
> • 《통섭》
>   에드워드 O. 윌슨 지음 | 최재천, 장대익 옮김 | 사이언스북스

일반화의 오류… 문화를 알면 소통이 보인다
《세계 문화의 겉과 속》

강준만 지음, 인물과사상사 펴냄

한국인의 비즈니스 '겸양문화' 알아야

독일의 비즈니스 안내서에 이런 구절이 있다고 한다. '한국인은 영어를 몰라도 아는 척한다.' 그러니 상대가 다 알아들었다고 생각하면 오산이라는 얘기다. 하긴 영어뿐만이 아니다. 한국인은 모국어를 쓸 때도 아랫사람이 윗사람 말을 못 알아들었을 때 알아들은 척한다. 이는 상대를 불편하게 만들지 않으려는 일종의 의례적 배려에서 나온 행동이다.

싫다는 사람에게 억지로 노래를 시켜놓고 정작 듣지 않는 노래방 문화도 그렇다. 2006년 6월 당시 박근혜 한나라당 대표가 기자들과 오찬간담회 도중 이 얘기를 하면서 "정책 정당이 돼야 한다고 언론이 그렇게 강조하면서 정작 정당이 열심히 정책을 내놓아도 많이 다

뤄주지 않는다"고 토로했다. 외국 사람들은 이런 한국인의 행동을 도저히 이해하지 못한다.

강준만 전북대학교 교수는 《세계 문화의 겉과 속》에서 이 같은 얘기를 통해 우리 문화의 숨겨진 뿌리를 더듬는다. 그 위에 동서양 국가들의 독특한 문화를 교차시키면서 '문화 간 커뮤니케이션'의 의미를 되짚고, 이를 통해 대한민국의 국적성을 전제로 세계를 이해해야 한다고 강조한다.

모르는 영어를 알아들은 척하는 것에 대해서는 한국인의 특수한 대화 심리에 주목한다. 그는 최상진의 《한국인의 심리학》을 인용하며 "크게 중요하지 않은 사안을 구태여 다시 묻는 것은 상대를 배려하지 않는 것처럼 비춰질까 봐 그러는 것이고, 상대 또한 이런 행동의 이면 메시지를 알기 때문에 긍정적으로 받아들인다"는 설명을 상기시킨다. 사양하는데도 굳이 노래를 권하는 것 역시 이 같은 '겸양 문화'에 대한 의례적 반작용이라는 것이다.

개인주의·집단주의 의사소통 방식

그는 이런 의사소통 방식을 이해하는 데에 미국 인류학자 에드워드 홀의 '고맥락·저맥락 개념'이 도움이 된다고 말한다. 개인주의가 중심인 저맥락 문화에서는 주로 직접적인 표현으로 의사를 소통하고, 집단주의가 중심인 고맥락 문화에서는 상대방의 본뜻을 유추하는 단계를 중시한다는 것이다.

에드워드 홀이 몇몇 국가를 분석해 고맥락 사회에서 저맥락 사회까지 배열한 걸 보면 일본, 아랍 국가들, 프랑스, 미국, 독일 순이다.

대표적인 저맥락 사회인 독일은 무엇이든 분명하고 확실한 것을 좋아한다. 대화도 직설적이다. 그래서 한국인이 영어를 몰라도 아는 척하는 걸 전혀 이해하지 못한다. 이런 점에서는 프랑스인이 한국인을 잘 이해할 가능성이 높다고 한다. 독일보다 '눈치' 개념이 비교적 살아 있기 때문이다. 이를 말해주는 일화가 책에 나온다.

"프랑스 기업에 채용된 한 독일인은 갑작스럽게 해고 통보를 받고 '내가 잘못한 것이 있다면 왜 미리 지적해주지 않았는가?'라는 반응을 보인 반면, 독일 회사에 근무하는 한 프랑스인은 스스로 사직서를 내면서 '상급자가 시시콜콜 간섭이 많아 싫다. 내가 이미 알고 있는 내용인데 늘 잔소리를 들어야 하니 괴롭다'라고 했다."

비즈니스에서도 이런 성향은 여실히 드러난다. 세세한 내용까지 기록해서 두툼한 계약서를 준비하는 미국인, 공손한 꾸물대기로 질질 끄는 영국인, 눈치가 살아 있는 프랑스인, 시시콜콜 따지는 독일인, 융통성이 너무 많은 이탈리아인, 계약을 '간이역' 정도로 여기는 그리스인, 말 한마디로 끝내는 아랍인, 표리부동한 일본인, 빠르고 화끈한 한국인….

그런데 한국과 일본은 같은 고맥락 문화권이지만 크게 다르다. 일본인은 총체적인 조화를 위해 '다테마에(겉으로 드러나는 태도)'와 '혼네(본심)'의 이중구조로 커뮤니케이션한다. 하지만 이것이 집단을 위한 거짓말로 연결될 때는 문제가 심각해진다. 이는 동남아 국가들을 향한 일본의 역사왜곡이나 망언에서 자주 드러나는 현상이다.

일본 전문가 알렉스 커가 "일본에서는 단체의 이익을 위해 거짓말하고 있다는 사실을 확신하기만 한다면 그것은 더 이상 거짓말이 아니다"며 일본 언론의 '기만 문화'를 지적한 것도 이 때문이다.

2000년 봄에 발생한 구제역 관련 보도를 보자. 한국 언론이 국익에 아랑곳하지 않고 연일 대서특필한 것과 달리 일본 6대 신문의 보도량은 한국 신문 하나의 하루 보도량보다 훨씬 적었다고 한다. 세계 각국 뉴스를 24시간 방송하는 영국의 BBC가 한국 관련 구제역 현황은 자세하게 보도하면서 일본에서 구제역이 발생했다는 것은 한마디도 내보내지 않은 배경이 바로 이런 태도 차이다.

문화권별 시간관념 차이로 국가 간 소통 문제

문화권별 시간관념의 차이도 흥미롭다. 미국과 아랍권의 차이를 보여주는 사례가 흥미롭다. 1985년 6월 시아파 이슬람 테러리스트들이 아테네에서 이륙한 여객기를 납치해 미국인 39명을 인질로 잡았을 때 얘기다. 테러범들은 이스라엘 교도소에 수감돼 있는 시아파 레바논인 764명을 석방할 것을 요구했다. 인질을 넘겨받은 시아파 지도자들은 이스라엘이 아무런 조치를 취하지 않으면 이틀 뒤에 인질을 납치범들에게 돌려보내겠다고 선언했다.

미국 협상 대표들은 48시간이라는 시한에 쫓겨 애를 태웠지만, 나중에 시아파 지도자들에게서 다음과 같은 말을 전해 듣고는 허

탈해했다. "우리가 정확하게 48시간을 시한으로 정한 건 아니다. 그 말은 며칠이란 의미였다."

결국 인질은 2주 뒤에 풀려났지만, 시간관념에 대한 문화적 차이를 극명하게 보여준 사건이었다.

서양 사람들끼리도 마찬가지다. 같은 유럽인이라고 해도 독일인은 시간을 철저히 지키는 반면 스페인이나 이탈리아, 그리스인은 느슨하기 짝이 없다.

"미국 기업인이 스페인 기업인을 상대할 때 늘 듣는 조언이 있다. 기다릴 줄 알고 인내심을 키우라는 것이다. 점심시간만 두세 시간이 걸린다. 바쁠 때는 점심을 곧잘 햄버거로 때우곤 하는 미국 기업인이 본론은 꺼내지도 못한 채 두세 시간 동안 그렇게 점심이나 같이 먹고 있노라면 속이 터질 만하겠다."

우리 문화를 알고 다른 문화권을 이해해야

이 같은 비교는 '어느 나라 국민성은 어떻다'는 일반화의 오류에 빠질 위험도 있다. 그래서 그는 문화 상대주의의 한계를 넘어서기 위한 3가지 원칙을 제시한다. 다른 나라의 문화에 대해 남들이 이러쿵저러쿵하긴 힘들지만 내부적으로는 평가가 있어야 한다(프랑스 인류학자 클로드 레비스트로스의 '내부평가'), 판단을 내리기 전에 한 번 더 생각해보자(네덜란드 조직인류학자 헤이르트 호프스테더의 '심사숙고'), 역사적 상대주의의 실용적 가치를 고려하자(미국 역사학자 리처드 호프스

태터의 '성찰성')는 것이다.

여기에 '확신에 대한 자제'와 '표현의 신중함'을 덧붙여 이분법적 도식을 극복하는 것이 바람직하다고 그는 강조한다. 한마디로 우리 문화의 본질을 알고 다른 문화권의 특징을 이해하면서 이를 입체적으로 조감하는 것이 중요하다는 것이다.

책을 읽다 보면 동서양을 넘나드는 통섭적 시각과 엄청난 독서력에 놀라게 된다. 그는 인용문의 출처를 일일이 밝히고 필요한 대목엔 각주를 논문처럼 빽빽하게 달아놓았다. 그래서 책의 분량이 888쪽에 이르지만, 각국 문화의 심리적 상흔과 이데올로기를 아우르는 강준만식 글쓰기의 독특한 맛을 즐길 수 있다.

저자의 다른 책

- 《넛지 사용법》 강준만 지음 | 인물과사상사
- 《감정 동물》 강준만 지음 | 인물과사상사
- 《손석희 현상》 강준만 지음 | 인물과사상사

잊혀진 사람은 누구인가?
《잊혀진 사람》

애미티 슐래스 지음, 리더스북 펴냄

　대공황이 시작되기 약 50년 전, 윌리엄 그레이엄 섬너 예일대학 교수는 전통적인 자유주의를 옹호하는 〈잊혀진 사람 The Forgotten Man〉이라는 논문을 발표했다. 그는 진보주의자들이 비록 좋은 의도를 가졌다고 하더라도 평범한 시민에게 사회적 프로젝트의 비용을 부담하도록 강요한다고 경고했다. 이로부터 반세기가 지난 1929년 10월 24일, 미국의 주가 폭락으로 대공황이 시작됐고 1933년 말까지 거의 모든 자본주의 국가가 여기에 휘말렸다.

　경제활동의 마비상태 속에서 기업도산이 속출하고 실업자가 늘어나 1933년에는 미국 전체 근로자의 약 30%에 해당하는 1500만 명이 일자리를 잃었다. 이 무렵 뉴욕 주지사 루스벨트는 자신이 대통령으로 당선된다면 경제 피라미드의 밑바닥에 있는 '잊혀진 사람'을 위한 정치를 펴겠다고 약속했다.

섬너의 이론에서는 '잊혀진 사람'이 '구호의 손길을 기다리는 사람이 아니라 구호금을 받지 않고 살아가기 위해 애쓰며 스스로 노력하는 평범한 시민'이었지만 루스벨트는 이를 '가난하고 정부의 도움을 필요로 하는 사회안전망 바깥의 사람'으로 개념을 바꿔버렸다. 루스벨트는 참모들과 함께 '잊혀진 사람'을 위한 뉴딜New Deal을 약속했다. 그러나 그는 누가 경제위기의 진정한 희생양인지 알지 못했다.

뉴딜정책에 대한 비판적 재평가

블룸버그의 경제 칼럼니스트이자 미국외교협회 자문위원인 애미티 슐래스는 《잊혀진 사람》에서 미국 연방정부가 1929년부터 1940년까지 '스스로 노력하는 사람들'을 고려하지 않고 지나치게 개입했기 때문에 대공황의 골이 더 깊어졌다고 진단한다. 지금까지 뉴딜정책의 긍정적인 부분만 강조하던 기존 역사관을 정면으로 뒤집으며 놀라운 재해석을 시도한 것이다.

그는 미국의 대공황기를 '선한 세력(루스벨트 정권)'과 '악한 세력(루스벨트 반대 세력)' 간 도덕성 싸움으로 보는 전형적인 시각을 부정한다. 이 시기는 선과 악이 공존하는 두 경제 부문 간 세력다툼기라는 것이다. 특히 공공부문과 민간부문 간 치열한 공방의 시기이며, 이 싸움의 밑바닥에는 누가 '잊혀진 사람'인가에 대한 상반된 시각이 깔려 있다는 게 그의 분석이다.

루스벨트 버전의 '잊혀진 사람'을 위한 정치는 필연적으로 희생양을 필요로 했다. 결국 기업인과 기업체가 표적이 됐다. 이처럼 루스벨트의 뉴딜 정책은 국민을 서로 반목하게 만들었으며 이 대립 때문에 미국의 대공황은 더 힘들고 오래도록 지속됐다는 게 저자의 주장이다.

그는 책 앞부분에서 침실 문틀에 목을 매 자살한 13세 소년의 비극을 전하며 당시의 상황이 얼마나 절망적이었는지를 일깨운다. 이어 "좋은 의도로 미국에 열정을 불어넣은 진보주의자들(뉴딜 추진자들)에 대한 이야기를 다루지만 이 책의 내용은 고려받지 못한 미국인들의 이야기에 더 가깝다"고 썼다. 어떤 정치 계층에도 속하지 않음으로써 대공황기의 부정적인 일들을 경험한 사람들, 대규모 프로젝트에 필요한 비용을 부담하고 진짜 일 대신 실직 대책으로 급조된 일을 하던 사람들, 이루어지지 않을 경제성장을 기다리던 사람들에게 렌즈를 들이댄 것이다.

뉴딜은 사실상 실패한 정책이다

이제는 누구도 기억하지 않는 보통 사람들의 분투와 당시 정치적 희생양들에 대한 새로운 관점이 뉴딜 추진자들의 오류를 더욱 적나라하게 비춘다. 아울러 오늘날 경제위기에서 탈출하기 위한 거의 모든 실험이 대공황기에 이미 시도됐다는 것을 보여준다.

이를 통해 그는 "대공황과 뉴딜에 대해 우리가 알고 있던 역사는 틀렸다"면서 "경제위기 상황의 초법적인 조치들은 도대체 누구를 위한 것인가!"하고 묻는다.

당시의 뉴딜 추진자들은 '보이지 않는 손' 대신 '유익한 손'을 옹호했다. 자유방임주의 경제를 비도덕적으로 여기며 유권자의 표만 중시하는 경제정책을 펼쳤고 '이제껏 상상도 못하던 권력'을 추구하며 '과감하고 지속적인 실험'을 펼쳤다. 그러나 당시 소련의 집산주의 모델에서 영향을 받은 전국부흥청이나 테네시계곡개발공사TVA 등의 규제·원조·구호 기관을 통한 대규모 프로젝트는 미국 경제에 치명적인 손실을 초래했다.

물론 일부 기관의 활동은 일자리 창출효과를 내기도 했지만, 거기에 투입된 정부 지출을 감안할 때 완벽하게 효과적이었다고 판단할 수는 없다는 얘기다. 더 큰 문제는 경제 회복에 기여하는 민간 부문의 활동을 억누르는 다양한 법제와 세금을 계속 신설함으로써 기업을 압박했고, 이 때문에 기업활동이 갈수록 위축됐다는 것이다. 한마디로 뉴딜 정책은 대공황을 더욱 깊고 오래 지속시키는 역효과를 불러왔다는 얘기다.

뉴딜 시대의 희생양들에게 렌즈를 들이대다

뉴딜 시대의 정치적 희생양은 누구인가? 저자는 당시의 앨런 그린스펀이라 할 수 있는 앤드루 멜런을 먼저 꼽았다. 그는 하딩과 쿨리지, 후버 정권에서 재무장관을 지내며 시장주의를 고수했지만 정부는 대공황의 원인을 멜런 같은 재벌들 탓으로 돌리며 그를 기소

했다. 그가 미국을 위해 멜런연구소를 세우고 모든 소장품을 기증해 워싱턴 국립박물관(내셔널 갤러리 오브 아트)을 세우기도 했지만 마녀사냥의 희생자가 되고 만 것이다. 뉴딜 추진자들이 대폭락의 책임을 뒤집어씌운 유틸리티 업계의 거물 새뮤얼 인설과 TVA의 전력산업 국유화에 대항해 싸운 민간회사 커먼웰스앤드서던의 웬델 윌키도 희생양이었다.

또 있다. 뉴딜 시대의 진정한 희생양들은 굶어 죽는 사람이 넘치던 시기에 농업조정법의 가격유지정책 때문에 새끼돼지를 죽여야 했던 농민, 뉴딜 정책에 맞서 소송까지 벌인 양계업자 스켁터 집안, 신흥종파의 흑인 지도자 파더 디바인, 익명의 알코올 의존자 모임을 창설해 새로운 종류의 자립적 공동체를 만든 빌 윌슨 등이었다. 저자는 "이들이야말로 뉴딜 시대의 '잊혀진 사람'이라고 할 수 있다"며 이들을 '거시경제적 집단들 틈에 끼어 잊혀져버린 미시경제적 주체'라고 표현한다.

당시는 유동성 부족으로 돈을 빌리기가 극도로 힘들고 성장 둔화로 모든 사람이 고통을 받는 최악의 상황이었다. "호시절에는 주택 산업과 일반 가계가 서로 상승 작용을 한다. 이제 사람들은 악몽과 같은 반대 사이클을 경험하고 있었다. 주택 건설이 줄어들자 미국 가계는 타격을 받았다. 미국 가계의 경제 상황이 나빠지자 주택 건설이 타격을 받았다. 주택을 담보로 돈을 빌릴 수 없게 되자 건설업체들은 더 이상 일할 수 없게 됐다."

게다가 관세장벽을 높인 법안이 통과된 지 2년이 지나자 미국의 수입 규모는 40% 이상 줄어들었다. 이 관세법으로 피해를 입게 된 다른 국가들의 보복으로 미국의 손해는 계속 커졌다. 1931년 미국의 전체 실업률은 16%까지 치솟았고 뉴욕의 노숙자만 1만 5000여 명에 달했다.

일이 이렇게 된 배경에 루스벨트의 변형된 '잊혀진 사람'이 있었던 것이다. 당시의 한 신문 사설이 이를 지적했다. 이 신문은 "먼시에서 잊혀진 사람은 누구인가?"라고 묻고는 "그는 공공 구호금을 받지 않고도 생계를 꾸려나가려고 노력하는 우리의 동료다. 그러는 와중에 납세자들은 직장이 있는데도 파업이나 일삼으면서 일하지 않으려고 하는 많은 사람을 계속 지원하고 있다"고 꼬집었다.

함께 읽으면 좋은 책

- 《대공황과 뉴딜정책 바로 알기》
  로버트 P. 머피 지음 | 류광현 옮김 | 비봉출판사

모든 철학자는 혁명가다
《철학 콘서트》

황광우 지음, 생각정원 펴냄

#1. 1637년 어느 날 위대한 천재들이 천문학의 난제를 풀기 위해 나섰다. 사사건건 뉴턴과 대립했던 로버트 훅과 크리스토퍼 렌, 혜성에 이름을 남긴 에드먼드 핼리가 중력법칙 증명을 두고 내기를 건 것이었다.

법칙은 알았지만 증명할 길이 막연하던 핼리는 뉴턴에게 물었다.

"이봐, 뉴턴! 자네 만약 태양에 끌리는 힘(만유인력)이 거리의 제곱에 반비례한다면 행성은 어떤 모양의 궤도를 그리면서 돌게 될까?"

"그거야 타원이지."

"자넨 그걸 어떻게 아는가?"

"계산해본 적이 있거든."

역사상 가장 위대한 과학책인 《자연철학의 수학적 원리》(일명 '프린키피아')는 이렇게 태어났다. 뉴턴은 그 증명을 핼리에게 보냈고, 그것이 엄청난 것임을 직감한 핼리는 뉴턴에게 그걸 발표하라고 조른다. 뉴턴은 1684년부터 3년간 매달린 끝에 훨씬 더 거대한 지적 우주를 탄생시킨다.

1687년, 이제 아리스토텔레스의 우주와는 완전히 작별하고 20세기 초 아인슈타인이 새로운 우주를 열기 전까지 전 세계를 지배하게 되는 지적 혁명이 완성된다.

이를 두고 알렉산더 포프는 이렇게 썼다. "자연과 자연법칙은 모두 어둠에 묻혀 있었다. 그때 신께서 '뉴턴이 있어라!' 하시매 모든 것이 밝아졌다."

#2. 참으로 이상한 일이었다. 세종은 자신의 연구 과정을 신하들에게 숨겼던 것 같다. 비밀 작업이었음이 분명하다. 마침내 1443년 세종 25년, 훈민정음이 창제되었다는 기사가 나온다. 날짜는 12월 30일이다. 희한한 일이다. 왜 한 해의 마지막에 발표했을까? 한 해가 가고 새해를 맞이하는 연말연시에 조선 사람들은 웬만한 일은 다 투지 않고 그냥 넘어간다. 송구영신送舊迎新. 세종의 훈민정음 창제 기사는 한 해의 마지막 날, 그것도 단 두 줄의 문장으로 처리됐다.

"세종 25년 계해년(1443년) 12월 30일, 훈민정음을 창제하다. 이달에 임금이 친히 언문諺文 28자字를 지었는데, 그 글자가 옛 전자篆字를 모방하고, 초성初聲·중성中聲·종성終聲으로 나누어 합한 연후에야 글자를 이루었다. 무릇 문자文字에 관한 것과 이어俚語에 관한 것을 모두 쓸 수 있고, 글자는 비록 간단하고 요약하지만, 전환轉換하는 것이 무궁하니, 이것을 훈민정음訓民正音이라고 일렀다."

정월은 새것을 맞이하는 일로 분주하다. 사대부들은 만나 야단법석을 피웠을 것이다. 이런 개 같은 글자가 어디 있느냐고. 어험! 왕이 황당무계한 취미를 가지고 있어 조정의 질서를 어지럽히니, 이를 어이할꼬? 단죄해야 한다고 언성을 높여 떠들었던 모양이다. 최만리 崔萬理가 총대를 메기로 했다….

첫 번째 장면은 '뉴턴과 만유인력의 발견'에 관한 것이고, 두 번째 장면은 비밀리에 추진된 '한글개발 프로젝트'에 대한 설명이다.

황광우 씨의 《철학 콘서트 2》에 나오는 대목. 그는 이 책에서 세상을 바꾼 위대한 사상가 10인의 생각들을 주제로 재미있는 철학 콘서트를 펼친다. 1권에서는 노자의 《도덕경》에서 마르크스의 《자본론》까지 위대한 철학자 10인의 사상을 훑고, 2권에서는 맹자의 혁명론에서 뉴턴의 만유인력까지를 넘나들며 지금 우리가 사는 세상이 '실제로 어떻게 만들어졌는지'를 깊숙하게 다룬다. 3권에서는 철학이 품은 최초의 질문인 삶과 죽음에 대해 답한다. '인간은 왜 사는가', '어떻게 사는 것이 옳은가' 같은 난제에 대한 사상가 10인의 다양한 사유를 실었다.

우리 시대를 만든 10인의 사상가

서양 정신의 원형을 만든 호메로스와 과학적 사고의 시작을 알린 피타고라스, 과학혁명을 완수한 코페르니쿠스·갈릴레이·뉴턴, 온갖 반대를 물리치고 '꿈의 문자' 한글을 만들어낸 세종, 가장 결속력 강한 종교를 만들어낸 무함마드 등 기존의 선입견과 권위를 물리치고 지적 혁명을 일으킨 사상가들을 불러 모은 것이다. 이를 통해 그는 '철학이 곧 혁명'이라는 것을 일깨운다.

그는 철학 읽기 30년의 경험을 바탕으로 '사상의 늪에 빠지지 않고 철학자의 관점을 파악하는 것'이 얼마나 중요한지를 깨달았다고 한다. 그래서 철학자의 사상보다 삶에 주목했다. 난해한 사상에 앞서 그들의 삶을 이해하게 되면 그들의 관점이 보이고 흥미로운 철학 읽기가 가능하기 때문이다.

2006년 첫 권이 출간된 이래 많은 독자들의 사랑을 받았던 그의 철학콘서트 시리즈는 2017년 2월, 11년 만에 개정증보판이 나왔다. 총 3권으로 이루어진 시리즈를 함께 읽는다면 더욱 좋을 것이다.

첫 권에서 그는 원고인 멜레토스와 피고인 소크라테스의 법정 싸움을 대화체로 묘사하면서 소크라테스의 산파법과 독배를 들어야 하는 이유를 표현했고, 유토피아를 설명하기 위해 폭이 200마일이며 6000세대가 사는 섬나라로 여행을 떠났다.

철학자의 사상보다 삶에 주목

260자의 반야심경 구절을 풀어 석가의 사상을 설명하고, 마르크스의 '소외'를 설명하기 위해 동물농장의 무대를 빌렸으며, '노동'을 설명하기 위해 '로빈슨 크루소의 섬'으로 공간이동을 하기도 했다. 이처럼 치밀한 구성과 생생한 묘사는 마치 죽은 철학자가 다시 태어난 듯한 느낌을 준다.

"상대가 무섭게 덤비면 덜컥 겁이 난다. 지금 두려워 떨고 있는 자는 재판관들이다. 멜레토스를 앞세워 소크라테스를 고소한 자는 아니토스였다. 아테네인의 신망을 한 몸에 받고 있던 중견 정치인 아니토스, 자신이 당한 수모를 앙갚음하기 위해 이 영감쟁이를 재판으로 불러냈던 아니토스, 하지만 자기는 뒤에 있고 멜레토스를 앞세워 소크라테스와 다투도록 원격 조종하고 있는 아니토스."

자연스런 구어체로 실감나게 묘사

소크라테스의 재판 과정도 이처럼 실감나게 묘사한다. 자연스러운 구어체와 저자 특유의 위트를 살린 글이 '읽는 재미'를 더해준다. 일종의 '마녀재판' 후 처형당하기 전날 밤에 죽마고우였던 크리톤의 탈옥 권유를 받고 소크라테스가 한 말이 가슴 뭉클하다.

"나는 언제나 나의 이성적 사유에 입각해 가장 올바른 것으로 판단되는 원칙만을 따르며 살았네. 이 원칙 준수의 결과가 사형선고일지라도 나는 원칙을 포기할 수 없다네. 아이들에게 겁을 주어 설득하듯 투옥과 재산 몰수, 죽음으로 나에게 압력을 가하더라도 나는 나의 길을 갈 것이야. 사람들의 평판이 중요한 것이 아니라 올바른 사유가 중요한 것이지. 어영부영 사는 것이 중요한 것이 아니라 훌륭하게eu, 아름답게kalos, 올바르게dikaion 사는 것이 중요한 거야."

철학을 따라가며 그림을 보다
《서양미술사 철학으로 읽기》

조중걸 지음, 한권의책 펴냄

예술, 기법의 문제 아닌 세계관의 문제로 풀어야

"알타미라와 라스코 동굴이 우리를 놀라게 하는 이유는 이들 유적에 그려진 그림이 우리에게 이미 익숙한 회화적 기법을 사용함으로써 뜻하지 않은 친근감을 주기 때문이다. 그 회화들은 박진감 있는 사실주의를 구현하며 동시에 완벽하게 환각주의적이어서 마치 르네상스 이래 근세인들이 어렵게 구축해나간 예술기법의 성취를 비웃는 것처럼 존재한다."

구석기시대의 알타미라 동굴벽화가 처음 발견됐을 때 예술사가와 예술가들은 고고학자 이상으로 놀랐다고 한다. 훨씬 나중에 등장한 신석기시대나 이집트의 미술보다도 자연주의적이고 사실적인 수준에 도달해 있었기 때문이다. 3만 년 전 크로마뇽인들이 통일적

시지각과 원근법, 단축법, 심지어는 대기원근법까지 구사한 것이다.

그런데 신석기시대의 암각화나 벽화는 사실주의를 벗어나 추상적인 형태로 나타난다. 구석기 회화에 풍부하던 빛과 곡선, 입체감이 거의 없어지고 모든 것이 무미건조한 기하학적 구조로 변한 것이다. 그런 점에서 예술사상 최초의 추상화도 우리가 생각하는 것처럼 현대에 시작된 것이 아니다.

《서양미술사 철학으로 읽기》는 바로 이 같은 예술사의 접점에 렌즈를 들이대면서 얘기를 풀어간다. 저자 조중걸은 서울대학교 재학 중 프랑스로 가 파리3대학에서 서양문화사와 서양철학을 공부하고 미국 예일대학에서 서양예술사(미술사, 음악사, 문학사)와 수학철학으로 박사학위를 받은 캐나다 토론토대 부설 시각예술대학 교수다. 예술사와 수학철학을 두루 공부한 그는 구석기시대부터 현대까지의 미술사를 철학과 연계하며 "예술은 기법의 문제가 아니라 세계관의 문제로 풀어야 제대로 보인다"고 말한다. 모든 예술작품은 그 시대 세계관과 이념의 소산이므로 철학을 이해하지 못하면 그림을 이해할 수 없다는 얘기다.

그의 설명에 따르면 구석기인은 우주를 바라보는 시각이 자신만만하고 세계가 과학적 인과율 안에 있다고 보았기 때문에 눈에 '보이는 대로' 그릴 수 있었다. 반면 신석기인은 과학적 가설의 오류와 예외가 되풀이될수록 삶을 통제하는 규칙이 미지의 영역이라는 믿음을 갖게 되면서 '보이는 대로'가 아니라 '생각하는 대로' 그리게 됐다.

구석기 동굴벽화에 풍부하게 나타난 화려한 색채와 박진감 넘치는 자연주의적 기법이 신석기 회화에 드러나지 않는 이유도 여기에 있다. 그토록 세련된 구석기인의 회화기법들이 어째서 뒤이은 신석기시대에는 보이지 않는 걸까. 신석기인은 자연주의와 사실주의적 양식을 스스로 포기했는데, 이는 퇴보가 아닌 세계관에 의한 선택이었다고 한다. 그들은 대상을 해체하고 재구성해 사물을 기하학적으로 배치함으로써 사유적·개념적인 예술을 추구했다는 얘기다.

"구석기시대의 회화와 신석기시대의 회화 사이에는 거대한 단절이 존재한다. 손쉽게 획득했으리라고는 믿을 수 없는 자연주의적이고 환각적인 기법을 신석기시대인이 단념했을 그 순간, 그들은 구석기시대 사람들이 믿어왔던 것과 동일한 종류의 세계관을 더 이상 받아들이지 않겠다고 선언한 셈이다. 아니면 그들에게 무엇인가 새로운 종류의 세계관이 대두되었고 그러한 세계관의 영향 속에서 예술 역시도 그전과는 같을 수 없었으리라고 보는 것도 개연성 있는 추론이다."

그는 로마 제국의 예술이 그리스의 모방에 불과하다는 기존 시각도 반박한다. 먼저 인물상을 보자. 그리스 인물상은 대체로 젊고 균형 잡힌 몸매의 젊은이인 데 비해 로마 인물상의 주인공은 주로 나이 든 사람이다. 왜 그럴까. 로마인에게 중요한 것은 아름다움이 아니라 힘과 권력, 재정적 능력이었기 때문이다. 그들의 정신세계는 일차적인 생존경쟁에서의 승리였으며, 이런 능력은 연륜을 쌓은 중년의 사람들이 지니고 있었다는 것이다.

또 다른 차이도 있다. 그리스 인물상은 전신상이지만 로마 인물상은 대체로 흉상이나 두상이다. 결과적으로 로마인의 세계관이 달랐기 때문에 그들이 표현한 전신상도 상당한 부조화를 불렀다. 티볼리의 장군상을 보면 젊은 육체와 나이 든 두상이 부조화를 이루고 있는 것도 이 때문이라고 한다.

예술은 시대정신, 동시대 철학의 반영

그는 고딕 양식도 단지 건축적 기법의 문제가 아니라고 주장한다. 흔히 중세를 '암흑시대'라고 하지만 실제 중세는 다른 모든 시대가 그러했던 것 이상으로 활기에 차 있었으며 심오하고도 열띤 이념적 전개도 이뤄졌다고 한다. 이 대목에서 그는 고딕의 전개와 함께한 인식론상의 유명론을 강조한다. 그는 철학을 유명론 이전과 이후로 나누면서 예술사에 있어 고딕 양식과 유명론의 관계를 처음으로 해명한다고 서문에서부터 밝히고 있다.

유명론唯名論 nominalism이란 실재론實在論을 부정하는 대립이론으로, 개체적 존재만이 참된 실재이며 추상적 개념이나 추상적 일반명사와 보편적 존재는 '물 뒤에 있는 이름'에 불과한 단지 개념일 뿐이라는 것이다. 예를 들면 빨강이라고 하는 보편 개념은 많은 빨간 것을 갖는 빨강이라는 공통 성질에 대해 주어진 말, 혹은 기호로 빨간 것을 떠나서 빨강이 실재하는 것은 아니라고 한다.

따라서 그는 로마네스크 성당이 고딕으로, 초기 고딕이 전성기

고딕으로 전개될 당시 모든 변화의 양상은 고딕적 신앙관과 커져가는 세속적 실존에 대한 관심의 두 축으로 설명해야만 비로소 모든 것이 간명하게 보이고 일관된 미학적 해명도 가능해진다고 말한다.

"이성에 입각한 신이 아니라 계시에 입각한 신이 고딕의 신앙관을 물들인다. 중세에 일관하여 영향력을 행사해왔던 성 아우구스티누스와 성 안셀무스의 관념적이고 주지적인 신앙이 성 베르나르와 성 아벨라르의 실증적이고 주정주의적인 신앙으로 바뀜과 동시에 로마네스크 성당은 새로운 양식의 성당에 자리를 양보한다. 기존 성당들이 건물 내부를 구획 짓고 거기에 위계질서를 부여함으로써 그리스 철학의 지적이고 개념적인 도상을 실현시켰다면, 새로운 신앙은 모든 구획을 철폐하고 어떤 우월한 공간도 인정하지 않은 채로 성당 내부를 단일하고 통일적인 공간으로 보고자 한다."

그의 표현대로 예술은 시대정신, 동시대 철학의 반영이다. 가장 순수한 학문이라고 여겨지는 수학조차 동시대의 세계관에 따라 변해온 것처럼 예술 역시 그 자체로 가치중립적일 수 없다. 기존 수학이 더 이상 세계의 바뀐 질서를 설명하는 적절한 언어가 되지 못할 때 시대의 요구에 따라 무리수, 미분, 허수 등 새로운 개념이 등장했는데 예술은 이보다 더 상징적인 가치관과 세계관을 내포하고 있다.

그런 관점에서 함수의 도입과 바로크 예술도 필연적인 관계가 있다고 그는 분석한다. 함수는 근대세계에 중시되는 운동법칙, 곧 인과율의 수학적 표현이었는데 동시대에 이러한 함수를 시각적으로 표현하고자 한 결과물이 바로 바로크 예술로 나타났다는 것이다.

그는 이 같은 시대정신을 이해하고 나면 그 예술기법의 등장과 표현방식, 필연적인 인과관계를 꿰뚫어 볼 수 있다고 거듭 역설한다. 이런 관점에서 보면 지금까지 회화를 바라보던 차원과 전혀 다른 탐구 주제도 보인다는 것이다. 예술사에서 가장 주목받는 그리스와 르네상스 시기뿐만 아니라 상대적으로 소홀히 취급돼온 구석기, 신석기, 로마, 고딕 등에 더 많은 관심을 기울인 것도 이 때문이다.

만연체 문장을 다소 난해하게 느끼는 독자도 있겠지만, 예술과 철학을 접목한 저자의 독특한 시각을 따라가다 보면 인문학에 대한 새로운 사고의 즐거움도 함께 맛볼 수 있다.

저자의 다른 책

- 《근대예술: 형이상학적 해명》 조중걸 지음 | 지혜정원
- 《비트겐슈타인 논고 해제》 조중걸 지음 | 북핀
- 《러브 온톨로지》 조중걸 지음 | 세종서적

철학의 교실 그리스… 인류는 무엇을 배웠나
《그리스 인생학교》

조현 지음, 휴 펴냄

'금녀의 땅' 그리스 아토스 산

그리스에 있는 세계 유일의 수도원 공화국, 바다 위 절벽 수도원에 3000여 명의 사제와 수도사가 사는 금녀의 땅, 히말라야 벼랑의 벌집을 연상케 하는 암자와 동굴들, 모든 게 자체적으로 운영되고 별도의 비자를 받아야 들어갈 수 있는 반자치국가….

에게 해 북서부에 외딴섬처럼 솟은 2033m의 아토스 산 얘기다. 이곳은 하루에 그리스 정교회인 100명과 일반인 10명에게만 입국을 허용하는 은둔의 땅이다. 배편은 하루 2번밖에 없다. 방문객의 체류기간도 사흘로 한정돼 있다. 파피용 같은 죄수가 갇혔을 법한 곳에 자신을 가둔 자발적 수감자들의 나라.

1366년 디오니시오스 성인이 설립해 사도 요한에게 봉헌한 수도

원도 있다. 디오니시오스 성인은 대체 무엇을 위해 벼랑 끝 동굴에서 40년을 보냈을까. 그토록 오랜 세월 짐을 버리고 버려 마침내 마음을 내려놓은 이곳에서 순례자는 생각에 잠긴다. "나는 과연 내가 무엇에 목말라하는지 정확히 알며, 더 큰 것을 위해서 작은 것들을 과감히 버릴 수 있는가."

종교 전문기자인 저자의 문명답사기《그리스 인생학교》는 이처럼 종교와 신화, 철학을 아우르며 우리에게 영혼의 순례길을 안내한다.

첫 번째 여행지인 '금욕의 나라' 아토스 산에서 그는 베네딕토와 프란체스코 성인조차 뛰어넘기 힘들었던 정욕의 늪을 떠올리며 '남이 아닌 자신을 정복한 자가 고결한 최상의 승리자'라는 플라톤의 경구를 되새긴다. 그러면서 "세상과 운명에 밀려 벼랑 끝으로 내몰리기 전에, 스스로 집착의 무거운 짐을 비워버리고 날아갈 자, 날개는 그에게만 주어지는 은총"이라는 것을 깨닫는다.

아토스 산이 금녀의 땅이 된 까닭도 친절하게 설명한다. 애초에 제우스 같은 신들의 땅이던 이곳이 기독교 성소가 되고 금녀의 땅이 된 것은 예수의 어머니 마리아의 정원이기 때문이라고 한다.

예수가 부활해 승천한 뒤 마리아가 사도 요한을 따라 키프로스의 나자로를 방문하러 가는 길에 폭풍을 만나 이곳에 닿았다. 너무나 아름다운 모습에 감탄한 마리아는 이곳을 자기에게 달라고 간절히 기도했다. 드디어 하느님이 "이곳을 너의 정원으로 주노라. 네가 이곳으로 피해 구원을 받은 것처럼 이곳은 구원을 찾는 자들의 피난처가 될 것이다"라고 응답했다.

이런 까닭에 마리아를 위해 다른 여성 누구도 발을 들여놓을 수 없게 됐다. 이후 수도사들이 이곳으로 몰려들었고, 9세기 동로마 황제가 수도사들의 영지로 선포하며 일반인의 출입을 금지시켜 오늘에 이르고 있다.

저자의 여정은 알렉산드로스의 기도 신전이 있는 고대 디온과 신들의 산 올림포스, 하늘 위 수도원 메테오라, 최고의 예언 신전 델포이, 스파르타와 올림피아를 거쳐 철학의 본고장 아테네, 자유의 섬 크레타와 아름다운 산토리니, 히포크라테스의 고향 코스, '요한계시록'의 파트모스, 천재들의 섬 사모스, 신과 전사들의 무대 트로이로 이어진다. 그리스의 몸통 전체와 에게 해의 빛나는 섬, 터키의 왼쪽 옆구리를 시계 반대 방향으로 한 바퀴 휘감는 코스다.

각각의 여정을 마칠 때마다 관련 지식들을 별도의 팁으로 제공한다. 고대 디온에서는 '서양과 동양의 만남 헬레니즘', 메테오라 수도원에서는 '그리스 정교회의 뿌리 비잔티움', 사모스섬에서는 '사모스의 구세주 이솝' 등 인문학적 배경을 정리해준다.

메테오라의 거대한 바위 꼭대기에 있는 수도원을 찾아가는 동안에는 오랜 풍화작용에 의해 수직으로 깎인 바위군을 보면서 제우스신이 칼로 일도양단했다고 생각한다. 남자 수도원 다섯 곳과 수녀 수도원 한 곳이 400~500m의 수직 바위 위에 있어 새만 접근할 수 있는 곳이다.

"그리스를 여행하다 보면 만나게 되는 메테오라, 아토스 산, 산토리니처럼 절경을 자랑하는 곳들은 대부분 지진이 있었던 지역이다.

거대한 지진은 당대에 살던 이들에겐 엄청난 재앙이었겠지만, 후대 사람들에게는 이토록 아름다운 절경을 남겨주었다. 수직 바위엔 벌집처럼 보이는 동굴이 있는데, 수도자들은 수십 미터, 심지어 수백 미터의 줄사다리를 타고 올라가 수도를 했단다. 신앙이란 도무지 무엇인가. 세상을 초월해 저 높은 곳을 향하는 인간의 이상은 어디까지 가 닿을까."

나체 올림픽의 향연이 펼쳐졌던 올림피아에서는 아리스토텔레스의 가르침을 상기시킨다. "탁월함은 훈련과 습관이 만들어내는 것이다. 이것은 우리가 반복적으로 하는 행동의 결과다. 그래서 탁월함은 하나의 행동이 아니라 습관이다." 훈련이 습관을 만들고, 습관이 성격을 만들고, 성격이 운명을 만든다는 말인데 "훌륭한 인간은 태어나는 것이 아니라 훌륭한 업과 습에 의해 만들어진다"는 붓다의 말과 다름없다고 저자는 말한다.

모든 문명국가는 그리스의 지적 식민지

'인생철학의 교실'인 아테네에서는 대낮에도 등불을 들고 다니던 디오게네스의 자취를 만난다. 눈을 뜨고 있으면서도 불안의 어둠에 갇혀 있고, 헛된 욕망에 사로잡혀 내면의 신성을 발현하지 못하는 인간들을 깨우치기 위해 늘 등불을 들고 다니던 2500여 년 전 거지 철학자.

당시 사람들에게 견유학파 犬儒學派 Cyincs (개와 같은 생활을 하는 철학자)

로 불리던 디오게네스처럼 세상 부러울 것 없이 늘어져 자는 이곳 노숙자들의 모습조차 예사롭지 않아 보인다.

맨발에 단벌신사이던 소크라테스도 노숙인과 별반 다르지 않았으리라. 이 유명한 철학자는 외모도 그리 매력적이지 않았다. 그러나 탁월한 교양과 인품은 추한 외모를 덮고도 빛이 났다. 당시 아테네 최고 지도자 페리클레스의 양아들이자 고대 올림픽 마차경주에서 우승을 도맡은 꽃미남 알키비아데스가 소크라테스를 죽도록 사랑해서 질투와 시기심에 괴로워했던 것도 이해할 만하다. 그 시절엔 동성연애를 통해 성숙한 남자가 청년에게 지혜를 전수하는 게 일종의 풍습이었다.

알키비아데스는 《향연》에서 소크라테스를 자기 집에 초청한 첫날밤에 대해 이렇게 고백했다. "선생님은 괴물처럼 못생겼는데도 그의 말을 듣고 있노라면 나의 심장은 종교적 열광에 사로잡혔을 때보다 더 빨리 뛰고 얼굴엔 눈물이 흐른다. 그리고 선생님의 (자애로운) 성격과 자제력과 용기를 존경하고 사랑하지 않을 수 없다."

하긴 생전의 스티브 잡스가 "나에게 소크라테스와 한 끼 식사할 기회를 준다면 애플이 가진 모든 기술을 그 식사와 바꾸겠다"고 했으니, 예나 지금이나 엄청난 돈과 뛰어난 기술보다 '삶의 지혜'를 근본적으로 터득하는 게 더 가치 있는 일임이 분명하다.

이렇듯 흥미로운 저자의 얘기를 듣다 보면 미국 문명사학자 월 듀랜트가 "오늘날의 문명국가들은 모든 지적 활동 분야에서 그리스의 식민지"라고 말한 이유도 알 것 같다.

그의 말처럼 지상의 문명국가들이 그리스의 지식으로 길러졌고 세계 역사의 전개도 '그리스적 가치'의 전파 과정으로 요약될 수 있다. 그리스적 가치를 받아들인 문명은 번성했고, 그렇지 않으면 쇠퇴했기 때문이다. 더구나 그곳에서 시민 개개인의 참여를 뿌리로 한 민주주의가 태어났고, 최고의 체력을 겨루는 올림픽이 시작됐으며, 신화와 철학이 꽃피었음에랴.

함께 읽으면 좋은 책

- 《문명의 배꼽, 그리스》 박경철 지음 | 리더스북
- 《유라시아 신화 기행》 공원국 지음 | 민음사
- 《여행자를 위한 고전철학 가이드》
  존 개스킨 지음 | 박중서 옮김 | 현암사

그대 마음은 어디에 있나요
《철학이 필요한 시간》

강신주 지음, 사계절 펴냄

고민과 불안에 갇힌 현대인을 위한 철학 어드바이스

동서양의 철학자와 고전에서 삶의 지향점을 찾으려는 사람들의 따뜻한 길동무, 이 책은 힘들어하는 현대인들을 위해 '거리의 철학자' 강신주가 전하는 어드바이스다. 딱딱한 고전을 소개하는 것이 아니라 우리의 현재를 투영하는 인문학자들의 다양한 사고를 폭넓게 소개하면서 쉽게 공감할 수 있는 배경 설명을 곁들여 깊이 있는 사유의 힘도 길러준다. 겨울의 길목에서 현실감 있고 이해하기 쉬운 언어로 풀어주는 '새로운' 인문학에 빠져보자.

늦가을 오후에 즐기는 철학의 맛이 참 담백하다. 대학 강단이 아니라 대중 아카데미에서 주로 강의하는 '거리의 철학자' 강신주 씨. 그의 《철학이 필요한 시간》은 우리에게 '이야기와 생각이 필요한 시간'을 선사한다. 저자는 딱딱한 철학 고전들을 소개하는 게 아니라 우리의 현재를 투영하는 인문학자들의 다양한 사고를 폭넓게 소개한다. 쉽게 공감할 수 있는 스토리와 배경 설명을 곁들이며 깊이 있는 사유의 힘도 길러준다.

철학자 48명의 고전을 이해하기 쉽게 풀어내

48꼭지의 맛깔스런 글을 거울삼아 우리의 '맨얼굴'을 비추면서 인문학적 치유의 목소리까지 들려준다. 본문에 소화하지 못한 얘기들은 '더 읽어볼 책들'이라는 부록에 정리해놓았다.

저자의 얘기는 이런 식으로 펼쳐진다. '타인에 대한 배려-공자, 《논어》' 편을 보자.

"어느 날 한 여학생이 비어 있는 노약자 지정석을 두고 식은땀을 흘리며 서 있었다. 곁에 서 있던 나는 측은해서 노약자 지정석에 앉으라고 이야기했지만, 몸이 불편한 그 여학생은 얼굴을 붉힐 뿐 앉으려고 하지 않았다. 내가 보았을 때 그 당시 전철 안에서 가장 보호를 받아야 할 사람은 바로 그 여학생이었다. 그럼에도 불구하고 여학생이 노약자 지정석에 앉지 못하는 이유는 무엇일까?"

저자는 이어 "그것은 여학생이 전철 안의 어른들의 시선, 특히 노약자 지정석에 미리 앉아 있는 나이 든 사람들의 시선을 내면화하고 있기 때문"이라고 분석한다. 그리고 다시 이야기한다.

"간혹 나는 노약자 지정석에 앉아 있는 젊은이를 야단치며 그 자리에 앉는 나이 든 사람을 본다. 이 노인에게는 노인들을 위한 자리에 젊은이가 앉아서는 안 된다는 당당함이 엿보인다. 노인은 젊은이가 몸이 불편한지를 헤아려보려는 노력조차 하지 않는다. 결국 일어나라고 야단을 치는 노인이나 무엇에 쫓긴 듯이 자리를 뜨는 젊은이에게는 윤리적이라고 헤아릴 만한 데가 전혀 없다. 두 사람 사이에는 타인에 대한 배려나 애정이 없기 때문이다. (…) 그렇다면 예를 중시했던 공자는 노약자 지정석에 피곤한 몸으로 앉아 있는 젊은이를 보았을 때 어떻게 행동했을까?"

저자는 이런 의문을 풀어주는 실마리가 《논어》에 등장한다는 것을 일깨워준다. 예(禮)를 만들었다는 주공의 묘(태묘)에 참배하면서 공자가 모든 절차를 태묘 관리인에게 일일이 물어보는 것을 보고 누군가 "참배 예절을 누구보다 잘 알면서 왜 저러나"라고 하자 "이렇게 하는 것이 바로 예다"라고 말했다는 얘기다. 관리인이 자긍심을 갖고 일할 수 있도록 배려한 것이다.

"그에게 있어 타인에 대한 섬세한 배려가 없다면 예절은 아무런 쓸모가 없는 것이었다. 바로 이런 통찰 때문에 공자는 예절의 맹목적인 추종자가 아니라 최초의 동양 철학자로 남을 수 있었다."

프랑스 철학자 자크 데리다의 《주어진 시간》을 통해 '선물의 가능성'을 논하는 대목도 재미있다.

"우리는 누군가에게 선물을 준다. 그렇지만 그것이 진정 선물이되기 위해서는 선물을 주었다는 사실 자체를 망각해야 한다는 것이다. 사실 선물을 주고서 주었다는 사실을 깡그리 잊는다는 것은 쉽운 일은 아니다. 데리다는 그런 식으로 불가능한 요구를 하고 있는 것은 아니다. 그는 선물을 주었다는 사실을 잊으려는 우리의 의지만이 선물을 선물로서 만든다는 점을 강조하고 있는 것이다."

저자는 말년의 데리다가 유언처럼 남긴 충고까지 소개한다. '일체의 대가 없이 네가 가진 것을 주어야만 한다.' '수확의 기대 없이 심는 법을 배워야만 한다.'

유행에 대해서는 '새로움이란 강박증'을 통해 짚어본다. 이 꼭지의 주인공은 장 프랑수아 리오타르와 그의 역작《포스트모던의 조건》이다. 리오타르는 19세기 서양에서 무슨 일이 있었기에 당시 사람들이 새로운 사회에 살고 있다는 강한 자부심을 갖게 됐는지를 명쾌하게 분석한 프랑스 철학자다.

"사람들은 유행을 소비자들이 집단적으로 특정 스타일을 선호하고 선택해서 이루어지는 것이라고 믿는다. 그러나 이것은 원인과 결과를 거꾸로 본 것이다. 유행은 소비자들이 만드는 것이 아니라 산업자본에 의해 만들어지기 때문이다. 리오타르가 보았던 것도 이런 산업자본의 생리였다."

무슨 얘기인가. '새로운' 상품을 내놓음으로써 기존 상품을 낡은 것으로 만들고, 소비자들에게 새로운 상품을 구매하도록 유혹하는 메커니즘을 산업자본이 갖고 있다는 것이다. 산업자본주의 시대에 이르러 인간이 드디어 '새로움' 혹은 '낡음'과 관련된 시간의식을 얻게 됐다고 저자는 설명한다.

"포스트모던이란 말에서 중요한 것은 '모던'이 아니라 '포스트'라고 할 수 있을 것이다. 자신마저 낡은 것으로 뒤로 보낼 수 있어야만 '새로움'은 진정으로 새로울 수 있기 때문이다."

영화 제작자이자 대중문화 비평가인 기 드보르의 지적도 흥미롭다. 드보르는 그의 저서《스펙터클의 사회》에서 "비활동은 생산활동에 의존하고 있으며 그것은 생산의 필수품들과 결과물들에 대한 굴복"이라고 꼬집었다. 여기에서 비활동은 여가시간을 의미한다. 생산활동에 종사하는 노동시간과 구분되는 용어다. 그러나 여가시간은 노동하지 않는 자유로운 시간이 아니라 대중매체를 통해 상품에 대한 소비 욕망에 사로잡히는 시간이라고 드보르는 얘기한다.

저자도 이 부분에서 '여가를 빼앗긴 불행한 삶'이라는 화두를 던진다.

"지금까지 우리는 여가시간을 노동으로부터 벗어난 자유로운 시간이라고 착각했다. 그렇지만 여가시간은 노동으로부터 '해방된' 시간이 결코 아니다. 대중매체가 제공하는 볼거리들에 사로잡히거나 아니면 상품을 구매하는 것으로 대부분의 여가시간을 낭비하고 있기 때문이다. 결국 여가시간은 자유로운 창조의 시간이나 여유로운 휴식의 시간이 아니라, 자신이 만든 상품들로부터 유혹당하도록 고안된 시간인 셈이다. 그렇기 때문에 기 드보르는 여가시간 동안 우리가 노동의 결과에 대해 '굴복'하고 있다고 말했던 것이다."

이처럼 일상에서 보고 듣고 느끼는 것들을 현실감 있게 잘 반영한 '인문 공감 에세이'라는 게 이 책의 강점이다. 동서양의 철학자와 고전에서 삶의 지향점을 찾으려는 사람들의 따뜻한 길동무라고 할까. 출판사 측 표현대로 '뭔가를 하고 있어도 불안하고 뭔가를 하지 않으면 더 불안해하고, 점점 타인과 세상과의 관계 맺기가 잘 안 되고 힘들어하는 사람들을 위한 철학 어드바이스'이기도 하다.

저자의 다른 책

- 《강신주의 감정수업》 강신주 지음 | 민음사
- 《철학의 시대》 강신주 지음 | 사계절
- 《비상경보기-절실하게, 진지하게, 통쾌하게》 강신주 지음 | 동녘

그대는 마음에 향기가 있는가?
《전습록》

왕양명 지음, 김동휘 옮김, 신원문화사 펴냄

산이 가깝고 달이 먼지라 달이 작게 느껴져 山近月遠覺月小

사람들은 산이 달보다 크다 말하네 便道此山大於月

만일 하늘처럼 큰 눈 가진 이가 있다면 若人有眼大如天

산이 작고 달이 더 큰 것을 볼 수 있을 텐데 還見山小月更闊.

명나라 시인 왕양명 王陽明(1472~1529)의 '폐월산방시 蔽月山房詩(산에서 보는 달)'다. 그가 11세 때 썼다고 하니 놀랍기 그지없다. 양명학의 대가인 그가 일찍부터 세상을 큰 눈으로 보고자 한 뜻을 헤아려볼 수 있다. 폐월산방은 중국 저장성 경내 진산 金山 위에 있던 승방인데 지금은 남아 있지 않다고 한다. 양명은 그의 호이며, 본명은 수인 守仁 이다.

왕양명은 "마음 밖에는 사물이 없고 마음 밖에는 이치가 없다"

며 실천보다는 마음을 강조한 학문을 주창했다. 이것이 곧 양명학이다. 유학자들은 누군가 곤경에 처했을 때도 달려가는 사람의 예의범절을 따졌다. 그러나 그는 곤경에 처한 사람을 보면 달려가서 도와주는 마음, 그 자체에 진리가 있다고 했다. 그것이 곧 행동을 수반하는 올바른 지식이며 '치양지'라는 것이다.

양명학의 근본 사상이 기록된 책 '전습록'

《전습록》은 명나라 시인 왕양명의 어록과 서간문을 엮은 책이다. 주로 제자들의 물음에 대한 답변으로 구성돼 있다. '전습傳習'이란 《논어》의 '배운 것을 익히지 못했는가傳不習乎'라는 구절에서 따온 말이다. 그가 주창한 양명학은 주자학의 도덕적인 실천만을 강조하는 교조주의적 학문을 극복하고자 한 것으로 실천보다는 마음을 강조했다.

책은 상·중·하로 구성돼 있다. 원문에 주석을 넣고 한자를 풀이해 한 권에 담은 것이 상권은 그가 47세 되던 해에 간행됐다. 서애, 육징, 설간 등 제자들과 친구들의 편지글에 답하는 형식으로 심즉리설心卽理說과 지행합일설知行合一說 중심으로 이루어져 있다.

심즉리설은 사물의 입장에 들어가서 이치를 깨달아야 한다는 주자학과 달리 마음이 근본 이치이며, 마음 밖의 이치는 없다는 것이고 지행합일설은 앎이 실천의 시작이며, 실천은 앎의 완성이라는 것이다.

예를 들어 소혜라는 제자가 "자신의 사사로움은 이겨내기가 어렵습니다. 어찌해야 하온지요?" 하고 물었을 때 그는 이렇게 대답했다. "사람은 모름지기 스스로를 위하는 마음이 있어야 비로소 자기를 이겨낼 수 있다. 자기를 이겨낼 수 있어야만 비로소 스스로를 완성할 수 있다."

지행합일에 대해서는 이렇게 설명한다. "지행합일은 인식과 실천의 통일이 아니라 지知와 행行을 하나로 합치고 지로써 행한다는 의미다. 지는 행의 길잡이요, 행은 지의 드러난 형태이며, 지는 곧 행의 시작이고 행은 지의 완성이며, 또 지 가운데 행이 있고 행 가운데 지가 있다."

부모를 섬길 때 어떻게 하면 따뜻하거나 시원하게 해드리는 것이 좋은지 그 정도를 묻는 질문에는 "성인이라도 순수하게 하나에 전념하라는 가르침을 더해야 한다. 적당함을 추구한다면 광대들이 연극에서 부모 봉양 예절을 적당히 연출하는 것도 지극한 선에 이르렀다고 할 수 있겠느냐?"고 되묻는다.

중권도 친구나 제자들과 주고받은 편지글 형식인데, 치양지致良知(내 안의 양지를 어떻게 완성할 것인가), 만물일체萬物一體(나와 나 밖의 모든 만물은 하나다), 양지良知(하고 싶은 대로 움직이는 것이 모든 만물의 본성이다)라는 내용을 담고 있다.

하권에는 대화글뿐만 아니라 말년의 글을 모은 만년정론의 내용이 담겨 있다.

인간의 도덕적 본심을 중요시한 사상

왕양명의 철학이 후세에 미친 영향은 무엇일까. 양명학은 15세기 명나라 쇠퇴기, 민란발생기에 나왔다. 경제적으로는 자본주의가 싹트기 시작하고 임금과 고용관계가 형성되던 시기였다. 이 시기에는 이치를 깨달은 후 그것을 실천하고 자기 안의 욕망을 제거하려는 주자학이 성행했다. 이에 염증을 느낀 왕양명은 "마음 밖에는 사물이 없고 마음 밖에는 이치가 없다"며 실천보다는 마음을 강조한 학문을 주창했다. 이것이 곧 양명학이다.

그는 자신의 학문을 어떤 범주에 넣고 정의하는 것을 거부했지만 현대인을 위해 굳이 분류하자면 자아주의, 개성주의, 적극주의, 행동주의라고 부를 수 있다. 한마디로 마음을 중시하는 사상이다.

격식과 전통에 지나치게 얽매이는 주자학을 넘어서자는 게 그의 지론이다. 당시 유학자들은 사람이 곤경에 처했을 때 먼저 몸을 움직여 구하기는커녕 달려가는 사람의 의복이나 예의범절을 따졌다. 그러나 그는 슬픈 장면을 보면 슬퍼할 줄 알고 곤경에 처한 사람을 보면 달려가서 도와주는 마음, 그 자체에 진리가 있다고 생각했다. 그것이 곧 행동을 수반하는 올바른 지식이며 '치양지'라는 것이다.

결국 양명학은 대립과 갈등의 사회에서 인간의 도덕적 본심을 깨우고 실현해 구성원이 서로 편안하게 사는 대동사회로 이끌고자 한 학문이다. 나를 먼저 발견하고 그 속에 올바른 질서를 부여하는 일은 어떤 제도나 관례로 해결할 수 있는 게 아니라는 것을 알려준다.

이는 왕양명의 성장 과정을 봐도 쉽게 이해할 수 있다. 그는 관직에 나간 부친을 따라 베이징에서 자랐고 28세 때 진사시에 합격했다. 처음엔 당시의 관학이던 주자학을 배웠으나 여기에 만족하지 않았다. 선禪이나 노장老莊사상을 거쳐 도반道伴인 담감천湛甘泉을 만난 무렵부터 성현聖賢의 학을 지향하게 됐다.

학문적인 전기를 맞은 것은 35세 무렵이었다. 그가 병부주사로 있다가 환관 유근의 노여움을 사 귀주용장貴州龍場으로 좌천된 것이다. 원래 몸이 약했던 그는 기후가 좋지 않은 곳에서 고통스러운 생활을 하다 어느 날 밤 심즉리, 지행합일, 만물일체를 깨달았다. 이때 나이 37세였다. 이후 중앙으로 소환됐다가 각 성의 지방관을 맡으면서 도적을 토벌하고 난을 평정했다.

그는 격무 중에도 공부를 멈추지 않았고 각처에 학교를 지어 후진을 양성했다. 49세에 처음으로 치양지의 설을 제창하면서 더 유명해졌다. 이후 《전습록》이 계속 간행됐고 양명서원이 건립됐다. 양명학파로서 사상계에 큰 영향을 끼치게 될 기초가 이 시기에 확립된 것이다.

왕양명이 56세 때 묘족의 반란이 일어났는데 그는 병든 몸으로 이를 진압하고 돌아오는 길에 과로와 고열로 죽었다. 이 반란을 진압하기 위해 출발하는 전날 밤에 남긴 것이 양명학의 진수를 논한 4구결이다. "마음의 본체는 본래 선과 악이 없는 것이지만, 선과 악이 나타나는 것은 뜻意의 작용 때문이다. 그러므로 이미 나타난 선과 악을 구별하여 아는 것이 양지良知이며 선을 행하고 악을 버려 마음의 본체로 돌아가는 것이 바로 격물格物(사물의 이치를 깨달아 마음을 바로잡음)이다"가 그 핵심이다.

예나 지금이나 마음으로 다가가고 마음으로 느끼면 못 할 일이 없다. 마음의 뿌리를 발견하고 마음을 정화하면 개인뿐만 아니라 사회가 달라지고 국가도 달라질 수 있다. 첨단 비즈니스의 물결 속에서도 이 이치를 체득한 사람들의 보폭 또한 넓어지게 마련이다.

양명학의 근본 사상

① 심즉리설心卽理說
- 마음이 근본 이치이며, 마음 밖의 이치는 없다

② 지행합일설知行合一說
- 앎이 실천의 시작이며, 실천은 앎의 완성이다

③ 치양지致良知
- 사람이 가지는 선천적·보편적 마음의 본체인 양지를 실천하는 일

④ 만물일체萬物一體
- 나와 내 밖의 모든 만물은 하나다

⑤ 양지良知
- 하고 싶은대로 움직이는 것이 모든 만물의 본성이다

세계사 흐름 바꾼 정치사상 읽기
《인류의 역사를 뒤바꾼 위대한 생각들》

황광우 지음, 비아북 펴냄

"나 이외에는 장사를 하지 않는 주민이 한 사람도 없고, 모두 다 돈벌이를 하러 밖에 나가 있기 때문에 나는 여기서 사람이란 단 한 명도 만나지 않고 평생을 살아가야 할 것 같다."

17세기 프랑스 철학자 데카르트가 암스테르담을 묘사한 대목이다. 당시 네덜란드는 무역과 상공업이 발달했고, 이를 통해 부를 축적한 시민계급이 많았다. 이들은 혈연이나 지연 등에 신경 쓰지 않고 자기가 직접 벌어 먹고사는 전형적인 '도시인'이었다.

더치 페이dutch pay(비용을 각자 부담하는 것)의 원뜻도 '네덜란드인의 방식대로 한다'는 것이었으니 이들은 '세련된' 시민계급의 탄생을 의미하는 것이었다.

인문 분야 베스트셀러 저자 황광우 씨가《인류의 역사를 뒤바꾼 위대한 생각들》에서 들려주는 이야기는 이런 방식이다. 데카르트에

이어 스탕달의 《적과 흑》에 나오는 시골 사업가의 돈 자랑 장면도 곁들이며 부르주아 계급의 형성 과정을 설명한다.

그는 자유주의 사상이 르네상스 이후 중상주의와 종교개혁, 과학혁명 등 '개인'의 발견에서 비롯됐다는 얘기를 종횡의 역사적 상황과 함께 펼쳐 보인다. 마치 무대 공연을 보는 듯한 그의 설명을 듣다 보면 인류 역사의 '위대한 사상'들이 어떻게 태어나고, 진화하고, 소멸하고, 바뀌는지 쉽게 이해할 수 있다.

종교개혁에서 비롯한 '자유주의'

시민계급과 자유주의의 발아 과정도 그렇다. 이들의 행동양식은 중세 농민들과 크게 다르다. 중세 농민들은 신분제도나 정치적 억압에 불평 없이 적응했으나 시민계급은 높아진 경제적 지위 때문에 다른 생각을 하게 된 것이다. 하지만 아무리 경제적 지위가 높아졌다 해도 사회적·정치적으로 소외된 지위에 머물러야 했다. 성직자와 귀족 다음의 '제3신분'이었기 때문이다.

그렇다고 마음 놓고 장사를 할 자유도 없었다. 그래서 새로운 정치체제를 바라게 됐고 자신들의 정치체제를 체계적으로 설명해줄 수 있는 새로운 정치사상을 원했다. 이 같은 시민계급의 요구를 반영한 것이 바로 '자유주의 사상'이다.

"자유주의 사상은 어느 날 갑자기 하늘에서 뚝 떨어진 것이 아니다. 인류 역사에서 어떤 사상도 그렇게 등장한 적은 없다. 새로운 사상이 등장하려면 무엇보다 사회·경제적인 토대가 형성돼야 한다. 어떤 사상을 요구하는 사회 분위기가 형성되고, 그런 사상을 발전시킬 수 있는 사회집단이 형성돼야 하는 것이다."

사회주의와 공산주의에 관한 설명도 명쾌하다.

"마르크스의 역사적 유물론에 따르면 사회주의 사회는 명백히 자본주의 사회 이후의 사회다. 1917년 러시아에서 혁명이 일어났다. 그런데 이 혁명은 봉건제도의 낡은 틀을 깨고 나오기 위한 부르주아 민주주의 혁명이었지 결코 사회주의 혁명이 아니었다. 사람들은 왜 사회주의 혁명이 영국 같은 선진 자본주의 국가에서 일어나지 않고 러시아와 중국 같은 농업국가에서 일어났는가 하는 의문을 제기하지만 1917년 10월 러시아혁명은 눈 씻고 봐도 사회주의 혁명이 아니었다. 사회주의자들이 집권한 혁명이었지, 사회주의 혁명은 아니었단 말이다."

러시아혁명 뿌리는 '민주주의'

자유주의와 민주주의를 합친 자유민주주의는 지금 가장 많은 나라의 통치이념으로 채택돼 있다. 이른바 '역사상 가장 안정적이고 강력한 정치사상'이 곧 자유민주주의다. 구소련과 동구권의 몰락으로 가장 강력한 라이벌이었던 사회주의가 현실에서 별로 힘이 없는 사상이라는 사실이 증명됐기 때문이다.

이 대목에서 그는 민주시민의 의식과 행동을 촉구한 19세기 독일

법학자 예링의 《권리를 위한 투쟁》을 예로 들며 '민주주의의 나무는 피를 먹고 자란다'는 사실을 일깨운다. 참된 권리는 공짜로 얻어지는 게 아니라는 얘기다.

"그는 권리를 위한 투쟁을 도덕적 자기 보존의 의무로까지 생각한다. 이 의무를 태만히 하는 사람은 도덕적 자살자이며, 권리 침해를 감수하는 사람은 자신을 노예나 동물의 수준으로 전락시키고 법의 정신을 좀먹는 자라고 말한다. 불법과 불의를 감수하고 관용하는 비겁함과 무관심은 법에 용서하지 못할 죄를 짓는 것이란 말이다. (…) 현명한 사람의 마지막 결론이란 자유와 생명을 날마다 쟁취하는 자만이 그것을 누릴 권리가 있다는 것이다."

이처럼 《인류의 역사를 뒤바꾼 위대한 생각들》은 역사의 물줄기를 바꾼 대표적인 정치사상을 개괄적으로 보여주는 인문서다. 봉건주의와 자유주의, 공산주의와 자유민주주의, 유가와 법가, 동학 등 동서양 사회제도의 뼈대를 이루는 사상들을 소개하면서 오늘날의 한국 사회를 보는 눈과 세상을 설계하는 시각을 보여준다.

《철학 콘서트》 등으로 유명한 저자는 대학 때부터 고전에 전념했다고 한다. 고전 안에 일상을 바꾸는 생각의 힘이 있다고 믿었기 때문이다. 그는 고전을 바탕으로 독특한 관점을 제시한다. '공자와 플라톤이 공산주의였다, 한비자 안에 마키아벨리가 있다, 루소와 정약용의 공통점' 등 동양과 서양, 고대와 현대를 막론하고 핵심을 찌르는 질문과 답을 통해 세계 정치사상의 지도를 그릴 수 있게 해준다.

시민혁명의 열매 '자유민주주의'

　고대부터 현대까지의 주요 사상을 훑어 내리는 그의 시각은 통시적이면서도 공시적이다.
　"동서양을 막론하고 고대는 왕도정치의 시대였다. 고대의 주류는 왕이 곧 신(왕권신수설)이라는 전제정치의 사회였다. 동양에서는 예와 법 사이에서 왕은 무엇으로 다스려야 하는지가 이슈였다.
　이러한 보수 정치사상들은 봉건주의를 거쳐 자유주의, 자유민주주의로 진화해왔다. 이와는 대조되는 사상이 사회주의 사상이다. 마르크스 이후 사회주의 사상은 각 국가마다 다양하게 수용됐고, 대표적인 것이 사회민주주의다. 그 외에도 무정부주의, 파시즘 등이 대표적이다."
　특히 서양 사상사뿐만 아니라 동양 사상을 균형 있게 다룬 점이 돋보인다. 이에 대해 그는 "사상의 역사를 다룰 때 서양의 사상만이 아니라 동양의 사상을 함께 다루어야 한다는 것이 나의 소신"이라면서 "지금은 우리가 서구의 학문을 수입하기에 바쁘지만 언젠가 우리도 서구인들에게 훌륭한 세계적 사상을 선보일 수 있어야 할 것"이라고 강조한다.
　민족주의와 전체주의, 유가와 도가, 조선의 실학사상, 공자의 '대동사회'와 동학의 '인내천' 등 굵직한 사상사의 뼈대에 재미있는 스토리의 살을 입혀가는 그의 필봉이 예사롭지 않다.

5장

부자의 사고방식은 이렇게 다르다

유대인의 부자교육… '열 살부터 가르쳐라'
《유대인이 대물림하는 부자의 공리》

랍비 셀소 쿠키어콘 지음, 이미숙 옮김, 북스넛 펴냄

유대인은 왜 쉽게 부자가 되는가

유대인은 아이들에게 히브리어 알파벳을 가르칠 때 글자에 꿀을 발라 그것을 빨아먹으면서 익히도록 한다. 그래서 아이들은 배움이란 좋고 유익한 것이라는 기억을 늘 떠올리게 된다. 돈을 다루고 관리하는 측면에서도 이렇게 한다고 한다.

랍비(유대인 현자)인 셀소 쿠키어콘은 《유대인이 대물림하는 부자의 공리》에서 이런 얘기와 함께 인생에서 진정한 부자가 되는 방법을 알려준다. 제목의 공리axiom란 '널리 검증된 원리'로 유대인은 이를 어릴 때부터 배워 사회에서 실천한다. 유대인이 남과 비슷한 수입으로도 더 빨리 부자가 되는 것도 이 공리 덕분이라고 한다.

저자는 유대인 부자의 공리를 객관적으로 정리하기 위해 사업가와 의사, 변호사, 정치가 등을 면밀히 취재했다. 오랫동안 시나고그 (유대 회당)에서 만난 사람들에게 일일이 질문하고 그 답을 모아 18가지로 정리한 것이 바로 이 책이다.

그에 따르면 유대인은 '버는 만큼 인생을 즐기라'고 하지 않고 '주머니를 비우지 않으면서 공허함을 채우라'고 가르친다. '무조건 아껴야 부자로 살 수 있다'가 아니라 '인색하지 않은 검소함을 추구하라'고 조언한다. 또 '10%는 자선으로 베풀라'고 한다. 우리가 버는 돈도 알게 모르게 남들의 도움이 있었기에 가능한 일인 만큼 10분의 1은 남에게 베풀라는 것이다.

자선은 돈의 부정적인 에너지도 씻어준다는 것이 그들의 생각이다. '보험에 속지 말라', '할부 인생을 멈춰라', '샬롬 펀드를 만들어라' 등의 공리도 귀담아들을 얘기다.

'열 살부터 돈을 가르쳐라'는 대목부터 보자. 유대인의 전통적인 자녀교육법인데, 처음에는 아이들에게 집안일을 할당한다고 한다. 다섯 살 정도 되면 가벼운 집안일과 자기 몸을 스스로 보살피는 일쯤은 충분히 할 수 있다고 가르치는 것이다. 어리기 때문에 돈이나 물건으로 보상하기보다는 칭찬이나 즐거운 놀이를 통해 영광스러운 느낌을 갖게 하거나 자기 일을 마무리할 수 있는 특권을 주는 방식으로 보상한다.

열 살쯤 되면 조금 다른 방법을 쓴다. 요리나 설거지, 빨래, 세차 같은 일을 도울 때 금전적인 보상을 시작하는 것이다. 이때부터 열두 살이 될 때까지 매년 용돈을 조금씩 올려준다. 그러면 아이들도 자신의 놀이비용을 관리할 수 있게 된다. 이때 자선에 대해서도 가르치기 시작한다.

더 중요한 것은 이때부터 아이들이 용돈을 직접 벌어 써야 한다는 점이다. 유대의 금전교육에서 아이들이 배울 점은 '자기 돈은 자기가 균형을 맞춰야 한다'는 것이다. 한 달 용돈이 30달러가 넘으면 그때부터 훌륭한 관리자가 되는 법을 배우기 시작한다. 이는 대학에서 배운 지식보다 소중한 교훈으로 삶 전체를 관통한다.

나에게 보상하는 습관 '샬롬 펀드'

'샬롬 펀드를 만들어라'는 무슨 말인가. 샬롬shalom은 '평화'를 뜻하는 히브리어로 만날 때나 헤어질 때 하는 인사다. 그 어근인 샬렘shalem은 '완전함'을 의미한다고 한다. 삶의 모든 측면을 완벽하게 처리할 수 있을 때 비로소 평화로워질 수 있다는 것이다. 유대인이 토라(유대 경전)에서 다른 사람을 어떻게 대하고, 무엇을 먹고, 어떻게 행동하고, 부를 생산하고 유지하는지를 논하는 것도 이 때문이다.

이들은 자신에게 보상하는 습관을 길러야 지속적으로 부를 쌓을 수 있다고 가르친다. 급료를 받을 때마다 저축이나 금융계좌에 넣을 일정 액수를 따로 떼어두는 방법으로 자신에게 먼저 보상하는 방식이다. 이게 곧 '샬롬 펀드'다. 기본 생활비로 적어도 7개월을 버틸 돈을 모을 때까지 샬롬 펀드에 최대한 많은 돈을 적립하고 지출 경비는 줄이는 것이다.

신용카드와 할부의 노예가 되지 말라

'신용카드의 노예가 되지 말라'는 공리는 모든 유대인이 어릴 때부터 알고 있다. 램연구소에 따르면 미국 가정의 신용카드 부채는 8000달러(약 840만 원)가 넘는다. 잘 알다시피 신용카드 부채는 무담보로 이율도 무척 높다. 매월 지급할 수 없는 신용카드 부채가 있다면 머지않아 이자에 이자를 내야 하는 상황이 벌어진다. 현재 사용하는 신용카드에 이자 18%를 지급한다면 부채는 4년 만에 2배로 증가한다. 다음 4년이 지나면 다시 2배로 늘어난다.

부채를 청산하는 방법은 의외로 간단하다. 이율이 가장 높은 카드 빚부터 줄여나가는 것이다. 첫 번째 카드를 완전히 청산한 뒤에는 그 돈을 이자가 다음으로 높은 카드에 넣는다. 이렇게 해서 수중에 있는 돈만 쓰는 습관을 들여도 샬롬 펀드가 생각보다 빠르게 불어난다.

이와 맞닿은 원리가 곧 '할부 인생을 멈춰라'다. 유대인의 가르침 중 '바퀴(모터) 있는 것이라면 무엇이든 지금 이 순간에도 그 가치가 떨어지고 있다'는 것과 통한다. 자동차 할부금은 주택융자 상환금이나 전셋값에 이어 두 번째로 많은 액수다.

하지만 부자가 되는 사람들의 첫 번째 지침은 자동차를 현금으로 사라는 것이다. 새 차를 사더라도 몰고 나오는 순간 그 가치가 20%나 떨어진다. 그러니 자동차를 두 달치 월급보다 비싸게 사서는 안 된다는 얘기다. 연봉이 4만 8000달러(약 5000만 원)라면 8000달러

(약 840만 원)가 넘는 자동차를 구입하지 말아야 한다.

이렇게 부채와 이자, 할부금과 과소비를 없애는 것은 사실 모든 부자의 행동 원리일 것이다. 그러나 어릴 때부터 돈의 가치를 제대로 배우고, 스스로 돈을 관리하면서 남에게 베푸는 것까지 실천하는 것은 유대인만의 공리다. '자선의 순환'을 시작하면 돈을 쉽게 낭비하지 않는 습관까지 얻게 되니 인생의 선순환을 이어갈 수 있다는 점에서도 더욱 중요한 부의 원리다.

> **함께 읽으면 좋은 책**
>
> - 《죽기 전에 한 번은 유대인을 만나라》
>   랍비 조셉 텔루슈킨 지음 | 김무겸 옮김 | 북스넛
> - 《유대인의 상속 이야기》
>   랍비 조셉 텔루슈킨 지음 | 김무겸 옮김 | 북스넛

가족, 신체, 자유가 충족돼야 진정한 부자다
《부의 추월차선》

엠제이 드마코 지음, 신소영 옮김, 북새통 펴냄

부자가 되는 공식이 있다?

맨손으로 차량예약 서비스를 제공하는 회사를 설립해 자수성가한 백만장자 사업가이자 발명가, 자동차광, 베스트셀러 작가….

그도 한때는 청소 일을 하며 근근이 어머니를 부양했고, 허황된 꿈을 좇는다는 손가락질을 받았다. 그러다 부자가 되는 특별한 공식인 '추월차선 법칙'을 발견했고 짧은 기간에 내로라하는 자산가가 됐다. '어떤 부자도 털어놓은 적은 없지만 실제로 그들이 돈을 번 방법'을 터득한 덕분이다. 그는 지금 미국 애리조나 주 피닉스에 살면서 자동차와 여행, 미식, 글쓰기, 람보르기니 동호회 활동 등 추월차선식 경제자유를 누리며 열정적인 삶을 즐기고 있다.

그의 이름은 엠제이 드마코다. 그가 쓴 책《부의 추월차선》은 출간되자마자 미국 아마존 금융·사업 분야 1위에 올랐다. 10대 시절 람보르기니를 탄 젊은 백만장자를 만난 뒤로 '부+젊음'의 공식을 찾기 위해 수없이 시행착오를 겪었다는 그는 "조금이라도 젊을 때, 인생을 즐길 수 있을 때 부자가 돼야 한다"고 말한다.

그가 말하는 부의 개념은 좀 색다르다. 그는 부가 물질적인 소유물이나 돈, 물건 같은 게 이 아니라 3F로 이루어져 있다고 강조한다. 3F는 부의 3요소로 가족Family(관계), 신체Fitness(건강), 자유Freedom(선택)를 뜻한다. 이 3F가 충족될 때 진정한 부를 느낄 수 있고 행복도 얻을 수 있다는 것이다.

인도로 걸을 텐가, 추월차선으로 달릴 텐가

부를 향해 나아가는 여정은 어떤가. 그는 우리의 삶을 인도人道, 서행차선, 추월차선으로 나누고 그에 따라 부를 쌓는 방식도 다르다고 설명한다.

첫 번째, '인도'를 달리는 사람은 삶에 대한 계획이 없고, 내일 쓸 것도 오늘 써버리는 부류다. 그러니 끊임없이 부채에 허덕이고 발전 가능성도 없다. 수입 이상으로 지출하기 때문에 결코 나은 인생을 살지 못한다. 이들처럼 인생 한 방을 노리는 사람은 가난을 면치 못한다. 부와 마찬가지로 행운도 하나의 사건이 아니라 과정의 결과인데, 인도를 걷는 사람들은 사건은 좋아하지만 과정은 싫어한다.

두 번째, '서행차선'의 인생은 자신의 노동시간과 수입을 바꾸며

사는 사람들이다. 월급이 한정돼 있기 때문에 이 부류는 끊임없이 절약하고, 저축하고, 투자해서 은퇴 시점에 부자로 살기를 희망한다. 하지만 저자는 금리가 어떻게 변하고, 내가 다니는 직장은 어떻게 바뀌며, 내가 투자한 주식이 어떻게 될지 알 수 없기에 무턱대고 기다리는 것은 상책이 아니라고 지적한다.

세 번째, '추월차선'의 인생은 끊임없이 자신의 영향력을 키우는 사람들이다. 한마디로 남들이 소비자 입장에 설 때 철저하게 생산자 입장에 서는 부류다. 예를 들어 사람들이 좋은 차를 살 때 이들은 좋은 차를 만들어 팔 궁리를 하고, 보통 사람들이 좋은 책을 읽을 때 자신이 양질의 콘텐츠를 생산해 팔 것을 궁리한다. 이 부류의 사람들은 자신에게 필요한 지식들을 열심히 배우고 독서를 통해 채운다.

가장 중요한 자산은 시간이다

그는 "추월차선을 달리는 사람들은 시간이 가장 소중한 자산이기 때문에 의사결정에 있어서도 시간을 핵심 고려사항으로 간주한다"고 말한다. 이들이 시간을 아끼는 반면 서행차선을 달리는 사람들과 인도를 걷는 사람들은 돈을 아낀다고 한다. 그래서 부자가 되기를 원한다면 부자의 마인드로 생각하고 무엇보다 시간이 최고라는 점을 잊지 말라고 조언한다.

"추월차선을 달리는 사람들은 가치가 증가하는 자산을 사거나 판다. 사업체, 브랜드, 현금성 자산, 지적 재산, 라이선스, 발명품, 특허, 부동산 등이 이에 해당된다. 추월차선 부의 방정식과 깊은 관련이 있는 '자산 가치'의 힘은 거의 무제한 수준으로 변수를 늘리는 능력에 달려 있다."

흥미와 헌신에 대한 얘기도 눈길을 끈다.

"흥미와 헌신은 근본적으로 다르다. 흥미 있는 사람은 책을 읽지만, 헌신하는 사람은 그 책을 50번 응용한다. 흥미 있는 사람은 사업을 하고 싶다는 것에 그치지만, 헌신하는 사람은 유한책임회사 설립에 필요한 서류를 정리한다. 흥미 있는 사람은 월요일부터 금요일까지 하루에 한 시간 일하지만, 헌신하는 사람은 시간이 허락하는 한 일주일 내내 일한다. 흥미 있는 사람은 값비싼 차를 빌리지만, 헌신하는 사람은 자전거를 타고 다니면서 절약한 돈을 시스템에 투자한다. 흥미 있는 사람은 부유해 보이지만 헌신하는 사람은 부유해지기 위해 계획을 세운다."

이 대목에서 그는 "시스템과 사업에 진정으로 헌신하고 있는가" 묻고는 "돈이든 꿈이든 '진정 하고 싶은 것'이든 자신의 이기적인 욕구의 관점에서 사업을 바라보는 것을 당장 그만두라"고 조언한다. 돈은 이기적인 사람들에게 끌리는 게 아니라 문제점을 해결하는 사업에 끌린다는 것이다.

"돈은 욕구를 충족시키고 가치를 창출하는 사람들에게 끌린다. 욕구를 대규모로 해소하면 대규모의 돈이 끌려온다. 성공적인 사업은 모두 한 가지 특징을 공유하는데 바로 시장에서 판매로 이어지는 소비자들의 만족이다. 당신의 사업 존속 여부는 당신이 아니라 시장과 소비자가 결정한다."

인생의 중심을 '소비'에 두지 말고 '생산'에 두어야

그는 또 "추월차선 지도의 비밀을 푸는 것은 비밀의 열쇠를 쥐고 있는 이기는 팀에 가담하기만 하면 된다"면서 "이기는 팀인 생산자 팀은 인생의 중심을 소비가 아닌 생산에 둔다. 그러니 먼저 사고방식을 다수(소비자)의 것에서 소수(생산자)의 것으로 전환하는 법을 배우라"고 권한다. 우선 생산자가 되고 그다음으로 소비자가 되라는 것이다.

"생산자 편에 서려면 사업가이자 혁신가가 되어야 한다. 예지자인 동시에 창조자가 되어야 한다. 서행차선의 중심에 직업이 있다면 추월차선의 중심에는 사업이 있다. 사업은 추월차선 부의 방정식의 핵심이다. 왜냐하면 사업을 통해 무제한적이고 통제 가능한 부의 변수를 활용할 수 있기 때문이다."

하지만 "돈에 관해 이야기할 때 가장 주의해야 할 위험신호는 '모두 다'라는 것을 잊지 말라"고 충고한다. '모두 다'는 진입의 계명이 위반됐다는 것을 알려주는 적신호이므로 모두 같은 것을 하고 있다면 볼 것도 없이 그건 실패한다는 것이다.

그에 따르면 수백만 달러를 벌기 위해서는 수백만 명에게 영향을 끼쳐야 한다. 어떻게 수백만 명에게 영향을 끼칠 수 있을까. 널린 게 사업기회라지만 대부분은 추월차선의 길이 아니라고 한다. "10달러짜리 이발을 제공하는 이발소를 운영한다면 수십만 명에게 서비스를 제공해야 하는데 과연 그럴 수 있는가. 그러니 당신의 길이 영향력의 방향으로 뻗도록 이정표를 분명히 세워라. 영향력이야말로 부의 문지기다."

한마디로 세상 사람들에게 꼭 필요한 것을 제때 공급하는 생산자 방식의 사업을 통해 부의 추월차선을 타고 인생을 풍요롭게 가꾸라는 게 그의 핵심 메시지다. 꼭 돈에만 해당되는 게 아니라 삶을 설계하는 방법에도 유용한 책이다.

함께 읽으면 좋은 책

- 《부자들의 생각법》
  하노 벡 지음 | 배명자 옮김 | 갤리온
- 《월급쟁이 부자들》 이명로 지음 | 스마트북스

부자 아빠와 가난한 아빠, 10년 안에 결정되다
《앞으로 10년, 돈의 배반이 시작된다》

로버트 기요사키 지음, 고영태 옮김, 흐름출판 펴냄

그에게는 두 아버지가 있었다. 교육은 많이 받았지만 가난하던 자신의 아버지와 정규교육은 제대로 받지 못했지만 부자가 된 친구의 아버지. 두 아버지의 가르침을 동시에 받으며 자란 그는 부자 아버지의 가르침 속에서 자신의 장래를 발견했다. 해양사관학교를 졸업한 뒤 해병대에 자원해 베트남전쟁에서 무장헬리콥터 조종사로 복무했다. 전역 후 제록스 하와이 지점에서 세일즈맨으로 일했으며 30세가 되던 1977년 사업을 시작했다. 자기계발 욕구가 강해 자신을 발전시키는 강의와 세미나는 어김없이 찾아다녔다.

30~34세에 그는 큰 성공과 실패를 맛봤다. 재기불능 상태에 빠졌을 때 자기계발 분야의 선구자인 벅민스터 풀러 박사를 만나 돈을 좇는 인생이 아닌 소명을 찾아 사는 인생을 발견했다. 유해물질을 배출하던 사업체를 정리하고 미국 본토로 들어가 기업 근로자들

의 자기계발 교육을 시작했다. 38세 때 투자교육과 금융 컨설팅을 하는 글로벌 기업을 설립해 미국에서 가장 유명한 투자교육가가 됐다. 47세에 은퇴를 선언하고는 50세에 《부자 아빠 가난한 아빠》를 집필해 2600만 부의 판매 기록을 세웠다.

경제위기 2막, 어떻게 대비할 것인가

그의 이름은 로버트 기요사키. 세계적인 동기부여 전문가이자 수백억 원대 재산을 가진 갑부다. 우리나라에도 몇 번 다녀갔다. 그는 《앞으로 10년, 돈의 배반이 시작된다》에서 "2008년 금융위기 이후 세계 경제위기의 2막이 시작됐다"며 우리가 어떻게 대비해야 하는지를 알려준다.

그는 "다가오는 10년은 세계 역사상 가장 변화무쌍한 10년이 될 것"이라며 이를 5가지로 요약해 설명한다.

첫째, 더 많은 사람이 더 가난해질 것이다. 향후 10년 동안 은퇴하는 미국의 베이비붐 세대는 7800여 만 명. 이들의 52%가 퇴직연금이나 노후 대비 투자에 소홀하기 때문에 정부는 복지 재원을 마련하기 위해 더 많은 세금을 거둬들여야 한다. 이는 기업과 정부의 일자리 감소를 초래하고 빈곤층을 늘릴 것이다.

둘째, 돈은 쓸모없는 종잇조각이 될 것이다. 1971년 금본위제를 폐지하면서 미국 달러는 화폐로서의 기능을 상실했고 부채 수단이 되고 말았다. 저축하는 사람들이 더욱 불리해질 것이다.

셋째, 상상 이상의 더 큰 인플레이션을 겪게 될 것이다. 2000년 1월 4일 금 1온스(약 8돈)의 가격은 282달러였으나 2010년 12월 30일에는 1405달러로 급등했다.

넷째, 구제금융은 세계 경제위기에 결정타가 될 것이다. 2007년부터 은행에 대한 구제금융이 국제적인 문제가 됐는데 이는 언제 터질지 모르는 새로운 문제가 되고 있다.

다섯째, 산업화 시대가 끝나면서 많은 일자리가 사라질 것이다. 다가올 10년 동안 임금이 비싼 선진국의 공장들은 저임금 국가로 이전되고 더 많은 일자리가 기술에 의해 대체될 것이다.

그는 이런 트렌드를 예측하고 발 빠르게 준비해야 한다고 강조한다. 그리고 지식, 세금, 부채, 위험, 보상이라는 5가지 키워드에 주목하라고 조언한다. 부자들과 보통 사람들의 차이는 이 키워드를 아느냐, 모르느냐에서 시작된다는 것이다.

부자가 되려면 알아야 할 5가지 키워드

'지식'은 어떻게 투자해야 하는지를 알려준다. '세금'을 알면 더 많이 벌수록 합법적으로 더 적은 세금을 낼 수 있다. '부채'는 나쁜 것이라는 고정관념에서 탈피해 빚을 이용해서 자산을 사들일 수 있으며, 자산에 대한 통제권을 가지면 '위험'을 파악할 수 있다. 또 돈을 위해 일하는 대신 '보상'의 법칙을 따르면 자산을 만들어낼 수 있다.

'세금' 편을 보자. 질문: 좋은 직장에 취직해 열심히 일하면서 저축하고 집을 사고 부채에서 벗어나고 주식과 채권, 뮤추얼펀드에 장기적으로 분산투자하는 것이 왜 문제인가? 답: 세금이 문제다. 열심히 일해 더 많은 돈을 벌수록 세금을 더 내야 한다. 더 많은 돈을 벌면서도 세금을 적게 내고 싶다면 소득의 종류를 바꾸어야 한다.

"세금은 단일 항목으로 가장 큰 지출을 차지한다. 최근의 전 세계적인 금융위기 때문에 세금은 점점 더 인상될 것이다. 따라서 개인의 금융교육에서 세금에 대한 지식은 필수적인 것으로 되어야 한다. 세법은 특정 사분면에 속한 사람들을 위해 만들어진 것이지 직업에 맞춰 만들어진 것이 아니라는 사실을 명심해야 한다. 학교를 졸업하고 좋은 곳에 취직하거나 의사가 되라고 말하는 것이 세금의 관점에서 보면 어리석은 조언이 될 수밖에 없다. 세금을 줄이고 싶다면 자신이 속한 사분면을 바꾸거나 다른 사분면을 추가해야 한다."

'부채' 관련 질문은 이렇다. 질문: 저축하는 사람에게 100달러는 자산인데 은행가에게는 이것이 부채다. 저축이 왜 은행가에게 부채가 되는가? 답: 자산의 정의는 당신의 주머니에 돈이 들어오게 만드는 것이다. 부채는 당신의 주머니에서 돈을 빼가는 것이다. 은행가는 저축한 고객에게 이자를 지급해야 하기 때문에 그에겐 100달러가 부채다.

"빚은 지렛대의 원리와 비슷하다. 자동차처럼 가치가 사라지는 부채를 사기 위해 빚을 지면 비용이 점점 더 커질 것이다. 자산을 구매

할 때 빚을 지렛대로 활용하면 좋다. 내가 운영하는 회사는 빚을 활용해 다가구 주택과 같은 부동산 자산을 구입해서 투자자의 재산을 늘려주고 있다. 이런 부동산 투자는 월세라는 현금흐름을 창출할 뿐만 아니라 관리 원칙을 잘 활용하면 시간이 지나면서 가치가 증가한다."

'보상'은 어떤가. 질문: 내가 돈을 위해 일하면 어떻게 되나? 답: 돈을 많이 벌수록 더 손해를 본다. 돈을 위해 일하는 사람들은 고된 일, 높은 세금, 부채, 인플레이션의 순환고리에 빠지게 될 것이다. 게다가 '내가 돈을 더 많이 벌면 정부가 그만큼 더 가져가는데 왜 열심히 일해야 하는가'라고 말할 것이다.

왜 금융교육이 중요한가

그가 이 5가지 키워드를 강조하는 것은 '금융교육'이 중요하기 때문이다. 금융교육을 받지 못하면 정보를 지식으로 바꿀 수 없다는 얘기다.

"금융교육을 받지 못한 사람들은 아무 생각 없이 자신들의 돈을 세금이라는 형태로 정부에 지불한다. 주택대출금 이자, 자동차할부금 이자, 신용카드 수수료, 학자금대출 이자 등의 형태가 그것이다. 그리고 인플레이션이라는 형태로 석유회사와 전력회사, 식품회사에 돈이 흘러들어간다. 퇴직연금에 가입한 사람들은 은행에 돈을 맡긴다. 이것이 부자들은 더 부자가 되고 가난한 사람은 계속 가난하게 살고, 중산층은 더 열심히 일해야 하는 이유다."

　책의 부록 '당신의 투자 성향을 분석해주는 5단계의 투자자'도 눈길을 끈다. 금융지능 제로인 투자자부터 저축을 통해 손해를 보는 투자자, 너무 바빠서 투자할 시간이 없는 투자자, 스스로 전문가라고 생각하는 투자자, 자본가 단계까지 구분해 자신이 어떤 투자자인지 체크하면서 목표를 재설정해볼 수 있도록 해준다. 그가 2011년 소송에 패해 자신의 기업 중 한 곳에 대해 파산신청을 했다는 사실이 뒤늦게 알려져 주변을 놀라게 했다. 이 때문에 '꼼수' 소리도 들었지만 자신의 재산을 지키기 위한 '금융지식의 힘'을 확인시켜줬다는 평가도 받았다. 앞으로 10년 후에는 그가 또 어떤 평가를 받을까.

저자의 다른 책

- 《부자 아빠의 세컨드 찬스》
  로버트 기요사키 지음 | 안진환 옮김 | 민음인

- 《부자 아빠의 투자 가이드》
  로버트 기요사키 지음 | 박슬라 옮김 | 민음인

워런 버핏, 자녀를 보통 사람으로 키우다
《워런 버핏의 위대한 유산》

피터 버핏 지음, 문수민 옮김, 라이프맵 펴냄

"제시 오언스(1936 베를린 올림픽에서 4개의 금메달을 딴 미국 육상선수)의 공로를 인정해 100m 경주 때 그의 아이를 50m 앞서 출발하게 해준다고 그 애가 성공할 수 있는 건 아니다. 네브라스카 미식축구팀 선수가 예전에 자기 아버지가 이 팀의 유명 쿼터백이었다고 해서 포지션을 그대로 물려받을 수는 없지 않은가."

'투자의 귀재' 워런 버핏은 자녀에게 필요 이상의 돈을 물려주는 게 재앙이라고 자주 말했다. 그가 스포츠 선수들을 예로 들며 이런 얘기를 할 때마다 사람들은 그냥 그러려니 했다. 그러나 2006년 6월 25일 그가 자신의 재산 대부분을 기부하겠다고 공식 발표하자 모두 깜짝 놀랐다. 정작 놀라지 않은 것은 그의 세 자녀였다.

막내아들 피터 버핏은 이 소식을 듣자마자 아버지에게 전화를 걸어 "진정 아버지가 자랑스럽다"고 말했다. 그는 아버지의 양육방식과 교육철학을 공개한 책 《워런 버핏의 위대한 유산》에서 이때의 상황을 전하며 "내가 태어나기도 전부터 아버지는 벌써 그렇게 생각했고 그 시기를 기다려왔다"고 얘기했다. 그는 29세 때인 1987년 1집 앨범을 낸 작곡가 겸 가수다. 아버지의 후광을 마음껏 누릴 수 있는 쉬운 길을 두고 혼자 힘으로 개척해야 하는 어려운 길을 택한 것도 이런 가정교육 덕분이었다고 한다.

억만장자 워런 버핏의 특별한 자녀교육법

워런 버핏의 자녀는 1남 2녀다. 딸 수전 주니어(1953년생)와 장남 하워드(1954년생), 막내아들 피터(1958년생). 언뜻 보면 이들이 부잣집 자녀로 귀하게 컸을 것 같지만 그렇지 않았다. 이들은 아버지가 얼마나 부자인 줄 모르고 자랐다.

막내 피터는 버핏이 28세 되던 해에 태어났다. 피터의 기억으로는 어린 시절이 극히 평범했다. 특별한 지역에 사는 것도 아니고, 특별한 학교에 다닌 것도 아니고, 부잣집 친구도 없었다. 형과 누나도 어릴 때 아빠가 무슨 일을 하는 사람인지 몰랐다. 버핏이 집에서는 '오늘 무슨 주식을 샀고 무슨 종목은 팔았다' 따위의 말을 한 적이 없었기 때문이다. 자녀들의 눈에 비친 버핏은 집에서 책을 읽거나, 브리지 게임을 하거나, 식구들과 이야기를 나눌 때 가장 행복한 가장이었다. 어머니는 여기에 더해 아이들이 다양성을 존중하도록 가르쳤다. 인종차별이 심각했던 1960년대 초 에티오피아 출신의 흑인 학생을 며칠간 집에 데리고 있거나 오마하대에 다니던 이집트 교환학생을 한 학기 동안 머물게 했다.

돈에 관한 워런 버핏의 교육은 철저했다. 버핏을 많이 닮은 데다 후계자로 꼽히는 큰아들 하워드에게도 마찬가지였다. 하워드가 고등학교 졸업을 앞두고 새 차를 갖고 싶어 도움을 청했을 때 버핏은 거래를 제안했다. 5000달러(약 540만 원)를 주는 대신 이후 3년 동안 생일과 크리스마스, 졸업 선물을 포기하라는 조건이었다. 여기에 2500달러의 잔고를 유지해야 한다는 조건도 추가로 붙였다. 나중에 농장을 사고 싶어 할 때에도 버핏은 자신이 농장을 사서 임대했다. 농장 수익금의 1%를 받는 조건이었다. 세금도 당연히 하워드가 내야 했다.

막내라고 다를 것은 없었다. 첫 앨범을 낸 뒤 밀워키로 이사하려던 피터가 처음으로 돈을 빌려달라고 부탁하자 버핏은 "우리 관계가 깔끔해야 하는데 돈이 개입하면 복잡해진다"며 단칼에 거절했다. 결국 피터는 은행대출로 이사비용을 마련해야 했다. 1991년 인터뷰에서 피터는 "당시에는 섭섭했지만 그 덕분에 은행과 관련된 일을 훨씬 더 많이 배울 수 있었다. 그때 아버지의 도움을 받았더라면 지금도 모르는 게 수두룩했을 것"이라고 말했다.

버핏은 딸에게 단돈 20달러를 빌려주면서도 수표를 쓰게 했다. 주차요금을 낼 현금이 없었던 딸이 돈을 빌려달라고 하자 20달러짜리 수표를 받은 후에야 현금을 건네줬다는 일화가 유명하다.

피터가 아버지의 도움을 받은 적이 있긴 하다. 그는 아버지와 친분이 있던 워싱턴포스트 사주의 추천장 덕분에 스탠퍼드대학에 입학한 사실을 고백하면서 '손쉽게' 그 자리를 얻은 것 때문에 갈등했던 일을 털어놓았다. 결국 그는 진짜 자신의 길을 찾기로 결심하고 명문대 중퇴라는 비싼 기회비용을 지불했다. 그리고 그가 찾아낸 길이 음악이었다.

아버지는 그의 결정을 기꺼이 존중했다. 2008년 뉴욕과 로스앤젤레스 공연에서 함께 연주하던 버핏 부자父子의 모습에 이런 스토리가 숨겨져 있다.

아들 피터 버핏의 눈으로 본 위대한 아버지 워런 버핏

그러나 억만장자 버핏은 금융의 중심지인 뉴욕 대신 평생을 고향인 오마하의 오래된 집에서 살았다. 아이들은 조용한 농가 같은 집에서 평범한 성장기를 보낼 수 있었다. 버핏은 강연에서 "아이들이 내가 부자인지 모르고 자라서 다행"이라고 자주 말했다.

"나도 처음부터 부자는 아니었고 부자가 된 뒤에도 집을 옮기지 않았다. 나와 아이들은 처음 살던 집에서 계속 살았다. 학교도 오마하의 공립학교를 다녔다. 그때부터 지금까지 우리가 살고 있는 마을의 소득수준도 오마하의 평균 수준 정도다. 그러니 별로 걱정할 필요가 없었다."

피터의 기억도 그 연장선에 있다. 그는 "시간이 흐르면서 부모님은 큰 부자가 되셨고 우리를 둘러싼 환경은 변해갔지만 어머니와 아버지는 전혀 변하지 않았다"고 회고했다.

"내가 목격한 것은 바로 이것이었다. 어머니는 여전히 동네 곳곳에 친구들이 있고 다른 사람의 사연에 마음을 쓰는 따뜻하고 인정 많은 분이었다. 아버지도 여전히 신들린 것 같은 집중력을 유지한 채 카키 바지와 카디건 차림으로 주 6일을 꼬박 일했다. 큰돈이 우리 부모님을 뒤바꿔놓지 않은 이유가 무엇일까? 나는 돈벌이가 일의 목적인 적이 한 번도 없었기 때문이라고 생각한다. 아버지가 극도로 열심히 일한 이유는 바로 자신이 하는 일을 좋아했고 그 일이 아버지의 도전정신에 불을 붙였으며 재미있었기 때문이다."

아버지 버핏의 철학을 잇다

피터는 음악가이자 노보NoVo 재단 운영자로 활동하고 있다. 노보는 '변화하라, 고쳐라, 창조하라'는 뜻의 라틴어에서 이름을 딴 것이다. 그는 교육기회 평등과 여성지위 향상, 다문화 수용 등의 사업에 주력하고 있다. 농장주이자 사진작가인 형, 가정주부인 누나도 자선재단을 운영하고 있다(버핏이 자녀들과 빌 게이츠 재단에 재산의 대부분을 기부하는 방식을 놓고 상속세를 내지 않고 재산을 승계하려는 꼼수라고 비판하는 사람들도 많다. '투자의 귀재'에 이어 '절세의 귀재', '상속의 귀재'라는 별명까지 등장했지만, 그의 교육철학에 대해서는 누구나 공감하고 있다).

이들은 아버지가 일하는 방식처럼 각자의 재단을 운영한다. 아버지 회사인 버크셔 해서웨이의 본사 직원이 20여 명에 불과한 것처럼 10명 안팎의 인력으로 재단을 이끌고 있다. 또 자신이 잘 아는 분야에만 한정해서 활동한다. 형 하워드가 세계 기아퇴치를 위해 아프리카 빈곤국 농민을 지원하고 동물 보호를 위한 활동에 도움을 주고, 누나 수전이 저소득 가정 아이들의 조기교육 확대와 10대 임신율 하락을 위해 일하는 것도 이 때문이다.

이 책을 통해 자신의 부가 자녀들을 망치지 않도록 각별히 주의했던 워런 버핏의 지혜로운 교육법, 무분별한 혜택보다 독립심을 키워주는 데 초점을 맞춘 버핏 가문의 교육철학을 확인할 수 있다. 아무 생각 없이 자식에게 물려준 은수저가 자칫하면 은장도로 바뀔 수도 있다는 것을 다시 한 번 생각하게 하는 책이다. 빌 게이츠가 모든 경영자에게 '꼭 읽어야 할 책'으로 추천했다.

함께 읽으면 좋은 책

- 《부자의 운》
  사이토 히토리 지음 | 하연수 옮김 | 다산3.0
- 《부자의 그릇》
  이즈미 마사토 지음 | 김윤수 옮김 | 다산북스

돈의 이력서… 화폐를 알면 미래 경제가 보인다
《화폐 이야기》

송인찬 외 6명 지음, 부키 펴냄

세계의 주목을 받는 온라인 가상화폐 '비트코인'

온라인 가상화폐 비트코인이 전 세계적으로 화제를 모으고 있다. 요즘 유행하는 말로 '급관심' 대상이다. 2010년 7월 17일 0.049달러이던 것이 2013년 말 1096.63으로 거의 2만 7000배 급등했으니 관심이 높을 수밖에 없다. 한국에도 비트코인 거래소가 개설돼 개인 간에 거래가 이뤄지고 있다. 사이버 세계의 금맥이란 시각과 투기 바람을 탄 거품이란 분석이 엇갈리고 있지만 비트코인 열풍은 당분간 식지 않을 태세다.

이전에도 싸이월드 도토리나 페이팔 같은 온라인 가상화폐가 있었다. 그런데도 비트코인이 유난히 관심을 끄는 것은 무엇 때문일까. 전문가들은 돈을 마구 찍는 '양적완화' 이후 기존 화폐에 대한 불신이 커지면서 일어난 현상이라고 분석한다. 실제로 화폐가 신뢰를 잃으면 더 이상 기능을 할 수 없다. 화폐의 본질은 신뢰와 절제이기 때문이다.

《화폐 이야기》의 핵심 키워드 역시 신뢰다. 저자는 우리나라 경제정책과 예산·세제를 총괄하는 기획재정부의 화폐 전문가 7명. 이들은 2008년 글로벌 금융위기 당시 기획재정부 국제금융국에서 함께 일했고 이 중 2명은 외환시장을 모니터링하는 환율 담당이었다.

이들은 화폐의 역사에서부터 지폐의 홀로서기, 금융의 명암, 중앙은행, 기축통화 등 돈에 관한 모든 것을 알기 쉽게 설명한다. 화폐가 어떻게 움직이고, 화폐제도에서 파생하는 권력관계와 이를 둘러싼 다툼은 어땠는지, 중앙은행의 표준을 제시한 영란은행은 어떻게 출발했는지, 애덤 스미스와 케인스 같은 선지자들의 화폐에 대한 식견은 무엇이었는지도 알려준다. 또 100여 컷의 다양한 그림과 도표로 독자들의 이해를 돕는다.

금속화폐보다 낮은 가치의 지폐

지폐에 대한 신뢰도가 낮아 금속화폐보다 가치가 낮아지면 어떤 일이 생길까.

미국 독립전쟁(1775~1783년) 당시 식민지를 대표하던 대륙회의 Continental Congress는 전비를 조달하기 위해 최초의 연방 어음인 콘티넨털이라는 화폐를 발행했다. 그러나 이 화폐는 견제 장치 없이 정부

신용에만 근거해 과도하게 발행함으로써 지폐의 가치를 크게 떨어뜨렸다. 정말 아무런 가치도 없다는 의미로 쓰이는 'not worth a continental(한 푼의 값어치도 없는)'이라는 표현도 여기에서 유래했다.

이러한 지폐 가치의 하락과 인플레이션의 상처 때문에 미국에서는 1862년 남북전쟁 중에 북부 연방 정부가 전비 지출을 위해 그린백을 발행할 때까지 연방 정부의 지폐 발행을 철저하게 금지하기도 했다.

돈의 가치가 하락하면 모든 사람이 고통을 받는다. 제1차 세계대전에서 패한 독일은 전쟁배상 등을 위해 돈을 마구 찍어내는 바람에 1920년대 무시무시한 초인플레이션을 겪었다. 1923년에는 6개월 사이 물가가 1600만 배나 뛰었다. 이 같은 통화 붕괴는 시민의 일상생활에 엄청난 영향을 미쳤다. 돈을 산더미처럼 수레에 싣고 가져가도 신문 한 장 사기 어려운 일이 허다했고, 사러 가는 도중에 물가가 올라 구매를 포기하는 사람까지 있었다고 한다.

"돈 가치가 너무 빨리 떨어져 하루에 월급을 2번 받아야 하는 경우, 식당에서 코스 요리를 먹고 일어서는 순간 같은 값으로 같은 요리를 먹을 수 없는 경우 등의 일화도 있다. 임금 협상에서도 근로자들은 현금을 받으려 하지 않았고 이 때문에 물물교환이 성행했다. 두 형제 중 월급을 절약해서 돈을 모은 형보다 그 돈으로 술만 마시고 맥주 캔을 보관해두었던 동생이 훨씬 더 잘살게 되었다는 일화는 돈의 가치가 떨어지면 종잇조각이나 다를 바 없다는 사실을 극명하게 보여준다."

2008년 글로벌 금융위기 이후 각국 정부가 경기부양을 위해 추구하고 있는 양적완화 정책은 바람직한 걸까. 저자들은 "금융위기를 극복하는 과정에서 일시적인 양적완화 정책은 불가피하지만 화폐 남발을 지속해서 위기를 벗어나려 하면 더 큰 불행을 불러온다"고 지적한다. 일본의 저성장 구조나 남유럽의 재정적자 등 경기침체의 원인은 경제구조에서 비롯된 것인데 이를 손쉬운 돈 찍어내기로 해결하려는 건 임시방편일 뿐이라는 것이다.

화폐 역할로 보는 과거와 오늘날의 금융

이는 화폐의 역할을 생각해봐도 금방 알 수 있다. 오늘날 국제 통화제도와 관련된 논의를 '통화전쟁', '환율전쟁' 등으로 부르며 화폐에서 답을 찾으려는 경향이 있지만 환율은 경제현상의 결과이지 문제의 본질이 아니다. 환율 조정으로 근원적인 경제 문제를 해결하지는 못하기 때문이다.

그렇다고 금본위제로 돌아가는 것도 의미가 없다. 통화의 국제 유동성이 커지고 심각한 디플레이션에 대처할 수단이 없는 고정환율제도는 유로화 위기에서 보듯 각국의 이해가 다른 상황에서는 제대로 작동하지 못할 가능성이 높기 때문이다. 저자들은 "화폐제도는 화폐의 가치 하락이나 경제규모의 축소 정도로 변하는 것이 아니라 제국의 멸망이나 전쟁과 같은 극한 상황에서 바뀌게 되므로 금으로 회귀나 기축통화로서 달러화의 위상 변화가 단기간에 일어나지는 않을 것"이라고 말한다.

2008년 글로벌 금융위기 때 전문가들은 모두 미국 경제의 침체를 예상했다. 그런데 달러화에 대한 수요가 늘어나고 가치가 높아지는 역설적인 상황이 벌어졌다. 위기의 진원지가 미국인데 왜 달러화가 강세이고 우리 원화는 약세였던 것일까.

그것은 바로 달러화가 범세계적인 기축통화이기 때문이다. 세계 각국은 외환 보유액의 60% 이상을 달러 표시 자산으로 운용하고 있다. 그 대부분이 미국 국채 또는 준정부기관의 채권이다. 각국은 인쇄비용조차 들지 않는 미국 채권을 보유하기 위해 미국에 그만큼의 재화와 용역을 제공해야 했다. 그러니 미국인은 채권을 판 금액만큼 더 소비할 수 있었다. 더군다나 다른 국가들이 미국 채권을 계속 보유하려고 한다면 갚을 필요도 없다.

"그래서 미국은 무역적자가 누적되어도 다른 나라들과는 달리 큰 걱정이 없다. 일종의 대출 한도가 없는 마이너스 통장을 가진 것과 마찬가지이기 때문이다. 여기에다 돈을 빌려준 은행이 갚으라고도 하지 않는다. 이런 기축통화국의 이익은 다른 국가들이 과도한 경상수지 적자에 직면해 겪는 어려움과 대비해서 '눈물 없는 적자'라고 일컬어진다."

중간쯤에 나오는 영란은행 얘기도 재미있다. 영국 중앙은행의 이름이 왜 영국은행The Bank of the UK이 아니고 영란은행The Bank of England일까. 이는 영란은행의 독점적 화폐 발행권이 잉글랜드와 웨일스에 국한됐기 때문이라고 한다. 영란은행은 설립 초기에 런던 시티 지역과 웨스트민스터에서만 영업을 했기 때문에 런던은행이라 불리기도 했다. 한참 뒤에야 독점적 은행권을 발행하며 잉글랜드와 웨일스로 영향력을 확대할 수 있었다고 한다.

1700년대 영란은행 직원들은 글씨를 잘 쓰고 암산을 할 줄 아는 정도의 수준밖에 안 됐다고 한다. 그들의 보수도 형편없어서 1694년 설립 당시의 연봉 50파운드가 1797년까지 유지됐다. 오늘날 가장 뛰어난 인재들이 금융 쪽으로 몰리는 것과는 아주 대조적이다. 그 사이 금융시장의 역사는 엄청난 파고를 거쳤고, 산업화의 물결 속에서 자본의 위력은 갈수록 커졌다. 이 모든 것의 추동력이 바로 '돈'이었다는 것을 이 책은 일깨워준다.

함께 읽으면 좋은 책

- 《화폐 이야기-중국 역사 속에서 살펴보는》
  천위루, 양중수 지음 | 이지은 옮김 | 아이넷북스(구 북스앤드)
- 《달러 이야기-달러의 탄생과 세계지배의 역사》
  홍익희 지음 | 한즈미디어(한스미디어)

쩐의 전쟁, 강대국의 트라우마를 읽어라
《화폐 트라우마》

다니엘 D. 엑케르트 지음, 배진아 옮김, 위츠퍼냄

세계 경제를 움직이는 강대국들의 통화정책을 제대로 알면 '불확실성의 저주'로부터 벗어날 수 있다. 예전에는 미국의 경제상황만 잘 보면 세계 경제 흐름을 알 수 있었다. 여기에 추가 변수로 국제유가만 분석하면 됐다. 하지만 지금은 중국이 등장했고 유럽까지 개입돼 변수가 더 많아졌다. 어떻게 대응해야 할까.

독일 경제기자이자 통화·국가재정·자본시장 분야 전문가인 다니엘 D. 엑케르트는 강대국 화폐의 트라우마를 보면 큰 그림이 보인다고 말한다. 각국마다 경제적 트라우마가 있는데 여기에서 벗어난 행동은 가급적 하지 않기 때문에 그것이 무엇인지를 파헤치면 정답이 나온다는 것이다. 그는 《화폐 트라우마》에서 달러, 위안, 유로 등 세계 주요 통화가 입은 트라우마를 구체적으로 살펴보고 이들의 상관관계를 분석한다.

그에 따르면 미국 달러의 트라우마는 대공황을 경험한 것이다. 중국의 위안은 오랜 역사 속에서 쉽게 사회에 자리 잡지 못하고 화폐가 불안했던 게 트라우마다. 유로는 세계대전을 두 차례나 일으킨 독일이 트라우마다. 이처럼 강대국이 지닌 두려움의 정체를 파악하면 향후 그들이 어떤 경제정책을 선택할지, 갈등 상황에서 어떤 입장을 고수할지 예측할 수 있다고 그는 강조한다.

저자는 각 화폐의 트라우마와 함께 금의 독특한 지위에 주목한다. 지금은 금본위제가 사라졌지만 달러 시세와 금 시세가 반대로 움직이는 것만 봐도 알 수 있듯이 금과 달러는 밀접한 관계를 유지하고 있다. 따라서 금펀드, 금ETF 등에 투자해 자산을 보전하는 민간 금본위제로 그 지위가 유지될 것이다. 따라서 금이나 풍부한 자연자원과 연관된 화폐(호주 달러, 캐나다 달러 등)에 투자하는 것을 고려해보라고 그는 권한다.

달러의 트라우마 '대공황'

그가 말하는 화폐의 트라우마를 달러의 경우부터 하나씩 살펴보자. 한 국가의 트라우마는 그 나라의 행동양식을 규정한다. 미국에서 대공황은 아메리칸드림을 가장 크게 뒤흔들어놓은 사건이었다. 2008년부터 미국 정부와 미국 발권은행이 경제위기에 맞서 수행해온 정책도 트라우마의 관점에서 설명할 수 있다. 미국에서는 엄격한 긴축정책이 다수의 지지를 얻을 수 없다. 정치적으로는 생각조차 할 수 없는 일이다. 대공황의 악몽 탓이다. 따라서 향후 미국은 명백하게 인플레이션 정책을 펼칠 것이라고 그는 단언한다. 미국에서는 디플레이션이라는 단어만으로도 대공황에 대한 끔찍한 기억을 불러일으키기 때문이다.

위안의 트라우마 '화폐붕괴'

위안의 트라우마인 '화폐불안'도 마찬가지다. 과거 중국에서 화폐는 정신없이 빠른 속도로 교체됐다. 그중에는 존속기간이 채 10년도 되지 않는 것들도 있다. 해관관은호海關官銀號, 북동-위안, 황금-위안, 은-위안, 만주국-위안, 맹치앙-위안, FRB-위안, 혹은 CRB-위안 등 명칭도 제각각인 화폐들이 중국의 불안을 고통스럽게 증언해주고 있다.

빈번한 화폐 혼란상을 보면서 중국은 그 어느 때보다 통제 가능한 화폐를 원하고 있다. 그래서 상당 기간 국가가 위안 시세를 좌지우지하는 정책을 포기하지 않을 것이다.

중국은 또 1998년 아시아 외환위기를 경험하면서 위기의 순간에 반드시 자국 화폐를 방어할 수 있어야 한다는 교훈을 되새겼다. 엄격한 화폐통제를 통해 중국 경제를 잘 유지하지 못하면 1998년 인도네시아의 수하르토 정권 붕괴처럼 정권교체의 구실을 마련해주게 된다. 따라서 무슨 일이 있어도 저평가된 위안을 고수하고 이를 통해 수출주도 국가경제를 통제할 것이다.

유로의 트라우마 '독일'

유럽은 어떤가. 유로존 국가들은 2번이나 세계대전을 일으킨 독일을 견제하는 것을 제1목적으로 삼고 있다. 한편 유로존을 이끄는 독일의 트라우마는 세계대전 이후 경험한 하이퍼인플레이션이다. 전 세계를 통틀어 하이퍼인플레이션을 국민의 집단적인 기억 속에 깊이 새긴 나라는 독일밖에 없다. 따라서 독일은 경제위기에 직면했을 때에도 반드시 긴축재정을 펼칠 것이다. 이번 금융위기에서도 독일은 강력한 긴축재정으로 유로존 전체의 금융 건전화를 꾀하고 있다.

그러나 프랑스는 무조건 독일을 견제하는 게 목적이므로 독일이 그리스 등 PIIGS 국가들에 지원금을 많이 지불하는지 현상태를 관망할 뿐이다. 따라서 유로는 최선의 선택으로 위기를 벗어나기보다 자국의 이익을 극대화하기 위한 진흙탕 싸움을 벌이다 세계 경제까지 엉망으로 만들 위험성이 크다.

그동안 국제통화를 다룬 책이 많았지만 대부분 한쪽으로 편중돼 과도하게 비관적이거나 낙관적이었다. 이에 비해 《화폐 트라우마》는 독일인의 시각에서 기술한 데다 달러, 위안, 유로, 금을 객관적으로 분석했다는 점에서 주목된다. 많이 알려져 있지 않던 유로에 대해 면밀히 분석하고 그리스 문제가 촉발된 원인과 그리스 구제금융을 둘러싼 독일, 프랑스의 역학관계까지 깊숙하게 다뤘다는 점도 높이 평가할 만하다.

그가 한국 독자들과 공통분모를 많이 갖고 있다는 것은 한국어판 서문에도 잘 나타나 있다. 한국은 지정학적으로나 정치·경제적으로 미국과 중국 사이에서 곤란한 상황을 자주 맞는다. 경제가 좋을 때나 나쁠 때, 군사적으로 긴장이 고조되거나 평화로울 때를 막론하고 주변 강대국 사이에서 줄타기를 할 수밖에 없는 형편이다. 이런 우리에게 그는 스위스의 정치력을 배우고, 홍콩과 싱가포르의 환율정책을 배우며, 그들의 통화정책을 참고하라고 조언한다. 또 먼저 통일을 이룬 국가로서 서독과 동독 간 환율격차를 무시하고 화폐단위를 통일한 과거의 패착을 지적하면서 북한과 통일할 경우 양국 간 환율정책을 잘 조정해야 경제적 어려움 없이 통일국가를 이룰 수 있다고 충고한다.

화폐의 향방을 읽어 미래에 대비하라

그는 달러, 위안, 유로 등 각 화폐의 트라우마 분석뿐만 아니라 각 화폐의 향방에 따라 한국에 어떤 위험이 있고 기회가 있는지도 알려준다. 예를 들어 이런 대목을 눈여겨볼 만하다.

"달러와 중국이 대립하는 첨예한 시점에서 한국은 그 희생양이 되지 않도록 해야 한다. 달러와 밀접하게 연결되어 있는 원화 가치의 안전판도 함께 무너질 위험이 있다. 다른 한편으로는 중국과 무역 의존도가 높아지면서 위안화와 원화 간 동조화 현상이 가속될 수도 있다. 따라서 외환보유고의 다수를 차지하고 있는 달러 비중을 조금 줄이고 금, 위안, 유로 등으로 다변화할 필요가 있다. 무엇보다 한국은 외교적으로 미국의 자존심을 해치지 않으면서 실리적으로는 경제적 안전판을 마련할 필요가 있다. 자칫 이용당한 후 용도 폐기될 위험성도 있지만 양국의 대립을 이용해 이득을 얻을 수 있는 절호의 기회이기도 하다."

유로 위기에 관한 대응책도 참고할 필요가 있다. "유로존은 중국, 미국 못지않게 큰 수출시장이다. 따라서 유럽 재정위기를 제대로 파악해야 향후 세계 및 한국 경제의 전망을 예측할 수 있다. 유럽 위기로 한국 수출액이 감소하므로 한국은 유럽위기에 보다 관심을 가질 필요가 있다. 하지만 유로존에서 빠져나온 거대자본이 신흥국으로 유입되어 중국을 비롯한 아시아, 남미 국가들의 통화, 주식은 강세를 보이게 될 것이다."

함께 읽으면 좋은 책

- 《달러 패권》 왕윤종 지음 | 프리코노미북스
- 《위안화의 역습》
  윌리엄 오버홀트 외 지음 | 이영래 옮김 | 21세기북스

눈앞의 '작은 손해' 부담… 미래 '큰 이익' 포기
《가난한 사람이 더 합리적이다》

아비지트 배너지·에스테르 뒤플로 지음, 이순희 옮김, 생각연구소 펴냄

세계적인 개발경제학자 아비지트 배너지와 미국의 '예비 노벨상'인 존 클라크 메달을 수상한 경제학자 에스테르 뒤플로. MIT 교수인 두 사람은 《가난한 사람이 더 합리적이다》에서 인도 라자스탄의 '예방접종과 콩 실험' 얘기를 들려준다.

이곳은 어린이 100명 중 2명만이 필수 예방접종을 받는 빈곤 지역이다. 그동안 정부와 원조기구가 무료로 예방접종을 해준다고 해도 부모들이 아이를 보건소에 데려오지 않았다. 왜 그랬을까.

비정부기구NGO 활동가들 사이에서도 의견이 분분했다. 이 지역에는 '아이가 한 살 전에 밖에 나가면 악마의 눈길을 받아 죽는다'는 뿌리 깊은 미신이 있었다. 많은 전문가가 이 미신에 대한 주민의 생각을 바꾸지 않으면 어떤 방법도 소용없을 것이라고 말했다.

하지만 두 사람은 왜 무료 예방접종을 받지 않는지, 어떻게 하면

아이들을 보건소에 오게 할 수 있는지를 객관적으로 알아내기 위해 연구팀을 파견했다. 연구팀은 무작위로 마을을 선정한 뒤 세 그룹으로 나눴다. 첫 번째 그룹에는 변화를 주지 않았고다. 두 번째 그룹에서는 간호사들이 예방접종을 적극 독려했고,. 세 번째 그룹에서는 아이들에게 예방접종을 시키는 부모에게 콩 2파운드를 주고 필수 예방접종 5가지를 모두 받으면 스테인리스 쟁반 세트를 줬다.

6개월 뒤 확인한 결과 콩과 쟁반을 나눠준 그룹은 38%, 간호사들이 독려한 그룹은 17%, 아무 변화도 주지 않은 그룹은 6%의 접종 완료율을 보였다. 두 사람은 이 실험을 통해 작은 '경제적 스위치'가 가난한 사람들에게 행동의 이유를 일깨워준다는 것을 밝혀냈다. 콩 2파운드의 '동기유발'이 접종을 받으러 오는 데 드는 시간과 노력 등의 '손실 보상'으로 이어졌던 것이다.

보통의 예방접종은 특정 질병만 예방하는 것이다. 교육받지 못한 부모는 자녀가 어떤 예방접종으로 어느 질병을 예방할 수 있는지 모른다. 아이가 한 가지 예방접종을 받았는데도 다른 데가 아프면 부모는 속았다고 생각하고 다시는 예방접종을 받지 않겠다고 마음먹는다. 예방접종에 포함되는 다양한 백신의 필요성을 이해하지 못해 예방집종을 한두 차례 해주고 부모 도리를 다했다고 생각하기도 한다. 그래서 건강 문제와 관련해서는 왜 그렇게 해야 하는지 근본적인 이유를 깨닫게 해줘야 한다.

거지에게 동전 한 닢 던져주는 식의 선심성 이벤트나 1차원적 복지정책으로는 가난의 고리를 끊을 수 없고 빈곤의 악순환만 부른다. 결국 가난한 사람들의 현실과 생각, 행동을 이해해야 한다.

왜 가난한 사람들은 아이를 많이 낳고 아들을 선호할까. 대부분의 개발도상국에서는 자식을 많이 낳아야 노년기에 기댈 곳이 더 생긴다고 믿는다. 아들을 선호하는 것도 경제적 가치가 딸보다 크다고 보기 때문이다.

"많은 부모가 자녀를 자신의 경제적 미래로 여긴다. 이들에게 자녀는 보험증권, 저축상품, 복권이 하나로 통합된 소규모 패키지다. 인도네시아의 시카다스에서 넝마주이를 하는 파크 수다르노는 막내아들을 중등학교에 보내는 것이 승산 있는 도박이라고 생각했다. 그에게는 자녀 아홉 명과 많은 손자가 있었다. 자녀가 많은 것이 흡족하냐고 묻자 그는 '물론'이라고 대답했다. 그는 아홉 명의 자녀 중 한두 명은 잘 풀려서 자신의 노후를 보살펴줄 거라고 말했다."

가난하기 때문에 더 신중하게 선택하는 사람들

그런데도 이들이 가난에서 벗어나지 못하는 이유는 뭘까. 빈곤층은 가진 것이 적기 때문에 뭔가를 선택할 때 훨씬 신중하고 합리적인 것처럼 결정하지만 정작 무엇이 유리한지 몰라 잘못된 선택을 하고 만다고 저자들은 설명한다. 예를 들어 말라리아를 예방할 수 있는 모기장을 사용하면 아이의 미래 소득이 평균 15% 증가하는데도 눈앞의 지출이 부담스러워 이를 외면한다는 것이다. 수확량을 늘리려면 비료가 필요하다는 건 알지만 적정 사용량을 모르는 것 또한 마찬가지다.

"가난한 사람들이 간절히 갖고 싶어 하는 수많은 물품(냉장고, 자전거, 자녀를 더 좋은 학교에 보내기 위한 교육비)은 상대적으로 비싼데 수중에 돈이 없는 상황에서는 이러한 유혹재의 영향이 더 크게 나타난다. '나는 냉장고를 살 돈을 모을 수 없어. 저축하지 말고 그냥 차나 더 마시자.' 마치 이런 목소리가 귓가에 맴도는 듯하다. 안타깝게도 자포자기는 악순환으로 이어진다. 가난한 사람들이 저축에 관심이 적은 이유는 목표물이 멀리 떨어져 있는 데다 목표를 향해 가는 도중에 수많은 유혹에 넘어갈 것임을 알기 때문이다. 하지만 저축하지 않으면 그들은 결코 가난에서 벗어날 수 없다."

가난한 사람에 대한 통념은 여러 각도에서 확인된다. 이 가운데 '빈곤의 덫 이론'에 숨어 있는 전제는 '가난한 사람은 가능한 한 많이 먹는다'는 것이다. 음식을 좀 더 먹고 제대로 일해 빈곤의 덫에서 벗어날 수 있다면 가난한 사람은 음식을 최대한 많이 먹어야 한다. 그러나 실제로는 그렇지 않다.

"굶주림에 허덕이는 사람은 가진 돈을 몽땅 털어 더 많은 음식을 살 것 같지만, 하루 99센트 미만으로 생활하는 사람은 대부분 그렇게 행동하지 않는다. 우리가 수집한 18개국의 자료에 따르면 농촌의 극빈층은 총소비지출의 36~79%를 식비로 지출했고, 도시의 극빈층은 총소비지출의 53~74%를 식비로 지출했다."

이런 사람들의 선택 방법은 의외로 '합리적'이다. 가난한 사람들은 언제 불행이 닥칠지 모른다는 불안감을 안고 있기 때문에 많은 비용이 들더라도 충격을 완화할 전략을 선택한다. 따라서 가난한 사람들을 대상으로 하는 보험에 보조금을 지원하면 이들의 소득을 증대시킬 수 있다고 저자들은 제안한다. 아프리카 가나의 경우 저렴한 보험에 가입한 농민은 그렇지 않은 농민보다 농작물에 비료를 사용하는 비율이 높았고 그 결과 소득이 늘어났다고 한다. 당연히 끼니를 거르는 비율도 낮아졌다.

빈곤 퇴치를 위한 '넛지 전략'이 중요

결국 이런 사람들의 행동양태를 충분히 고려한 '부드러운 개입'이 중요하다고 이들은 강조한다. 사람들이 '올바른' 행동을 할 수 있는 여지를 최대한 열어주는 방향으로 정책을 개발해야 한다는 것이다. 즉 '콩 실험'처럼 가난한 나라의 상황에 맞는 '넛지(부드러운 개입을 통해 긍정적인 변화를 유도하는 것)'를 활용하면서 '고기'를 주는 것보다 '고기 잡는 법'을 가르쳐주는 게 급선무라는 얘기다.

"철분과 요오드가 강화된 소금을 누구나 살 수 있도록 저렴하게 공급하는 것이다. 입금은 쉽지만 출금은 까다로운 예금계좌를 개발하고 은행이 가난한 사람들의 예금계좌를 관리하는 데 드는 비용을 정부가 보조하는 방법도 있다. 상수관 설치가 어려운 곳에서는 식수원 바로 옆에 염소를 비치해 누구나 쉽게 소독하게 할 수 있다. 그 밖에도 가난한 사람들을 지원할 수 있는 방법은 무수히 많다."

왜 이들을 도와야 할까. 인도적인 이유뿐만 아니라 지구촌이 너무나 가까워졌기 때문이다. 저자들이 말하는 아프리카 소녀의 사례가 대표적이다. 흔히 아프리카 소녀의 인생은 안타깝지만 그건 선진국에 직접적인 영향을 미치지 않는다고 생각한다. 과연 그렇다고 단언할 수 있겠는가. 그 소녀가 에이즈 바이러스를 보유한 상태에서 아프리카를 여행하는 외국인에게 병을 옮길 수도 있고, 항생제 내성이 강한 결핵을 앓을 경우 결핵균을 유럽까지 퍼뜨릴 수도 있다.

반대로 그 소녀가 계속 교육을 받고 자란다면 알츠하이머 치료제를 개발하는 주역이 될 수도 있다. 은행 직원의 실수로 학교에 갈 수 있었던 중국의 10대 소녀처럼 수천 명의 직원을 고용하는 재계의 거물이 될 수도 있는 것이다. 그렇게까지 되진 않더라도 그녀에게 최소한의 기회는 줘야 하지 않겠는가. 그래야 훗날 우리 아이들에게도 해줄 말이 있지 않겠는가.

반세기 이상 이어진 인도주의적 원조 논쟁을 깔끔하게 마무리해 준 저자들의 내공이 대단하다.

함께 읽으면 좋은 책

- 《세계의 절반 구하기》
  윌리엄 R. 이스털리 지음 | 황규득 옮김 | 미지북스
- 《공유의 비극을 넘어》
  엘리너 오스트롬 지음 | 윤홍근, 안도경 옮김 | 랜덤하우스코리아

6장

생각의 근육을 키우자

'뇌의 회춘'… 게임하듯 즐기며 훈련하라
《당신의 뇌 나이》

토니 부잔 지음, 엄성수 옮김, 북스넛 펴냄

뇌를 자극하여 활성화하라

마사 커티스라는 젊은 바이올리니스트가 있었다. 그녀는 안타깝게도 종종 심한 간질 발작을 겪곤 했다. 의사들은 의논 끝에 발작을 일으키는 뇌 부위를 제거하기로 했다. 하지만 그 부위가 음악적 기량도 관장하고 있다는 게 문제였다. 그런데 놀랍게도 수술 뒤 발작은 사라지고 음악적 재능은 전혀 손상되지 않았다. 뇌가 스스로 신경세포들을 재배열해 어린 시절 바이올린을 배울 때 연주 관련 기억을 손상되지 않은 다른 뇌 부위로 옮겨놓았던 것이다.

마인드맵의 창시자인 토니 부잔은 《당신의 뇌 나이》에서 이런 사례를 들려주며 "뇌의 기억 능력은 생각보다 훨씬 더 유연하다"며 "뇌를 자극하는 활동과 신체운동 등 합리적인 생활 패턴을 유지하면 뇌 전체를 활성화할 수 있다"고 강조한다.

미국 미네소타 주 맨카토시의 외딴 지역에 있는 노트르담수녀회 수녀들 얘기도 흥미롭다. 이들 중 상당수는 90세 이상이었다. 미국 주간 사진잡지 〈라이프〉에 소개된 라르첼라 자크만 수녀는 97세까지 교단에 섰다. 이들은 일반인에 비해 치매나 뇌 질환을 앓는 경우도 훨씬 드물고, 그런 질환을 앓는다고 해도 증세가 경미했다.

켄터키대학의 데이비드 스노던 교수는 그 이유를 지적 자극에서 찾았다. 수녀들은 '게으른 정신은 악마의 노리개'라는 가르침을 진지하게 받아들여 정신이 나태해지지 않도록 틈나는 대로 퀴즈 시합이나 퍼즐 맞추기, 토론, 일기 쓰기, 세미나 등 온갖 노력을 기울였다.

뇌의 놀라운 저장 능력

나이와 관계없이 총명한 정신 상태로 장수를 누린 사람은 의외로 많다. 미켈란젤로는 60대 이후에 가장 위대한 작품을 내놓았고, 괴테는 82세에 《파우스트》를 완성했다. 고대 그리스의 정치가 테미스토클레스는 아테네 시민 2만 명의 이름을 알고 있었다. 1770년 당시 14세의 모차르트는 연주회에서 유명한 합창곡 〈미제레레〉를 들었다. 로마 교황청은 30분 길이의 이 아름다운 곡을 워낙 귀하게 여겨 악보 발행을 금지시켰다. 그런데 모차르트는 연주회가 끝난 뒤 기억을 되살려 악보를 전부 그려냈다.

이처럼 뇌의 기억 저장 능력은 놀랍다. 뇌는 기억하려는 대상에 뭔가 의미가 있을 때 가장 잘 기억한다고 한다. 대표적인 기억력 활성기법은 마인드맵이다. 외부에서 어떤 신호들이 들어오면 뇌가 사방에서 그 신호를 점화시켜 신경세포를 연결하는데, 마인드맵은 이를 최대한 활용해서 생각하는 일을 재미있게 만들어준다.

덩어리짓기와 패턴 찾기, 꼬리표 활용, 장소기법도 기억하기에 좋은 기법이다. 덩어리짓기는 일련의 숫자를 떠올리고자 할 때 한꺼번에 몽땅 외우기보다는 서너 개씩 나누어 기억하면 훨씬 수월한 덩어리의 이점을 활용한 방법이다. 패턴 찾기는 단어나 숫자에서 의미를 발견해 기억하는 방법이다.

예를 들어 휴대폰 번호 010-1918-1945를 기억하려면 제1차 세계대전과 제2차 세계대전이 끝난 해인 1918과 1945를 떼어 외우는 쪽이 더 쉽다. 꼬리표 활용은 단어나 숫자에 꼬리를 달아 기억하는 방식이다. 가령 숫자 0은 도넛, 1은 붓, 2는 백조의 목, 3은 심장, 4는 요트, 5는 후크 선장의 갈고리 식으로 기억하는 쪽이 더 쉽다. 장소기법은 장소와 기억의 대상을 연관시키는 방식이다. 이들 기억 기법의 공통점은 어떤 것을 기억하기 위해 뭔가 다른 대상이나 생각에 연결하는 방식을 취한다는 것이다.

뇌의 창조적인 근육을 키우는 '상상력'

그러면 어떤 자극이 뇌 기능 활성화에 가장 도움을 줄까. 저자는 뇌 피트니스를 권한다. 뇌 피트니스란 기억력과 어휘력, 논리력, 분석력, 창의력의 강화를 돕는 뇌 기능 활성화 프로그램이다. 그는 뇌 피트니스를 7일 프로그램과 7주 프로그램으로 나눠 안내한다. 7일간의 뇌 피트니스는 1주일 동안 하루 한 시간씩 뇌를 단련하는 것이고 7주간의 뇌 피트니스는 1주일에 하루씩 7주에 걸쳐 뇌를 '피트니스'하는 것이다.

7일 중 첫째 날의 뇌 피트니스는 단기 기억력 피트니스, 장기 기억력 피트니스, 논리력 피트니스, 기술 피트니스, 뇌 기능 피트니스로 구성돼 있다. 단기 기억력 피트니스는 10개 단어를 60초간 살핀 다음 책을 덮고 얼마나 많은 단어를 기억하는지 시험하는 것이다. 장기 기억력 피트니스는 고대 그리스 신화에 나오는 아홉 여신의 이름과 관장하는 분야를 기억하는 것이다.

논리력 피트니스는 간단한 수학 문제를 푸는 것이다. 15년 전 내 나이가 엄마의 3분의 1이었는데 지금은 절반이므로 내 나이는 몇인가 등이 한 예다. 기술 피트니스는 어떤 기술 하나를 15분간 집중적으로 연습하는 것이다. 뇌 기능 피트니스는 의미 기억과 관련된 테스트로 재미있는 퀴즈들을 활용하면 좋다.

둘째 날부터는 첫째 날의 피트니스를 심화학습하면서 어휘력과 공상 피트니스를 추가한다. 어휘력 피트니스는 첫 단어부터 한 자씩 바꿔 제일 밑에 있는 단어를 만드는 퍼즐이다. 공상 피트니스는 상상력을 통해 뇌의 창조적인 근육을 키워주는 것이다.

이후 7주간의 뇌 피트니스까지 하고 나면 뇌가 한층 명석하고 젊어진다고 한다. 첫째 주에는 앞에서 배운 기억력 활성화 프로그램을 복습한다. 먼저 종이를 구해 마인드맵을 그려본다. 종이 중앙에 상상력을 자극할 만한 이미지를 그려 넣고 생각과 마인드맵을 확장한다. 그 위에 그려진 모든 정보를 살펴보고 덩어리 짓기를 하거나 패턴을 찾아보고 꼬리표를 이용하는 등의 방법으로 숫자나 단어를 기억하는 방식이다.

뇌 피트니스에서 가장 중요한 것은 '즐거움'

둘째 주에는 단기 기억 피트니스를 집중적으로 다룬다. 우선 숫자 기억력을 높이는 것이다. 셋째 주에는 장기 기억 피트니스를 수행한다. 자주 과거 일을 기억해내려고 노력할수록 더 쉽게, 세밀한 부분까지 기억할 수 있다. 넷째 주는 감각기억력 피트니스다. 편안한 곳에 앉아 청각, 시각, 촉각, 후각, 미각에 1분씩 집중한다.

다섯째 주는 전반적인 기억력 증진에 필요한 집중력 피트니스다. 글을 읽으면서 머릿속으로 숫자를 세는 훈련, 기억해야 할 것을 이미지화하는 연습 등이 핵심이다. 여섯째 주에는 논리력과 공간 능력 피트니스에 집중한다. 특히 공간훈련은 올바른 방향감각을 길러준다. 눈을 감고 주변에 있는 물건들을 머릿속으로 그려보면서 차례차례 손가락으로 가리키는 연습이 효과적이다.

일곱째 주에는 창의력을 예리하게 다듬으면서 뇌 피트니스를 마무리한다. 이 가운데 예술가적 창의력을 기르는 다른 방법은 글씨를 쓰지 않는 손으로 낙서를 하는 것이다. 오로지 손의 움직임에만 집중하면서 자유롭게 몰두하는 즐거움을 맛보라.

자칫 딱딱한 지침처럼 보일 수 있지만 따라 해보면 생각보다 쉽다. 저자도 "뇌 피트니스 과정에서 가장 중요한 점은 게임을 하듯이 즐겁게 하는 것"이라고 조언한다. 그렇다. 뭐든지 즐거워야 효과도 커진다.

함께 읽으면 좋은 책

- 《하루 1분 두뇌게임》 YM기획 엮음 | 정계원 감수
- 《브레인 홈트 브릿지 미로》 클래러티 미디어 지음 | 폴더

기상천외한 질문, 과학으로 풀다
《위험한 과학책》

랜들 먼로 지음, 이지연 옮김, 시공사 펴냄

질문 1: 전 세계 모든 사람이 최대한 가까이 붙어 서서 점프했다가 동시에 착지하면 무슨 일이 벌어질까?

답: 70억 명이 '짠'하고 한 장소에 모인다면 미국 로드아일랜드 주 면적 정도 된다. 정오를 알리는 순간 다 같이 점프한다 치자. 그러나 지구는 우리보다 10조 배 이상 무겁다. 우리의 점프는 지구에 상당히 많은 에너지를 전달하지만 그것이 워낙 넓은 면적에 걸쳐 분산되는 까닭에 별 영향을 주지 못한다. 수많은 발이 지면을 때리며 만든 굉음이 제법 오랫동안 울려 퍼지다 잠잠해질 뿐, 몇 초가 지나면 다들 서로 멀뚱멀뚱 쳐다볼 것이다.

질문 2: 광속의 90% 속도로 던진 야구공을 방망이로 치면 무슨 일이 벌어질까?

답: 투수가 광속의 90% 속도로 공을 던지면 0.00000007초 만에

타자가 서 있는 홈플레이트에 도착한다. 타자는 아직 투수가 공을 던지는 것조차 보지 못했다. 그 정보를 전달해주는 빛이 야구공과 거의 같은 시간에 도착할 테니까. 문제는 광속에 버금가는 속도로 날아온 공이 일으킬 수 있는 후폭풍이다.

공기와의 충돌로 거의 다 갉아 먹힌 상태가 된 공은 탄소, 산소, 수소, 질소로 이루어진 총알 모양의 팽창하는 플라스마 구름으로 바뀌며 이동하는 동안 더 많은 융합을 일으킨다. 결국 엑스레이 층이 먼저 타자를 덮칠 것이고 몇 나노초 후에는 파편 구름이 덮칠 것이다.

미국 최고의 사이언스 웹툰을 책으로 만나다

흥미진진한 사이언스 웹툰을 운영하는 미국인 랜들 먼로는 《위험한 과학책》에서 이처럼 엉뚱한 질문에 진지하면서도 유머러스한 답을 제시한다. 물리학을 전공하고 미 항공우주국에서 로봇 공학자로 일했던 그의 답은 더러 우스꽝스럽고 위험하기도 하지만 아주 재미있고 유익하다.

그는 전 세계에서 쇄도하는 기상천외한 질문의 해답을 찾기 위해 온갖 방법을 총동원한다. 컴퓨터 시뮬레이션을 돌리거나 기밀 해제된 군사 연구 자료도 뒤진다. 그런 노력 덕분에 딱딱했던 과학이 말랑말랑하고 흥미로워진다. 국제천문연맹이 한 소행성에 '4942 먼로'라고 그의 이름을 붙여줄 정도이니 학문적 깊이도 대단하다.

그래서인지 이 책은 출간 전부터 큰 화제를 불러일으켰다. 저자가 블로그에 출판 계약 소식을 알렸을 때부터 예약 주문이 빗발쳐 출간 6개월 전부터 아마존 베스트셀러 2위에 올랐다. 2014년 9월 출간되자마자 〈뉴욕타임스〉 1위를 차지했다. 연말에는 '아마존이 선정한 올해의 과학책', 〈타임지〉 선정 최고의 논픽션', 〈뉴스위크지〉 선정 최고의 책', '슬레이트가 뽑은 최고의 책' 등에 꼽혔다.

빌 게이츠가 여름휴가 때 읽을 필독서로 추천한 7권 중 한 권으로 선정돼 더욱 주목받았다. 이 책의 최대 장점은 과학이 지겹고 어려운 것이라는 편견을 유쾌하게 깨는 것이다. 그는 원자력 발전소 운영자와 통화하거나 스톱워치를 들고 영화 〈스타워즈〉에 나오는 장면들의 시간을 재기도 하면서 소울 메이트를 만날 확률부터 원소로 만든 벽돌로 주기율표를 만들 때의 끔찍한 상황까지를 싱글벙글 웃으면서 얘기한다.

과학은 어렵고 지겹다는 편견을 깰 유쾌한 이야기가 가득

한 예로 지구와 비슷하지만 사람이 살지 않는 행성에서 영원히 죽지 않는 두 사람이 서로 반대편에 놓여 있다면 서로를 찾는 데 얼마나 걸릴까? 10만 년? 100만 년? 1000억 년? 이에 대해 그는 "물리학자들이 쉽게 쓰는 방식(진공 상태에서 구체의 죽지 않는 인간을 가정하는 방식)에서부터 시작해보자면 3000년"이라고 답한다. 두 사람이 하루에 12시간씩 무작위로 지구 위를 돌아다니고 최소 1km 이내로 접근해야 서로를 볼 수 있다고 가정할 경우 말이다.

풍자와 해학도 가득하다. 〈스타워즈〉에 나오는 요다의 포스는 스마트 카 충전을 가능하게 할 정도이면서도 친환경적인 에너지라며 '강력 추천'한다. 바닷물이 줄어들 때의 세계 지도를 그려 보이며 뉴질랜드 근처에 새로 생긴 땅에 '뉴어질랜드Newer Zealand'라는 이름을 붙여주기도 한다.

런던과 뉴욕을 잇는 다리 건설에 필요한 레고 블록 수와 설계방식을 알려주고는 여기에 필요한 레고를 살 돈이면 런던의 모든 부동산을 사들인 뒤 조각조각 내 뉴욕으로 싣고 와도 남으며 멋진 신제품 레고 한 세트까지 덤으로 살 수 있다고 말한다.

요다의 포스에 관해서는 일정 높이까지 물건을 들어올리는 데 드는 에너지가 '물체의 질량×중력×들어올린 높이'라는 걸 가르쳐주면서 길이 12.5m의 전투기 엑스윙의 질량과 상승 속도를 적용할 때 요다의 최대 출력은 25마력이라는 걸 확인시켜준다. 이는 교외 주택가 한 블록에 전기를 공급할 수 있을 정도, 전기로 가는 스마트 카의 모터 출력과 맞먹으며 요즘 전기요금 단가로 따진다면 시간당 2달러 정도의 가치가 있다는 설명까지 곁들인다.

또 다른 질문을 보자. 사용후핵연료spent nuclear fuel 저장 수조에서 수영하면 어떻게 될까? 다이빙을 하지 않는 이상 실제로 치명적인 양의 방사선을 쬘 일은 없는 걸까? 답은 "별 걱정 없을 것"이다. 왜 그런가.

우선 원자로에서 사용하고 난 핵연료는 고방사능 물질이지만, 물은 방사선을 잘 차폐하고 냉각 기능도 좋기 때문이다. 다 쓴 핵연료는 20년간 수조 바닥에 저장한다. 사용후핵연료에서 나오는 방사선량은 7cm 두께의 물을 통과할 때마다 절반으로 떨어진다.

그에 따르면 방사능이 가장 높은 연료봉은 최근에 원자로에서 갓 제거한 것이다. 수영장 바닥까지 내려가서 그걸 팔꿈치로 찍고 오는 게 아니라 바깥쪽 경계선을 벗어나 있다면 얼마든지 오래 수영해도 괜찮다.

이는 우리가 길거리를 돌아다닐 때 쬐는 일상적인 방사선량보다도 더 적다. 물속에 있다면 그런 자연스러운 정상 방사선도 사실은 거의 다 차폐된다. 어쩌면 사용후핵연료 저장 수조에서 헤엄을 치는 게 길거리를 돌아다닐 때보다 방사선을 더 적게 쬘지도 모른다.

이 대목에서 저자는 "혹시나 해서 원자로 연구 시설에 있는 친구에게 연락해 '너희 방사능 차폐 수조에서 누군가가 수영을 하면 어떻게 되느냐'고 물어봤다"면서 그 대답까지 소개한다. "우리 원자로에서?" 친구는 잠시 생각에 잠기더니 이렇게 말했다. "금방 죽을 거 같은데? 아마 물에 닿기도 전에 죽을 거야. 총 맞아서."

어떤 물건의 추진력과 무게 사이의 비율을 말하는 추력중량비推力重量比 얘기도 나온다. 이 항목의 질문은 "아래 방향으로 발사되는 기관총을 이용해 제트 추진기를 만들 수 있을까요?"다. 그는 "여기에 적용되는 법칙은 아주 간단하다"며 "AK-47 소총은 장전된 상태에서 무게가 10.5파운드밖에 나가지 않기 때문에 땅에서 뜰 수도 있고 위쪽으로 가속도 받겠지만 남은 추진력으로는 다람쥐 한 마리도 들어올리기 힘들다"고 답해준다.

'지구 생활자들의 엉뚱한 질문에 대한 과학적 답변'이라는 부제에서 드러나듯이 저자의 답변은 재미있으면서 과학적인 근거도 충실하다. 빌 게이츠가 휴가 필독서로 추천한 이유도 여기에 있다. 기발한 상상력과 합리적인 성찰이 만나는 지점에서 새로운 창의력도 퐁퐁 샘솟기 때문이다.

함께 읽으면 좋은 책

- 《사이언스 칵테일》 강석기 지음 | MID
- 《인터스텔라의 과학》
  킵 손 지음 | 전대호 옮김 | 까치

창의적 소통은 인문학에서 나온다
《인문학으로 광고하다》

박웅현·강창래 지음, 알마 펴냄

창의적 소통은 인문학에서 나온다

'나이는 숫자에 불과하다', '차이는 인정한다. 차별엔 도전한다', '사람을 향합니다', '생각이 에너지다' 등등.

크리에이티브 디렉터 박웅현 씨가 만들어낸 광고 시리즈다. 그는 고려대학교 신문방송학과를 졸업하고 뉴욕대에서 텔레커뮤니케이션 석사학위를 받은 뒤 제일기획에서 광고 일을 시작한 광고 전문가다. 칸국제광고제와 아시아퍼시픽광고제 심사위원을 맡기도 했다. 그의 최대 무기는 '인문학적 창의력과 소통의 기술'이다.

《인문학으로 광고하다》는 그의 창의적 소통을 집중적으로 조명한 책이다. 저자는 두 사람. 출판기획자이자 칼럼니스트인 강창래 씨가 박웅현 씨와 인터뷰한 내용을 토대로 공동집필한 것이다. 표지부터 도발적이다. '넥타이와 청바지는 평등하다'는 카피처럼 표지 속의 그는 찢어진 청바지에 티셔츠, 운동화 차림이다. 우리 나이로 쉰 살인데도 율 브린너처럼 빡빡 깎은 머리에 수염을 예술적으로 기르고 의자에 앉아 고민하는 그의 모습은 청년 같다.

사람이 지켜야 할 가치지향

그는 자신의 '내공'이 어디에서 나오는지를 그만의 방식으로 들려준다. 대부분은 에둘러 얘기하는 방식이지만 어떨 땐 직설적으로 말한다.

"얼마 전 책을 한 권 읽었다. 말이 하나지 무려 스물한 권짜리 대하소설, 박경리의 《토지》가 바로 그 책이다. 벼르고 벼르다 지난해 가을에 시작, 올 초에 끝을 낸 것이다. '끼 있고 튀는' 말장난 하나 없고, 엽기적인 에피소드 하나 없는 책, 평소 좋은 구절이 나오면 줄치기를 잊지 않는 나 같은 독자 입장에서도 그 긴 책을 읽는 동안 줄 칠 일이 별로 없었던, 어찌 보면 밍밍한 이야기 책. 그럼에도 내가 믿어 의심치 않는 것은 《토지》가 광고 일을 하고 있는 나의 기초체력이 되리라는 사실이다."

그의 빛나는 작업들이 독서와 인문학적 사고에서 나왔다는 것을 보여주는 대목이다. 그가 읽은 책의 밑줄 그은 부분들은 책갈피 곳곳에 등장한다.

"보고 만질 수 없는 사랑을 볼 수 있고 만질 수 있게 하고 싶은 외로움이 사람의 몸을 만들었다"는 최인훈 소설《광장》의 한 구절도 그중 하나다. 때로는 "인간은 기본적으로 입과 항문이다. 나머지는 그것들을 위한 부속기관들이다"라는 소설가 김훈의 문장을 절묘하게 끌어다 쓴다.

이 같은 글의 행간에서 그는 사람과 역사의 본질을 찾으려 노력한다. 그래서 '광고는 시대 읽기'라는 표현이 설득력을 갖는다.

"지금 우리가 살고 있는 이 시대의 시대정신이 무엇인지를 파악하는 일은 껌 광고에서부터 기업 광고에 이르기까지 모든 영역의 광고에 필수적이다. 시대정신을 제대로 읽지 못하는 광고는 공감대가 없고, 공감대가 없는 광고는 존재 이유가 없다."

그는 또 '광고는 사람 읽기'라고 말한다. 갓난아기부터 파파 할머니까지 모든 사람의 바람과 현실, 희망과 절망을 가능한 한 많이 알아야 한다는 것이다. 그래야 그들과 진솔한 대화를 할 수 있고, 진솔한 대화가 있어야 그들의 마음이 열리기 때문이다.

그의 정신적 텃밭이 인문학이라면, 그 밭을 가꾸는 도구는 창의력과 소통의 기술이다. 한마디로 '인문학적 창의성'이다. 그의 광고 중 'KTF적인 생각'이나 '사람을 향합니다', '진심이 짓는다' 시리즈가 바로 그런 예다.

공동저자인 강창래 씨가 그 의미를 잘 설명해준다. "인문학은 인간을 연구하는 학문이고 그 지향점은 지켜야 할 가치를 찾는 것이다. 그렇다면 인문학적이라는 말은 인간에 대한 통찰력을 바탕으로 한 가치지향적이라는 뜻이 된다."

광고는 시대와 사람 읽기

질문을 더 구체적으로 해보자. 창의력은 무엇인가. '잘못 든 길이 지도를 만든다'는 그의 명카피 속에 해답이 들어 있다. 창의성은 새로운 길을 내는 것이다. 가끔 절벽을 만나기도 한다. 그렇지만 새로운 길을 찾으려면 그런 위험을 무릅쓸 수밖에 없다.

그래서 '새로운 것'은 양날의 칼이기도 하다. 소통에서 성공할 수도 있고, 완전한 실패로 끝날 수도 있다. 그러나 "아무런 위험부담을 지지 않으면 모든 것이 위험해진다"고 그는 강조한다. 추락하고 날개가 꺾이더라도 날개를 펴서 날아봐야지, 그렇지 않으면 평생 날 수 없다는 것이다. 한마디로 새로운 일을 시도하는 것, 그것이 창의력이다.

창의성은 또 '새로운 시선 찾기'다. "어쩌면 저는 새로운 시선을 찾는 일을 하는 사람일지도 모릅니다. 광고라는 매체를 통해 사람들과 소통하기 위해서는 본질을 볼 수 있어야 하거든요." 이는 '본질 보기'라는 말과 맞닿는다. 광고를 잘 만들기 위한 창의력은 톡톡 튀지만 가볍게 느껴지는 감각이 아니라 본질을 꿰뚫는 통찰력에서 얻을 수 있다는 것이다.

창의성은 곧 상상력이기도 하다. 그는 "보이지 않는 것을 보는 힘이 창의력"이라고 기회가 있을 때마다 강조한다.

상상력은 누구나 가지고 있고, 자동으로 작동한다. 그리고 그 상상은 현실에 영향을 미친다. 우리는 상상을 통해 사물을 인식하고 그림 조각으로 자기 세계를 완성한다. 사람들은 자기가 보는 것을 본다고 생각하지만, 우리는 보고 싶은 것을 보고 듣고 싶은 것을 듣는다.

그러나 상상력이 곧 창의력은 아니다. 글쓰기는 쓰기고, 그림 그리기는 그리며, 광고나 영화 만들기는 만들기며, 작곡하기·노래하기는 모두 '하기'다. 창의성은 '하기'를 통해 이 세상에 모습을 드러낸다. 모습을 드러내기 전에는 그것이 창의적인지 아닌지 누구도 단정할 수 없다.

창의력은 어디에서 나오는가. 그에 따르면 창의력은 직관에서 온다. 좋다는 느낌이 오면 그걸 붙들고 깊숙하게 들어가는 것이다.

"정말 좋다고 느껴질 때까지 만들어본다. 누군가가 그게 아닌 것 같다고 말하면 화가 나서 싸우고 싶을 만큼 좋다고 느껴야 한다."

창의성을 기르려면 어떻게 해야 할까. 그는 "뭘 하든 안테나를 세우고 잘하면 된다"고 짧게 답한다. 우리 주위에는 아이디어가 전파처럼 가득 차 있는데 안테나를 세우는 순간 전파가 잡히고 그 순간 창의력이 번쩍한다는 얘기다.

그는 "'아이디어는 전파, 창의력은 안테나'라는 표현을 알랭 드 보통의 책에서 봤다"면서 "예술비평가 러스킨, 앞도 못 보고 귀도 먹은 헬렌 켈러도 비슷한 얘길 했다"고 덧붙였다. 그의 인문학적 깊이가 어느 정도인지 혀를 내두를 정도다.

직장인뿐만 아니라 '머리가 굳어 간다'는 느낌이 드는 모든 사람에게 꼭 권하고 싶은 책이다.

듣기를 잃는 순간 지혜도 사라진다
《잃어버린 지혜, 듣기》

서정록 지음, 샘터 펴냄

듣기의 본질에 관한 고찰

《잃어버린 지혜, 듣기》는 인디언의 태교에서부터 서구의 듣기를 이용한 마음과 질병의 치유에 이르기까지 듣기에 관한 모든 지혜를 담고 있다. 들려오는 음성 언어를 받아들이는 소극적 의미의 듣기가 아니라 자신을 둘러싸고 있는 모든 세계와 들리지 않는 자기 내면의 소리, 영적인 존재의 소리에 이르기까지 좀 더 넓은 의미에서의 듣기를 조명한다.

한 바이올리니스트가 임신 중에 연주회를 갖게 됐다. 그녀는 아이를 밴 채 연습에 몰두했다. 몇 달 뒤 아이를 낳았다. 그 아이가 자라 바이올린을 배우기 시작했는데, 어느 날 배우지도 않은 곡을 연주하는 게 아닌가. 그것도 전곡을 거의 완벽하게. 너무나 놀라 아이에게 어디서 배웠느냐고 물었더니 잘 모르겠다고 했다. 그냥 자기도 모르게 그 곡을 연주하게 됐다는 것이다. 그제야 그녀는 그 곡이 임신 중에 매일 연주하던 곡이라는 것을 기억해냈다. 아이가 배 속에서 그 곡을 반복해서 들으며 익혔던 것이다.

《잃어버린 지혜, 듣기》는 이 같은 사례와 인디언의 태교 등을 통해 '배 속 대화' 및 '듣기'의 중요성을 일깨운다. 북미 원주민인 왐파노아그족 여인들은 임신한 사실을 알면 곧바로 배 속의 아이에게 이야기를 들려준다고 한다.

"그녀는 자기 민족의 좋은 시절과 어려웠던 시절 이야기는 물론 사람들을 골탕 먹이는 트릭스터, 별나라에서 지구로 여행 온 영적인 존재들, 과거의 세계와 미래의 세계 등에 대해 들려준다. 이 세상이 어떻게 창조됐으며 인간이 어떻게 출현하게 됐는지도 들려준다. 그렇게 아이는 그의 친척들과 민족의 영웅들, 돌아가신 분들과 살아 있는 사람들을 알게 된다. 다른 민족과의 관계도 이해하게 된다. 아이의 교육은 이처럼 태어나기 전부터 이야기를 들려주는 것으로 시작된다."

흥미로운 것은 이런 이야기를 들려줄 때 반드시 가락에 실어서 들려준다는 점이다. 인디언 아이의 생활이 어머니 배 속에 있을 때나 태어나서나 이야기와 노래로 가득 찬 까닭이 여기에 있다. 사람들이 부르는 노래를 따라 배우는 동안 아이들은 자연스럽게 그들의 내적 감정을 표현하는 법을 배우고 이를 통해 대화하며 사회에 귀를 내미는 것이다.

어머니의 목소리가 아이의 뇌를 키운다

"태아는 어머니의 목소리를 안다. 어머니들은 이것을 잘 안다. 그래서 배 속의 아이에게 말하고 노래를 들려주는 것이다. 따라서 우리는 왜 인디언 여성들이 새소리나 동물 소리를 자기 입으로 직접 소리 내서 태아에게 들려주는지 이해할 수 있다. 공기를 통해서 전해지는 새소리나 자연의 소리는 어머니의 배를 통과하는 동안 희미해질 수밖에 없지만 어머니가 직접 성대를 울려 낸 소리는 그보다 훨씬 더 큰 소리로 증폭되어 태아에게 전달되기 때문이다."

태아가 아직 언어를 해독하지 못하므로 메시지는 알지 못하더라도 어머니의 목소리에 담긴 감정은 충분히 안다는 얘기다. 그래서 기쁨과 평온, 따뜻함, 사랑 등의 감정을 실어나르는 어머니의 목소리는 태아에게 듣고자 하는 욕구를 더 키워주고 걱정과 근심, 불안, 분노 등이 섞인 목소리는 듣고자 하는 욕망을 오히려 꺾는다.

이 책의 저자인 서정록 씨도 '검은호수'라는 인디언 이름을 갖고 있다. 서울대학교 철학과와 같은 대학원을 졸업한 그는 무위당 장일순 선생에게서 큰 가르침을 얻었고 북미 인디언과 제3세계 원주민에 대한 공부를 통해 마음이 크게 열리는 체험을 했다고 한다. 이를 토대로 고대 샤머니즘과 인디언 문화를 탐구하면서 듣기에 관심을 갖게 됐고 그 결실을 이 책에 담았다.

그는 귀로 들을 수 있다는 것은 곧 우리의 감각적 통합 능력이 회복되는 것을 의미한다고 강조한다. 자폐증이나 난독증, 학습 지체,

실어증, 언어장애, 외국어 배우기의 어려움, 인생의 좌절 등 여러 가지 문제가 듣기 장애에서 온다는 것을 알려주면서 잘 듣는 것을 통해 우리 인생을 바꿀 수 있다고 얘기한다. 또 '귀의 아인슈타인'으로 불리는 알프레 토마티의 연구성과와 서구의 음악치료 결과 등을 아우르며 듣기를 이용한 치유법까지 가르쳐준다.

신체기능이나 심리에 문제가 있는 아이들을 소리로 치료하는 토마티 얘기를 들어보자. 프랑스의 귀 전문의사인 그에 따르면 산만한 아이에게 가장 큰 문제는 듣기다. 언어장애와 학습장애, 의욕상실, 대인기피증 등의 부작용도 다 여기에서 비롯된다.

이런 아이들은 어떻게 치료할까. 엄마 배 속에 있을 때 들을 수 있는 소리를 들려주는 게 비법이다. 아이가 과거로 회귀해 태아 상태에서 다시 시작하도록 도와주는 것이다. 엄마의 소리가 없을 때는 모차르트의 음악, 그중에서도 바이올린 협주곡에서 일정 음을 소거한 다음 들려주면 거의 같은 효과를 볼 수 있다고 한다. 이른바 '귀가 제대로 열리면 훌륭한 듣기 능력을 갖게 된다'는 것이다.

인간을 감싸는 신비한 지구의 주파수 '슈만공명'

어머니의 품처럼 인간을 감싸준다는 '슈만공명'도 주목된다. 대기권에는 평균 7~10Hz 주파수대 공명이 유지되는데 이를 발견한 빈프리드 오토 슈만의 이름을 따서 '슈만공명'이라고 부른다. '가이아의 뇌파' 또는 '지구의 주파수'라고 부르기도 한다.

"놀라운 것은 이러한 슈만공명의 주파수가 인간 뇌파의 평균 주파수와 정확히 일치한다는 사실이다. 우리의 뇌는 슈만공명에 맞추어져 있다는 말인가? 하지만 우리는 대기 중의 공기와 마찬가지로 이 슈만공명의 소리를 거의 의식하지 못한다. 우리가 활동할 때의 뇌파가 슈만공명보다 높은 베타파(14~50Hz) 상태에 있기 때문일 것이다. 그러나 가만히 쉬거나 명상을 할 때, 또는 가벼운 잠을 잘 때 우리는 슈만공명과 같은 알파파(8~14Hz) 상태에 있게 된다. 그럴 때 우리는 더할 수 없는 안락함과 편안함을 느낀다."

북미 인디언이 아이들에게 '어머니 대지의 심장박동 소리'를 들으라고 가르칠 때 그것이 곧 슈만공명이라고 그는 설명한다. 대기권의 슈만공명이야말로 어머니의 품처럼 늘 우리의 심신을 편안하게 감싸고 있기 때문이라는 것이다.

"북미 인디언들이 일찍부터 어머니 대지를 그처럼 신성시했던 것은 이런 과학적 사실은 몰라도 지구의 대기권이 형성하고 있는 특별한 소리 에너지가 바로 우리의 존재 근거임을 알았기 때문일 것이다. 더욱 놀라운 것은 우리의 숨결이다. 우리는 들이쉬고 내쉬는 사이에 잠깐씩 숨을 멈추는데 숨이 멈추는 이 휴지(休止) 때의 주파수(7.83Hz)가 슈만공명의 주파수대와 일치한다."

그가 말하는 듣기는 음성 언어를 받아들이는 소극적 의미의 듣기가 아니라 자신을 둘러싸고 있는 모든 세계와 들리지 않는 내면의 소리, 영적인 존재의 소리에 이르기까지 좀 더 넓은 의미를 갖는다.

"침묵과 듣기를 잃는 순간 우리는 자신도 모르게 물질에 이끌리고, 나를 앞세우고, 남을 지배하려고 한다. 그리고 상대방의 말을 듣기보다는 내 이야기를 하고 싶어 한다. 그러니 사람들이 모인 곳은 언제나 시끄럽다. 그런 자리에는 주장만 있을 뿐 지혜가 없다. 지혜가 없는 문화는 죽은 문화다. 바로 여기에 현대문명의 비극이 있는 것이다."

토마티도 "읽거나 쓰는 데 서툰 것, 말하는 데 머뭇거리는 것, 노래 부르는 것을 싫어하는 것, 남이 이야기할 때 딴짓하는 것, 남과 대화를 잘 못하는 것, 외국어를 잘 못하는 것, 학습 지체, 자폐증… 이 모든 것은 서투른 듣기의 다른 이름"이라고 했다.

'머리 좋은 우리 아이, 왜 이렇게 산만할까', '10년을 공부해도 왜 나는 영어를 잘 못할까', '남보다 학습 능력이 떨어지는 이유는 뭘까', 이런 고민에 빠진 사람들에게 도움이 될 만하다. 듣는 것만 잘해도 인생이 달라진다고 하지 않는가.

> **함께 읽으면 좋은 책**
>
> • 《듣기의 철학》
>   와시다 기요카즈 지음 | 길주희 옮김 | 아카넷
> • 《읽기의 힘, 듣기의 힘》
>   가와이 하야오 외 지음 | 이언숙 옮김 | 열대림

생각의 품격

1판 1쇄 인쇄 | 2017년 12월 11일
1판 1쇄 발행 | 2017년 12월 18일

지은이 고두현
펴낸이 김기옥

사업1팀장 모민원 편집 변호이
커뮤니케이션 플래너 박진모
경영지원 고광현, 임민진, 김주현
제작 김형식

디자인 제이알컴
인쇄·제본 민언프린텍

펴낸곳 한스미디어(한즈미디어(주))
주소 121-839 서울특별시 마포구 양화로 11길 13(서교동, 강원빌딩 5층)
전화 02-707-0337 | 팩스 02-707-0198 | 홈페이지 www.hansmedia.com
출판신고번호 제 313-2003-227호 | 신고일자 2003년 6월 25일

ISBN 979-11-6007-209-9 14320
ISBN 979-11-6007-208-2 (세트)

책값은 뒤표지에 있습니다.
잘못 만들어진 책은 구입하신 서점에서 교환해 드립니다.